영어독립 VOCA 3000 ❺

영어독립 VOCA 3000 ⑤

초판 1쇄 인쇄 2024년 06월 12일
초판 1쇄 발행 2024년 06월 19일

지은이 상상스퀘어 영어독립콘텐츠팀
펴낸이 고영성

기획 김주현 편집 김채원, 박희라 디자인 강지은
영문 감수 Chadwick Mary Katherine

펴낸곳 주식회사 상상스퀘어
출판등록 2021년 4월 29일 제2021-000079호
주소 경기도 성남시 분당구 성남대로 52, 그랜드프라자 604호
팩스 02-6499-3031
이메일 publication@sangsangsquare.com
홈페이지 www.sangsangsquare.com

ISBN 979-11-92389-68-4 (14740)
     979-11-92389-63-9 (세트)

영어독립
VOCA 3000

5

상상스퀘어 영어독립콘텐츠팀 지음

상상스퀘어

머리말

여러분은 양질의 정보를 얻고 계십니까?

오늘날 정보 접근성이 과거에 비해 나아진 것은 사실입니다. 하지만 여러분은 정말로 양질의 정보를 얻고 계시나요? 양질의 정보는 어디서 어떻게 얻을 수 있을까요? 양질의 정보를 얻기 위해서 우리가 해야 할 가장 중요한 한 가지가 있습니다. 바로 '영어 읽기'입니다. 영어로 된 정보에 접근하느냐 못하느냐는 전쟁에서 칼로 싸울지 총으로 싸울지에 관한 문제와 같습니다. 영어 읽기가 어려우면 접근할 수 있는 정보가 한국어로 제한됩니다. 게다가 누군가가 번역한 후의 정보를 접한다는 것은 이미 속도에서 뒤처졌다는 의미이기도 합니다. 그래서 영어를 알면 정보 습득의 범위와 속도가 향상되고, 당연히 경쟁에서 유리한 고지를 차지할 수 있습니다.

영어 공부에는 여러 방법이 있지만, 영어 읽기만 놓고 본다면 가장 효과적인 방법은 꽤 명확합니다. 바로 배경지식과 단어를 공부하는 것입니다. 이것만으로도 어느 정도의 독해는 무리 없이 할 수 있습니다. 특히 단어를 공부하는 것이 빠르고 효과적입니다. 그럼 영어 단어를 어떻게 효율적으로 똑똑하게 공부할 수 있을까요? 바로 우선순위가 높은 단어들을 먼저 공략하여 완전히 내 것으로 만드는 것입니다.

〈영어독립〉은 영어 공부를 효율적이고 똑똑하게 할 수 있도록 도와주는 '영어 단어 학습 서비스'입니다. 〈영어독립〉은 최근 20년간 National Public Radio(미국 공영 라디오)

기사에서 사용된 영단어들을 표제어 추출(Lemmatization)을 통해 우선순위를 완벽하게 분석했습니다. 또한 단순히 우선순위가 높은 단어를 제공하는 것을 넘어, 여러분이 암기한 단어가 장기 기억으로 이어질 수 있도록 돕는 '인공지능 퀴즈'를 제공합니다. 이 인공지능 알고리즘은 데이터를 바탕으로 여러분께 틀리기 쉬운 단어를 반복적으로 노출함으로써, 모르는 단어를 확실히 짚고 넘어갈 수 있게 도와줍니다.

《영어독립 VOCA 3000》은 〈영어독립〉에서 가장 핵심적이고 기본이 되는 영어 단어를 책으로 제공하고자 제작되었습니다. 특히 여러 카테고리 중에서도 가장 권위 있는 아동문학상인 뉴베리상과 카네기상을 받은 동화들에서 추출한 3,000개의 단어를 선별하여 총 5권으로 구성하였습니다. p.8에 있는 그래프는 《영어독립 VOCA 3000》의 3,000개 단어 순서와 빈도수를 나타낸 것입니다.

여기서 꼭 기억하셔야 할 부분은 빈도에 따라 분류하였기 때문에 모든 단어가 똑같이 중요한 것이 아니라 빈도가 높은 앞쪽의 단어들을 꼼꼼하게 외우는 것이 중요하다는 점입니다. 처음 학습하실 때는 얼른 레벨이 높은 단어를 학습하고 싶은 마음에 비교적 쉬운 앞 단어는 대충 넘어가기 쉬운데, 하나하나 빠짐없이 외워 모르는 것이 없도록 하는 과정이 매우 중요합니다.

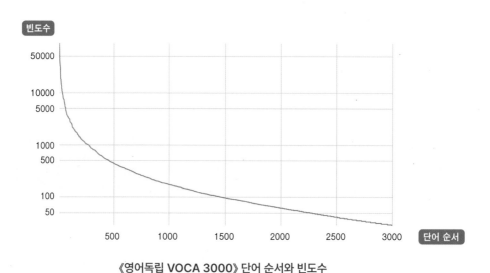

《영어독립 VOCA 3000》 단어 순서와 빈도수

무조건 단시간에 많은 단어를 학습하는 것이 좋은 결과로 이어지지는 않습니다. 똑같이 영어 단어 3,000개를 외우더라도 자주 쓰는 단어인지 아닌지에 따라 결과는 완전히 달라집니다. 따라서 우리는 똑똑하게 노력해야 합니다. 우선순위가 높은 3,000개의 단어를 완전히 내 것으로 만들어 보세요. 이 임계점을 확실히 넘고 나면, 이후에는 같은 노력을 다시 할 필요가 없습니다. 어떤 운동을 하더라도 좋은 결과를 내려면 충분한 힘을 내기 위한 근력 운동이 필수입니다. 《영어독립 VOCA 3000》은 여러분의 영어 실력 향상을 위한 기초 근육을 만들어 줄 것입니다.

《영어독립 VOCA 3000》과 함께 한다면 시간 대비 가장 효과적으로 영어 읽기 실력을 키울 수 있다고 확신합니다. 이 책을 통해 단어 3,000개를 외우는 임계점을 꼭 통과해 보시길 바랍니다. 그 경험이 여러분의 영어 실력과 경쟁력에 날개를 달아 줄 것입니다. 이를 통해 여러분이 원하는 목표를 이룰 수 있기를 진심으로 응원하겠습니다.

상상스퀘어 영어독립콘텐츠팀

영어독립 VOCA 3000의 구성과 특징

Level 97

2902
commit
[kəˈmɪt]

통 저지르다[범하다], 위탁[인도]하다, 전념[충실]하다, 의견을[태도를] 명백히하다

commit은 주로 '저지르다, 범하다'를 뜻하는 동사로 범죄를 저지르는 것과 같은 부정적인 맥락에 쓰입니다. 그 밖에 책임이나 임무를 다른 사람에게 부여하는 상황에서는 '위탁하다, 인도하다'라는 뜻을 나타내기도 하고, 조금 더 넓은 의미로는 무언가에 전념하거나 의견을 명백히 한다는 뜻으로도 쓰입니다.

1 She committed a serious crime and was sentenced to prison.
그녀는 심각한 범죄를 저질렀고, 그 결과 감옥에 투옥되었다.

2 Jackson committed the task to his assistant.
Jackson은 그 일을 자신의 조수에게 맡겼다.

Plus + be sentenced to 형을 받다

2903
forbid
[fərˈbɪd]
forbade - forbid

통 금지하다

forbid의 기본 의미는 하게 막는 것을 의미합니다. 하기 어려운 경우를 나타 from going hiking.이라 뜻이 됩니다.

1 Smoking in
식사 장소에

2 Her relig
그녀의 종교는

Plus + smoke 통 흡연하다

1 Smoking in

2904
peanut
[ˈpiːnʌt]

통 땅콩, 하찮은 것,

peanut의 기본 의미는 '땅콩'이지만 다른 여러 뜻을 나타낼 수 있습니다. 예를 들어, This is a peanut amount.라는 문장에서 peanut은 '하찮은 것, 아주 적은 액수'를 포함니다. 또한 peanut issue는 '사소한 문제'를 나타내지요. 이런 의미들은 모두 땅콩의 크기가 작은 것에서 파생된 것으로 보입니다.

1 She has been diagnosed with a severe allergy to peanuts.
그녀는 땅콩에 대한 심각

2 Compared t
Jenny의 재산

Plus + be diagnosed w
compared to ~와

Plus + be diagnosed wi
compared to ~와

215

Level별 구성

전체 Level 1에서 Level 100까지 Level 별로 구성되었으며 각 권별 20개의 Level 을 학습할 수 있습니다.

빈도에 따른 우선순위 학습

• 표제어를 0001부터 3000까지 빈도에 따른 우선순위로 학습할 수 있습니다.

• 학습 후 체크 박스에 표시하며 반복 학습 할 수 있습니다.

• 표제어의 발음 기호를 확인할 수 있습니다.

• 불규칙 변화 동사의 과거형과 과거분사 형을 학습할 수 있습니다.

• 표제어의 품사와 의미를 학습할 수 있습니다.

표제어에 대한 상세한 설명과 예문

표제어의 어원, 배경, 활용 등 상세한 설명 과 예문을 통해 의미를 확실하게 이해할 수 있습니다.

추가 단어 학습

표제어와 더불어 예문에 나온 단어와 구문 을 추가로 학습할 수 있습니다.

학습 효과를 돕는 일러스트

재미있는 일러스트를 통해 표제어의 이해 도를 높일 수 있습니다.

Review Test

복습하기

예문을 통해 학습한 어휘를 다시 한번 점검할 수 있습니다.

본문 속 품사 및 기호

동 동사	명 명사	형 형용사
부 부사	대 대명사	조 조동사
전 전치사	접 접속사	
V 동사 원형	*pl.* 복수형의 의미	
[ ] 바꾸어 쓸 수 있는 표현		

음원 제공

원어민과 한국인 전문 성우의 목소리로 제작된 음원을 제공합니다.

❶ 영어 표제어, 한글 뜻, 예문 듣기
❷ 영어 표제어 먼저 듣고 한글 뜻 듣기
❸ 한글 뜻 먼저 듣고 영어 표제어 듣기

유튜브

〈영어독립〉채널에서 들으실 수 있습니다.

MP3 파일

QR코드 혹은 상상스퀘어 출판사 홈페이지에서 다운받으실 수 있습니다.
(www.sangsangsquare-books.com)

영어독립

〈영어독립〉은 빅데이터-AI 기반으로 영어 단어를 효과적으로 학습하도록 도와줍니다. 퀴즈를 풀면서 모르는 단어를 찾아 학습하고, 학습한 단어를 다시 퀴즈 형식으로 복습하는 방식으로 이루어져 있습니다.

목 차

Level 81	Level 82	Level 83	Level 84	Level 85
☐ 단어 30개 (2401 ~ 2430)	☐ 단어 30개 (2431 ~ 2460)	☐ 단어 30개 (2461 ~ 2490)	☐ 단어 30개 (2491 ~ 2520)	☐ 단어 30개 (2521 ~ 2550)
☐ Review Test	☐ Review Test	☐ Review Test	☐ Review Test	☐ Review Test
월 일	월 일	월 일	월 일	월 일

Level 86	Level 87	Level 88	Level 89	Level 90
☐ 단어 30개 (2551 ~ 2580)	☐ 단어 30개 (2581 ~ 2610)	☐ 단어 30개 (2611 ~ 2640)	☐ 단어 30개 (2641 ~ 2670)	☐ 단어 30개 (2671 ~ 2700)
☐ Review Test	☐ Review Test	☐ Review Test	☐ Review Test	☐ Review Test
월 일	월 일	월 일	월 일	월 일

Level 91	Level 92	Level 93	Level 94	Level 95
☐ 단어 30개 (2701 ~ 2730)	☐ 단어 30개 (2731 ~ 2760)	☐ 단어 30개 (2761 ~ 2790)	☐ 단어 30개 (2791 ~ 2820)	☐ 단어 30개 (2821 ~ 2850)
☐ Review Test	☐ Review Test	☐ Review Test	☐ Review Test	☐ Review Test
월 일	월 일	월 일	월 일	월 일

Level 96	Level 97	Level 98	Level 99	Level 100
☐ 단어 30개 (2851 ~ 2880)	☐ 단어 30개 (2881 ~ 2910)	☐ 단어 30개 (2911 ~ 2940)	☐ 단어 30개 (2941 ~ 2970)	☐ 단어 30개 (2971 ~ 3000)
☐ Review Test	☐ Review Test	☐ Review Test	☐ Review Test	☐ Review Test
월 일	월 일	월 일	월 일	월 일

Level
81

레벨별 단어 사용 빈도

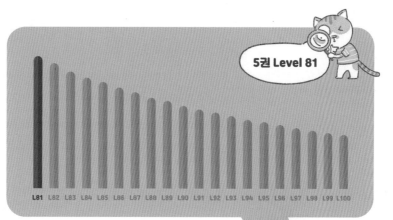

5권 Level 81

L81 L82 L83 L84 L85 L86 L87 L88 L89 L90 L91 L92 L93 L94 L95 L96 L97 L98 L99 L100

LEVEL 1~20   LEVEL 21~40   LEVEL 41~60   LEVEL 61~80   **LEVEL 81~100**

2401

arrival

[əˈraɪvl]

명 도착, 도달, 도착한 사람[물건]

형 도착의

arrival은 동사 arrive(도착하다)의 명사형입니다. 원래는 물리적으로 사람이 어딘가에 도착하는 것만을 나타냈지만, 시간이 지나면서 '도착, 도달, 도착한 사람이나 물건' 등으로 그 의미가 확장되었습니다. 흔히 우리가 말하는 ETA가 바로 예상 도착 시간, 즉 Estimated Time of Arrival을 의미합니다.

1 The news of Selena's arrival spread quickly.
   Selena의 도착 소식은 빠르게 퍼져 나갔다.

2 The goods had to be examined for damage on arrival.
   그 상품은 도착하자마자 파손 여부를 검사받아야 했다.

Plus + spread **동** 퍼지다   goods **명** 상품
       examine **동** 검사[조사]하다   damage **명** 손상

2402

resist

[rɪˈzɪst]

동 저항[반대]하다, 격퇴하다, 방해하다, 참다[억제하다]

resist는 '역방향'을 의미하는 re-와 '서다'라는 뜻의 sist가 결합된 단어입니다. 맥락에 따라 '저항하다, 반대하다, 격퇴하다' 등의 뜻을 나타냅니다. 물리적인 저항뿐 아니라 심리적 저항도 의미해서 resist temptation(유혹을 견디다) 같은 표현에도 쓰이는 단어입니다.

1 The troops are resisting the enemy attack.
   그 부대는 적의 공격에 저항하고 있다.

2 Harry couldn't resist laughing at her jokes.
   Harry는 그녀의 농담을 듣고 웃지 않을 수 없었다.

Plus + troop **명** 부대   enemy **명** (전쟁에서의) 적(군)
       attack **명** 공격   laugh **동** 웃다

2403

description

[dɪˈskrɪpʃn]

명 서술[묘사], 설명서, 해설, 종류[종목]

description은 동사 describe(묘사하다)의 명사형으로 '서술, 묘사, 해설' 등을 의미합니다. describe라는 단어 자체가 '전체적으로 쓰다'라는 뜻에서 출발한 단어인데, 부분이 아닌 전체를 잘 써 놓은 것을 '서술, 묘사'라고 하는 셈입니다. 이렇게 보니 매우 논리적으로 의미가 자리 잡았군요.

1 Kate gave a detailed description of the journey.
   Kate는 그 여행에 대해 상세하게 서술했다.

2 Read the description before buying this machine.
   이 기계를 구매하기 전에 설명서를 읽으십시오.

Plus + detailed **형** 상세한   journey **명** 여행

2404

unknown

[ʌnˈnoʊn]

형 알려지지 않은, 미지의, 알 수 없는, 헤아릴 수 없는

unknown은 부정을 나타내는 un-과 '알려진'이라는 뜻의 known이 결합된 단어입니다. 즉, '알려지지 않은'이라는 의미지요. unknown은 기본적으로 사람, 장소, 사물 또는 개념에 대한 정보가 충분히 알려지지 않아서 접근과 이해가 불가능한 상황을 나타냅니다.

1 The artist was unknown until her work was discovered posthumously.
그 예술가는 자신의 작품이 사후에 발견될 때까지 알려지지 않았다.

2 Paul said exploring the unknown world was thrilling.
Paul은 미지의 세계를 탐험하는 것이 스릴 넘친다고 말했다.

Plus + posthumously 부 사후에   explore 동 탐험하다

2405

labor

[ˈleɪbər]

명 노동, 작업, 업무

동 애를 쓰다, (육체적인) 노동을 하다[일을 하다]

labor는 명사로 주로 '노동, 작업, 업무' 등을 뜻합니다. 동사로는 '노동을 하다'라는 뜻을 넘어 비유적으로 '애를 쓰다'라는 의미를 나타냅니다. 일반적으로 labor market(노동 시장), labor law(노동법), labor force(노동력) 등 다른 명사와 결합하여 전문 용어로 쓰이는 경우가 많습니다.

1 The labor market is highly competitive.
노동 시장은 경쟁이 아주 치열하다.

2 Mike labored for hours on the project.
Mike는 그 프로젝트로 몇 시간 동안 애를 썼다.

Plus + highly 부 꽤, 대단히   competitive 형 경쟁을 하는

2406

cape

[keɪp]

명 망토, 곶[갑(岬)]

형 희망봉의

cape는 어원과 관련된 독특한 이야기가 있는 단어입니다. '망토'를 뜻하는 라틴어 *cappa*의 철자가 변하여 생겨난 단어라는 설이 있고, '머리'를 의미하는 프랑스어 *cap*의 철자가 변하여 생겨난 단어라는 설도 있지요. 이때 '곶, 갑'이 '머리'를 닮았다 하여 cape라고 지칭하게 되었고, 그래서 오늘날에는 '망토'와 '곶'이라는 의미를 모두 나타내고 있습니다.

1 It is Max who is wearing the red cape.
붉은 망토를 입고 있는 사람이 Max이다.

2 I saw a cape shooting out into the sea.
나는 바다 쪽으로 불쑥 돌출된 곶을 보았다.

Plus + shoot out (곶 따위가) 돌출하다

2407

daylight

[ˈdeɪlaɪt]

몡 낮, 햇빛[일광],
명백함[노골적임]

daylight은 day(낮)와 light(빛)이 결합된 단어로 '낮, 햇빛' 등을 나타내며 비유적으로는 '명백함, 노골적임'을 의미하기도 합니다. 아무래도 환한 빛 아래에선 무언가 명백히 드러나겠죠? 그밖에 동사로는 '햇빛을 쬐다'를 뜻합니다.

1 **Leah prefers to work in the daylight.**

Leah는 낮에 일하는 것을 선호한다.

2 **The crew decided to wait until daylight to resume the search.**

승무원들은 수색을 재개하기 위해 날이 밝을 때까지 기다리기로 결정했다.

Plus + prefer 통 선호하다   crew 명 승무원
resume 통 재개하다   search 명 수색

2408

pleasant

[ˈpleznt]

형 즐거운[유쾌한],
호감이 가는[상냥한]

pleasant는 '기쁘게 하다'라는 동사에서 파생된 단어로 '즐거운, 유쾌한'과 같은 긍정적인 감정을 나타내는 형용사입니다. 또한 사람을 묘사할 때는 '호감이 가는, 상냥한'이라는 의미를 나타내기도 합니다. 이렇게 보니 pleasant는 기쁨을 느끼는 것과 관련된 모든 요소를 지칭하는 단어에 가깝군요.

1 **The trip to the museum was a pleasant experience.**

박물관 여행은 즐거운 경험이었다.

2 **Hazel has a pleasant personality.**

Hazel은 상냥한 성격을 가지고 있다.

Plus + experience 명 경험 통 경험하다   personality 명 성격

2409

frantic

[ˈfræntɪk]

형 미친 듯한[광란의],
굉장한[훌륭한]

frantic은 그 의미만큼 유래도 광적입니다. 원래 '(마음이나 정신의) 염증'이라는 뜻을 가진 단어에서 나왔는데, 지금은 보통 '미친 듯한, 광란의'를 뜻합니다. 역으로 '굉장한, 훌륭한'이라는 의미를 나타내기도 합니다. 마치 우리가 무언가 아주 대단한 것을 접했을 때 "미쳤다!"라고 하는 것과 비슷한 느낌이네요.

1 **Detectives have been frantic to find the criminal.**

형사들은 범인을 찾으려 혈안이 되었다.

2 **The town was in a frantic state after the earthquake.**

지진 후 그 마을은 제정신이 아닌 상태였다.

Plus + detective 명 형사   criminal 명 범인
state 명 상태   earthquake 명 지진

2410

cement

[sɪ'ment]

명 (접합제) 시멘트,
결합시키는 것,
(우정 따위의) 유대

동 ~에 시멘트를 바르다,
(우정 따위의 관계를)
굳게 하다

cement는 명사로 건설 재료인 '시멘트'를 뜻하지만 비유적인 의미도 나타냅니다. cement가 워낙 결합력이 강한 물질이기에 사람 간의 관계를 강화하거나 우정 또는 동맹 같은 개념을 설명할 때 은유적으로 쓰이기도 합니다. 동사로는 '~에 시멘트를 바르다'라는 뜻이 됩니다.

1 The builders used cement to bond the bricks together.

건축업자들은 벽돌을 붙이기 위해 시멘트를 사용했다.

2 Their common interest in art cemented their friendship.

예술에 대한 공통적인 관심사가 그들의 우정을 결속시켰다.

Plus+ bond 동 접착하다   brick 명 벽돌
common 형 공통의

2411

sacrifice

['sækrɪfaɪs]

동 희생하다[시키다],
제물을 바치다

명 희생(물), (신에게 바친) 제물

sacrifice는 동사로 '희생하다, 희생시키다'를 뜻합니다. 희생의 대상은 주로 사람이 되는데, 가끔 '제물을 바치다'라는 의미를 나타내기도 하니 주의해야 합니다. sacrifice는 명사로는 '희생, 희생물' 그리고 예상하신 대로 '제물'이라는 뜻을 나타냅니다.

1 Emily made many sacrifices to provide for her family.

Emily는 가족을 부양하기 위해 많은 희생을 했다.

2 In ancient societies, people often sacrificed animals to the gods.

고대 사회에서 사람들은 종종 신에게 동물을 제물로 바쳤다.

Plus+ make a sacrifice (of) (~을) 희생하다   provide for ~을 부양[대비]하다

2412

expand

[ɪk'spænd]

동 확대되다[시키다],
확장되다[시키다], 팽창하다,
(토론 등을) 전개하다

expand는 주로 '확대되다, 확대시키다'라는 뜻을 나타내는 동사입니다. 물질의 확장과 팽창뿐만 아니라 추상적 개념도 나타낼 수 있습니다. expand의 대상을 개념이나 주제로 삼으면 그에 대해 더 많은 정보나 상세한 설명을 제공하는 행위, 즉 '전개하다'라는 뜻이 됩니다.

1 The official said that there are no plans to expand the local road.

관계자는 지방 도로를 확장할 계획은 없다고 말했다.

2 Reading does expand the mind.

독서는 분명히 사고방식을 확장시킨다.

Plus+ official 명 관계자   local 형 지역의
mind 명 생각, 사고방식

2413

thirsty

['θɜ:rsti]

형 목마른[갈증 나는], 건조한, 갈망[열망]하는

thirsty는 주로 '목마른, 갈증 나는'이라는 뜻을 나타내는 형용사입니다. 신체에 수분이 부족하여 목이 마른 것을 나타내기도 하지만 비유적으로는 '갈망하는, 열망하는'을 뜻하기도 합니다. 또한 자연 현상을 설명할 때는 '건조한'을 의미할 수도 있습니다.

1 Jake was thirsty, but he had no water to drink.

Jake는 목이 말랐지만 마실 물이 없었다.

2 The soil in this region is thirsty for rainwater.

이 지역의 흙은 비를 간절히 원하고 있다.

Plus + soil 명 토양, 흙　　　　　region 명 지역

2414

crab

[kræb]

명 게, 게살

동 게를 잡다, 게걸음 치다

crab은 '게'를 의미하는 명사입니다. 살아 움직이는 게를 지칭하기도 하지만 '게 살'을 가리키기도 하지요. 동사로는 두 가지 뜻을 나타냅니다. 첫째는 '게를 잡다' 이고 둘째는 '게걸음을 치다'입니다.

1 The seafood restaurant is known for its crab pasta.

그 해산물 레스토랑은 게살 파스타로 유명하다.

2 They went to the beach to crab yesterday.

그들은 어제 게를 잡으러 해변에 갔다.

Plus + seafood 명 해산물　　　　　be known for ~로 유명하다

2415

damage

['dæmɪdʒ]

명 손상[피해], 훼손

동 손해[피해]를 입히다

damage는 명사로 '손상, 피해, 훼손' 등을 뜻하고, 동사로는 '손해[피해]를 입히다'라는 의미를 나타냅니다. 구체적으로 어떤 손상을 의미하는지는 맥락에 따라 달라집니다. 물리적 피해를 입히는 경우 외에 재정적 손해도 나타낼 수 있습니다.

1 The storm caused a severe damage to the city.

폭풍은 그 도시에 심각한 피해를 입혔다.

2 The company damaged their reputation with their new product.

그 회사는 신제품으로 평판에 손상을 입었다.

Plus + severe 형 심각한　　　　　reputation 명 평판

2416

stalk

[stɔːk]

명 (식물) 줄기, (동물) 눈자루, (술잔 아래의 기다란) 다리, 가느다란 버팀대

stalk은 원래 '대, 버팀목'이라는 뜻으로 출발했습니다. 이후 주로 '식물의 줄기'를 의미하게 되었지요. stalk은 실제 식물의 줄기 외에도 그와 닮은 다양한 것을 나타낼 수 있습니다. 예를 들어, 동물의 눈자루(갑각류의 머리 부분과 겹눈을 연결하는 막대 모양의 부위)나 술잔 아래의 가느다란 부분을 의미하기도 하지요.

1 The stalk of the plant is very sturdy.

그 식물의 줄기는 아주 튼튼하다.

2 This table is supported by four stalks.

이 테이블은 네 개의 가느다란 버팀대에 의해 지탱되고 있다.

Plus + sturdy 형 튼튼한, 견고한   support 동 지탱하다, 지지하다

2417

occasional

[əˈkeɪʒənl]

형 가끔의, 이따금씩의, 예비의, 임시의

occasional은 '때때로 발생하는'이라는 뜻에 가장 가깝습니다. 맥락에 따라 '가끔의, 이따금씩의' 등으로 표현되지요. 주로 어떤 사건이나 행동이 지속적이지 않고 일정하지 않은 간격으로 발생하는 것을 뜻합니다. 또한 '예비의, 임시의'를 뜻하기도 하는데, 정기적으로 발생하는 일이 아니라는 논리에서 확장된 의미로 보입니다.

1 The weatherman predicted cloudy and occasional rain today.

일기 예보관은 오늘 흐리고 가끔 비가 내릴 것이라고 예보했다.

2 Julie and Sam make occasional trips to the countryside.

Julie와 Sam은 가끔씩 시골로 여행을 간다.

Plus + weatherman 명 일기 예보관   predict 동 예보하다

2418

storage

[ˈstɔːrɪdʒ]

명 저장[보관], 저장소[창고], (컴퓨터) 기억 장치

storage는 store(보관하다)라는 동사에서 파생된 명사입니다. 즉, '저장, 보관'을 뜻하지요. 원래는 저장하거나 보관하는 공간이나 과정만을 의미했지만, 기술이 발전함에 따라 뜻이 확장되어 오늘날에는 컴퓨터 데이터와 같은 디지털 정보를 보관하는 장치를 나타내기도 합니다.

1 Smith put the furniture in storage while he moved.

Smith는 이사하는 동안 가구를 창고에 두었다.

2 The company offers 30GB of free cloud storage.

그 회사는 무료로 30GB의 클라우드 저장 공간을 제공한다.

Plus + furniture 명 가구   move 동 이사하다
offer 동 제공하다   free 형 무료의

2419

marriage

[ˈmærɪdʒ]

명 결혼[혼인], 결혼식, 결혼 생활

marriage는 '결혼'을 뜻하는 명사로 단순해 보이지만 지칭하는 범위가 상당히 넓습니다. 혼인 관계를 맺는 행위 외에 이러한 관계에 들어가 있는 상태나 그런 상태를 유지하는 동안의 생활까지도 나타냅니다. 그래서 '결혼, 결혼식'뿐 아니라 '결혼 생활' 자체를 뜻하는 경우도 많습니다.

1 People came from all over to celebrate the marriage of Jin and Yumi.
Jin과 Yumi의 결혼을 축하하기 위해 각지에서 사람들이 모였다.

2 We have a strong marriage and are always there for each other.
우리는 결혼 생활이 화목하고 항상 서로를 존재한다.

Plus + celebrate 동 축하하다　　　be there for ~를 위해 있다

2420

churn

[tʃɜːrn]

동 마구 휘젓다, 거품이 일다, (버터를 만들기 위해) 우유를 휘젓다

명 (버터 만드는) 교유기

churn은 원래 '흔들다'라는 뜻에서 출발했습니다. 오늘날엔 '마구 휘젓다'라는 뜻을 나타내는데, 주로 물질을 빠르게 움직여 거품을 일으키는 행위를 나타냅니다. 일반적으로 버터를 만드는 과정에서 우유를 빠르게 휘젓는 행위를 churn 이라고 하지요.

1 The sea was churned up by the storm.
폭풍으로 인해 바다가 거칠게 일고 있었다.

2 Paul had never seen a butter churn before.
Paul은 버터 교유기를 본 적이 없었다.

Plus + storm 명 폭풍

2421

altogether

[ˌɔːltəˈɡeðə(r)]

부 완전히, 전적으로, 다 합하여, 전체로서

altogether는 all(모든)과 together(함께)가 결합된 단어로 '한데 모여'라는 의미에 가깝습니다. 보통 '완전히, 전적으로'라는 뜻을 나타내는 부사로 쓰입니다. 때로는 수를 더할 때 '합계'를 나타내는 경우도 있습니다.

1 Altogether, we think this plan will work.
전체적으로 보았을 때, 우리는 이 계획이 효과가 있을 것이라 생각한다.

2 There are ten books altogether I have to read during summer vacation.
여름 방학 동안 내가 읽어야 할 책은 총 열 권이다.

Plus + work 동 효과가 있다　　　during 전 ~ 동안에
vacation 명 방학, 휴가

2422

hoist
[hɔɪst]

통 (화물 등을) 들어 올리다,
(깃발 등을) 게양하다,
(사람 등을) 높이 올리다,
(술 등을) 마시다

hoist는 주로 무거운 물건이나 사람을 위로 들어 올리는 행위를 나타내는 동사입니다. 특히 크레인 등의 장비를 통해 무거운 화물을 들어 올리거나 선박의 깃발을 올리는 것을 나타냅니다. 비격식적 맥락에서는 '술을 마시다'라는 뜻을 나타내는데, 이는 술잔을 들어 올리는 동작에서 파생된 것으로 추정합니다.

1 The workers hoisted the heavy crates onto the ship.
   작업자들이 무거운 상자들을 배 위로 들어 올렸다.

2 The flag was hoisted at noon.
   깃발은 정오에 게양되었다.

Plus + crate 명 (물품 운송용 대형 나무) 상자   flag 명 깃발
         noon 명 정오, 낮 12시

2423

stew
[stu:]

명 스튜, 조바심, 굴 양식장

통 부글부글 끓이다

stew는 원래 '숨을 죽이다'라는 뜻에서 출발했습니다. 특이하지요? 그런데 이후 '뚜껑을 덮고 천천히 요리하다'라는 뜻으로 확장되면서 오늘날의 뜻이 되었습니다. 보통 스튜는 천천히 끓여야 하지요? 그래서 stew는 동사로 '천천히 끓이다, 부글부글 끓이다'라는 의미를 나타내기도 합니다.

1 My father made a delicious beef stew for dinner.
   아빠께서 저녁 식사로 맛있는 소고기 스튜를 만들어 주셨다.

2 The vegetables were stewed until they became soft.
   채소가 부드러워질 때까지 끓였다.

Plus + beef 명 소고기   vegetable 명 채소

2424

cemetery
['semǝteri]

명 (공동) 묘지

cemetery는 원래 '잠자리'라는 의미에서 출발했습니다. 오늘날 cemetery는 '묘지', 특히 공동 묘지를 의미하는데, 세상을 떠난 이들이 잠을 자고 있는 곳이라 생각하면 cemetery의 의미가 더 잘 와닿는군요. '묘지'를 뜻하는 다른 단어로는 graveyard가 있습니다.

1 My grandmother is buried in the local cemetery.
   우리 할머니는 지역 묘지에 안치되어 계신다.

2 Tom and Jin visited the cemetery to pay their respects to their ancestors.
   Tom과 Jin은 조상들에게 경의를 표하기 위해 묘지를 방문했다.

Plus + bury 통 (시신을) 묻다, 매장하다   pay respects to ~에 경의를 표하다
         ancestor 명 조상

2425

mantle

['mæntl]

- 몡 (지질의) 맨틀, 망토, 싸개[덮개]
- 통 망토를 입히다, 망토로 감싸다

mantle은 원래 '싸개, 덮개'를 의미했습니다. 이것이 '망토'를 지칭하는 단어가 되었고, 이후 지각 바로 아래의 암석층이 지구를 마치 망토처럼 둘러싸고 있다 하여 이를 mantle이라 부르게 되었습니다. 동사로는 '망토를 입히다, 망토로 감싸다'를 뜻합니다.

1 Many geologists study the earth's mantle to understand seismic activity.

많은 지질학자들은 지진 활동을 이해하기 위해 지구의 맨틀을 연구한다.

2 The boy was mantled before leaving the castle.

소년은 성을 떠나기 전에 망토를 두르고 있었다.

Plus + geologist 몡 지질학자   seismic 혱 지진의
leave 통 떠나다

2426

autumn

['ɔ:təm]

- 몡 가을, 황혼기

autumn은 '가을'을 나타내는 명사입니다. 원래는 '수확'을 뜻하던 단어였는데 시간이 지나면서 수확의 계절인 '가을'을 나타내게 되었지요. autumn은 '가을' 외에도 비유적인 맥락에서 생명 주기의 후반부, 특히 인생의 '황혼기'를 의미하기도 합니다. 가을과 황혼기, 의미가 통하는 부분이 느껴지시나요?

1 The leaves change their colors in autumn.

가을에는 나뭇잎의 색깔이 변한다.

2 In the autumn of her life, Judy decided to travel the world.

인생의 황혼기에서, Judy는 세계 여행을 떠나기로 결정했다.

Plus + leaf 몡 (나뭇)잎 (*pl.* leaves)   change 통 (상태가) 변하다

2427

hollow

['hɑ:loʊ]

- 혱 속이 빈, 움푹 꺼진[쑥 들어간], 공허한, 힘 없는

hollow는 어떤 물체의 내부가 비어 있는 상태를 묘사합니다. 예를 들어, hollow tube라고 하면 '속이 빈 튜브'라는 뜻이지요. 그 외에도 '움푹 들어간' 골짜기 등을 묘사하거나 비유적으로는 무의미하거나 가치가 없는 상태를 나타낼 수 있습니다.

1 The log is hollow, providing a home for the small creature.

그 통나무는 속이 비어 있어서 작은 동물에게 집을 제공한다.

2 Min's apologies were hollow and meant nothing.

Min의 사과는 공허하고 아무런 의미가 없었다.

Plus + log 몡 통나무   provide 통 제공하다
apology 몡 사과   mean 통 의미하다

2428

strawberry

['strɔːbəri]

명 딸기, 딸기색

strawberry는 주로 '딸기'를 의미하는 명사입니다. straw와 berry가 합쳐진 단어로, 여기서 straw는 '짚'을 의미합니다. 옛 사람들이 과거에 딸기를 보관하거나 운반할 때 짚을 사용한 것에서 유래했을 것이라 추정합니다. 그 외에도 '딸기색'을 지칭하기도 합니다.

1 The strawberry tart Jane made was delicious.
Jane이 만든 딸기 타르트는 맛있었다.

2 Amy dyed her hair strawberry blonde.
Amy는 딸기색 금발로 머리를 염색했다.

Plus+ dye 통 염색하다

2429

tension

['tenʃn]

명 긴장, 팽팽함
동 팽팽하게 하다

tension은 '팽팽하게 하다, 늘리다'라는 동사에서 유래한 단어입니다. 물리적 팽팽함뿐만 아니라 정신적 긴장을 나타내기도 합니다. 예를 들어, tension headache는 스트레스나 심리적 긴장으로 인해 발생하는 두통을 말하죠. 동사로는 '팽팽하게 하다'라는 뜻을 나타냅니다.

1 Surface tension allows bugs to walk on water.
표면 장력으로 인해 벌레는 물 위를 걸을 수 있다.

2 The tension in the room was palpable.
방 안에는 긴장감이 역력했다.

Plus+ surface 명 표면   allow 통 (무엇을 하도록) ~을 허락하다
palpable 형 감지할 수 있는

2430

somewhat

['sʌmwʌt]

부 약간[다소], 어느 정도

somewhat은 '약간, 다소'라는 뜻을 나타내는 부사입니다. some(조금)과 what (무엇)이 결합한 것으로, 글자 그대로 해석하면 '무언가 조금'이라는 의미가 됩니다. somewhat은 보통 어떤 것이 완전히 그런 것은 아니지만 일부분은 그런 특성 또는 상태를 갖고 있음을 표현합니다.

1 We were somewhat tired after the long journey.
긴 여행을 마치고 우리는 약간 피곤했다.

2 William's new theories are somewhat remote from reality.
William의 새 이론은 현실과 약간 동떨어져 있다.

Plus+ journey 명 여행   theory 명 이론
remote 형 동떨어진   reality 명 현실

우리말에 맞게 빈칸에 알맞은 단어를 쓰세요.　　　　　　(정답은 본문을 확인하세요.)

1　The goods had to be examined for damage on _____.　　그 상품은 도착하자마자 파손 여부를 검사받아야 했다.

2　The troops are _____ the enemy attack.　　그 부대는 적의 공격에 저항하고 있다.

3　Read the _____ before buying this machine.　　이 기계를 구매하기 전에 설명서를 읽으십시오.

4　Paul said exploring the _____ world was thrilling.　　Paul은 미지의 세계를 탐험하는 것이 스릴 넘친다고 말했다.

5　Mike _____ for hours on the project.　　Mike는 그 프로젝트로 몇 시간 동안 애를 썼다.

6　It is Max who is wearing the red _____.　　붉은 망토를 입고 있는 사람이 Max이다.

7　Leah prefers to work in the _____.　　Leah는 낮에 일하는 것을 선호한다.

8　Hazel has a _____ personality.　　Hazel은 상냥한 성격을 가지고 있다.

9　Detectives have been _____ to find the criminal.　　형사들은 범인을 찾으려 혈안이 되었다.

10　The builders used _____ to bond the bricks together.　　건축업자들은 벽돌을 붙이기 위해 시멘트를 사용했다.

11　Emily made many _____ to provide for her family.　　Emily는 가족을 부양하기 위해 많은 희생을 했다.

12　Reading does _____ the mind.　　독서는 분명히 사고방식을 확장시킨다.

13　The soil in this region is _____ for rainwater.　　이 지역의 흙은 비를 간절히 원하고 있다.

14　The seafood restaurant is known for its _____ pasta.　　그 해산물 레스토랑은 게살 파스타로 유명하다.

15　The storm caused a severe _____ to the city.　　폭풍은 그 도시에 심각한 피해를 입혔다.

16　The _____ of the plant is very sturdy.　　그 식물의 줄기는 아주 튼튼하다.

17　Julie and Sam make _____ trips to the countryside.　　Julie와 Sam은 가끔씩 시골로 여행을 간다.

18　The company offers 30GB of free cloud _____.　　그 회사는 무료로 30GB의 클라우드 저장 공간을 제공한다.

19　We have a strong _____ and are always there for each other.　　우리는 결혼 생활이 화목하고 항상 서로를 위한다.

20　The sea was _____ up by the storm.　　폭풍으로 인해 바다가 거칠게 일고 있었다.

21　_____, we think this plan will work.　　전체적으로 보았을 때, 우리는 이 계획이 효과가 있을 것이라 생각한다.

22　The flag was _____ at noon.　　깃발은 정오에 게양되었다.

23　The vegetables were _____ until they became soft.　　채소가 부드러워질 때까지 끓였다.

24　My grandmother is buried in the local _____.　　우리 할머니는 지역 묘지에 안치되어 계신다.

25　The boy was _____ before leaving the castle.　　소년은 성을 떠나기 전에 망토를 두르고 있었다.

26　The leaves change their colors in _____.　　가을에는 나뭇잎의 색깔이 변한다.

27　Min's apologies were _____ and meant nothing.　　Min의 사과는 공허하고 아무런 의미가 없었다.

28　The _____ tart Jane made was delicious.　　Jane이 만든 딸기 타르트는 맛있었다.

29　The _____ in the room was palpable.　　방 안에는 긴장감이 역력했다.

30　We were _____ tired after the long journey.　　긴 여행을 마치고 우리는 약간 피곤했다.

Level
82

레벨별 단어 사용 빈도

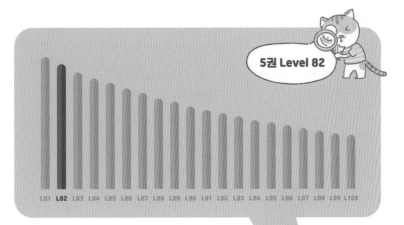

5권 Level 82

L81 **L82** L83 L84 L85 L86 L87 L88 L89 L90 L91 L92 L93 L94 L95 L96 L97 L98 L99 L100

LEVEL 1~20　　LEVEL 21~40　　LEVEL 41~60　　LEVEL 61~80　　**LEVEL 81~100**

2431

soar

[sɔː(r)]

동 솟구치다, 급상승[폭등]하다,
(새 따위가) 날아오르다,
(소리 등이) 커지다[고조되다]

soar는 원래 '날개를 펴고 높이 날다'라는 뜻으로 출발했습니다. 맥락에 따라 '솟구치다, 급상승하다' 등으로 다양하게 표현할 수 있습니다. 그 주체가 무엇이든 날아오르는 이미지 자체는 변함이 없습니다. 비유적으로는 감정이나 분위기 등이 고조되는 상황을 나타내기도 합니다.

1 The eagles soared through the sky.
독수리가 하늘을 날아올랐다.

2 Housing prices have been soaring recently.
최근 주택 가격이 급등하고 있다.

Plus + housing 명 주택   price 명 가격
recently 부 최근에

2432

approve

[əˈpruːv]

동 승인하다, 찬성하다,
가치 있음을 보이다

approve의 원래 의미는 '참임을 증명하다'였습니다. 그러다 무언가 옳기 때문에 허락한다는 식으로 의미가 확장되면서 오늘날에는 '승인하다, 찬성하다' 등을 뜻하게 되었습니다. 주로 계획이나 제안, 행동 등에 대한 긍정적 평가나 인정을 나타내거나 기대치나 표준을 충족시켰음을 뜻합니다.

1 The committee will approve the new plan.
위원회가 새로운 계획을 승인할 것이다.

2 We don't approve of Jack's behavior.
우리는 Jack의 행동에 찬성하지 않는다.

Plus + committee 명 위원회   behavior 명 행동

2433

revenge

[rɪˈvendʒ]

명 복수, 보복, 설욕의 기회

동 복수하다

revenge는 명사로 '복수, 보복' 등을 나타냅니다. 원래는 '다시 주장하다'라는 뜻이었습니다. 어떤 공격에 굴복하지 않고 반격하는 것을 의미합니다. revenge는 일상 대화뿐 아니라 문학, 영화, TV 쇼 등에서도 자주 쓰이며 보통은 명사로 쓰이지만, 격식체 등에서 동사로 '복수하다, 원수를 갚다'를 뜻하기도 합니다.

1 His victory was the best revenge for the previous loss.
그의 승리는 이전의 패배에 대한 최고의 복수였다.

2 Ann is hoping to get revenge against her former business partner.
Ann은 전 사업 파트너에게 복수하고 싶어 한다.

Plus + previous 형 이전의   loss 명 (시합에서의) 패배
former 형 (시간상으로) 예전의

2434

rotten

[ˈrɑːtn]

 썩은, 부패한, 몹쓸[형편없는], 불쾌한

rotten은 '썩은, 부패한'이라는 뜻을 나타내는 형용사입니다. 주로 식품이나 물질이 신선한 상태에서 벗어난 것을 나타내지요. 비유적으로는 도덕적, 윤리적으로 부패한 것을 묘사합니다. 영어권에는 rotten apple(썩은 사과)이라는 표현이 있습니다. 이는 주변에 나쁜 영향을 주는 사람이나 요소를 가리킵니다.

1 The fruit was rotten and filled with maggots.
과일이 썩어서 구더기가 가득했다.

2 Jamie felt rotten after lying to her best friend.
Jamie는 가장 친한 친구에게 거짓말을 한 후 몹시 꺼림칙한 마음이 들었다.

Plus + be filled with ~로 가득차다   maggot 명 구더기

2435

stubborn

[ˈstʌbərn]

형 완고한, 다루기 힘든, 완강한[불굴의], 단단한

stubborn은 완고하거나 유연성이 없는 특성을 나타냅니다. 주로 의견을 바꾸는 것을 거부하거나 변화에 저항하는 경향을 보이는 경우를 나타내죠. 또한 물리적으로 그러한 특성을 나타내기도 합니다. 예를 들어, '제거하기 어려운 얼룩'을 stubborn stain이라고 하지요.

1 Ian has a stubborn personality and rarely changes his mind.
Ian은 성격이 완고해서 의견을 바꾸는 일이 거의 없다.

2 The stain was more stubborn than we initially thought.
그 얼룩은 우리가 처음 생각했던 것보다 더 잘 지워지지 않았다.

Plus + rarely 부 좀처럼 ~하지 않는   initially 부 처음에

2436

volunteer

[ˌvɑːlənˈtɪr]

명 자원 봉사자, 지원자

형 자발적인

동 자원[자진]하다, 자원 봉사로 하다

volunteer는 명사로는 보통 '자원 봉사자'나 '자발적인 참여자'를 의미하고, 동사로는 '자원하다'를, 형용사로는 '자발적인'을 뜻합니다. 예를 들어 '자원 봉사'를 영어로는 volunteer work라고 말합니다.

1 Owen recalled that volunteer work motivated his life.
Owen은 자원 봉사가 그의 삶에 동기 부여가 되었다고 회상했다.

2 We decided to volunteer for the charity event.
우리는 그 자선 행사에서 자원 봉사를 하기로 결정했다.

Plus + recall 동 회상하다   motivate 동 동기를 부여하다
charity 명 자선

2437

instance

[ˈɪnstəns]

몡 사례[실례], 경우

통 예로 들다

instance는 일반적으로 '사례, 경우'를 의미하며 구체적으로 특정 사건이나 사람, 사물, 상황 등을 예로 제시하는 것을 뜻합니다. 우리가 글을 쓸 때 자주 쓰는 '예를 들어'라는 표현이 바로 for instance이지요. 동사로는 '예로 들다'라는 뜻을 나타냅니다.

1 There are numerous instances of this phenomenon.
   이 현상의 사례는 셀 수 없이 많다.

2 Can you instance a time when this strategy worked?
   이 전략이 통했던 때를 예로 들어 줄 수 있습니까?

Plus + numerous 혱 많은   phenomenon 몡 현상
         strategy 몡 전략   work 통 (계획 따위가) 잘 되어 나가다

2438

guardian

[ˈgɑːrdiən]

몡 후견인, 수호자, 감시자

guardian은 어떤 사람이나 장소, 사물을 지키고 그에 대한 책임을 지는 사람을 뜻합니다. 맥락에 따라 '후견인, 수호자, 감시자' 등으로 표현할 수 있지요. 법적으로는 미성년자나 법적으로 자기 자신을 보호할 능력이 없는 사람을 보호하고 대표하는 사람을 의미합니다.

1 Eric was appointed as the legal guardian of his niece.
   Eric은 조카의 법적 후견인으로 지명되었다.

2 Jangseung is considered the guardian of the village.
   장승은 마을의 수호자로 여겨진다.

Plus + appoint 통 지명[임명]하다   legal 혱 합법적인
         niece 몡 조카딸   consider 통 여기다

2439

direct

[dɪˈrekt, daɪˈrekt]

몡 직접적인, 직계의,
   단도직입적인, 정면의

direct의 원래 의미는 '직선으로, 곧게'였습니다. 그래서 오늘날에는 대표적으로 '직접적인'이라는 뜻을 나타내지요. 어떤 행동이 중간 과정 없이 바로 일어나는 것을 나타냅니다. '단도직입적인'이라는 의미도 있어 무언가를 간접적, 암시적으로 표현하지 않고 분명하게 나타내는 것을 묘사하기도 합니다.

1 The direct cause of the building's collapse is still under investigation.
   그 건물이 무너진 직접적인 원인은 아직 조사 중이다.

2 Henry gave a direct answer to the question.
   Henry는 그 질문에 단도직입적인 답변을 했다.

Plus + collapse 몡 (건물의) 붕괴   investigation 몡 조사

2440

connection

[kəˈnekʃn]

명 연결[접속], 관련성[연관성],
관계[관련]

connection은 원래 '함께 묶다'라는 뜻의 동사에서 파생했습니다. 그래서 두 가지 이상의 사물이 어떤 방식으로든 연결되어 있음을 나타내고, 비유적으로는 개념과 개념 사이의 관련성 또는 상관성을 표현하기도 합니다. 사회적 맥락에서는 개인 또는 조직 간의 관계나 네트워크를 의미합니다.

1 The water supply connection was delayed for two days.
상수도관 연결은 이틀 동안 지연되었다.

2 Scientists have established a connection between sugar and obesity.
과학자들은 설탕과 비만 사이의 연관성을 입증해 왔다.

Plus + water supply 상수도, 급수시설   delay 동 지연시키다
establish 동 밝히다, 규명하다   obesity 명 비만

2441

ability

[əˈbɪləti]

명 능력, 재능, 할 수 있음

ability는 특정 작업을 수행할 수 있는 '능력, 재능'을 의미하는 단어입니다. 보통 특정 분야에 대한 지식이나 기술, 능력을 가지고 있는 경우를 나타내지요. 선천적 또는 후천적 재능을 모두 표현할 수 있습니다. 예를 들어 show all one's ability 라고 하면 '총역량을 발휘하다'라는 뜻이 됩니다.

1 Maria has the ability to solve complex problems.
Maria는 복잡한 문제를 해결하는 능력이 있다.

2 The task is beyond my ability.
그 일은 내 능력 밖이다.

Plus + solve 동 해결하다   complex 형 복잡한
task 명 일, 과제   beyond 전 ~ 너머

2442

forge

[fɔːrdʒ]

동 구축하다, 위조하다,
서서히 나아가다,
꾸준히 발전하다[진전되다]

forge는 원래 '장인의 작업, 기술'을 뜻하는 단어에서 유래했습니다. 그래서 오늘날에도 '금속을 가열하고 망치로 두드려 구축하다'라는 의미를 나타냅니다. 또한 비유적으로 '관계나 계획을 창출하거나 구축하다'를 뜻하기도 하지요. 이 모든 개념을 응축하여 '서서히 나아가다, 꾸준히 발전하다'라는 뜻을 나타내기도 합니다.

1 We worked hard to forge a new partnership.
우리는 새로운 동업 관계를 구축하기 위해 열심히 노력했다.

2 Nick forged a path in the field of science.
Nick은 과학 분야에서 길을 개척했다.

Plus + work 동 (어떤 목표를 위해) 노력하다   partnership 명 동업[동반자] 관계
path 명 길   field 명 분야

2443

encourage

[ɪnˈkɜːrɪdʒ]

동 격려[고무]하다, 부추기다, 장려하다

encourage는 주로 누군가를 격려하거나 독려하는 행위를 나타냅니다. 더 넓은 의미로는 어떤 행동이나 상황을 더 활발하게 만드는 것을 뜻하기도 합니다. 그래서 encourage는 맥락에 따라 '격려하다, 부추기다, 장려하다' 등의 의미로 쓰입니다.

1 Mr. Smith always encourages his students to do their best.

Smith 선생님께서는 항상 학생들이 최선을 다하도록 격려해 주신다.

2 The government encourages investment in technology.

정부는 기술에 대한 투자를 장려한다.

Plus + do one's best 최선을 다하다   investment 명 투자
technology 명 기술

2444

article

[ˈɑːrtɪkl]

명 글[기사], (계약서의) 조항, (문법) 관사, 물품

article는 기본적으로 신문, 잡지 등에 실린 기사나 글을 뜻하고, 그 외에 계약서의 각 조항을 의미하기도 합니다. 그도 그럴 것이 article은 원래 '작은 부분'이라는 뜻에서 나온 단어입니다. 그래서 심지어 문법에서는 '관사'를 뜻하기도 합니다.

1 The reporter wrote a malicious article about Josh.

그 기자는 Josh에 대한 악의적인 기사를 썼다.

2 Article 4 of the contract states that the buyer has the right to return the goods.

계약서 제4조에 구매자는 상품을 반품할 권리가 있다고 명시되어 있다.

Plus + malicious 형 악의적인   contract 명 계약(서)
state 동 (특히 문서에) 명시하다   right 명 권리

2445

belief

[bɪˈliːf]

명 신념, 확신, 믿음, 신앙

belief는 '신념, 확신' 등을 뜻하는 명사입니다. 맥락에 따라 의미가 조금씩 달라집니다. 일상에서는 '신념' 정도를 나타내고 종교적 맥락에서는 '신앙'을 의미합니다. 예를 들어, faith and belief라고 하면 보통 '신앙과 믿음'이라는 종교적 표현이 되지요.

1 His belief in the goodness of people is unshakeable.

사람들의 선함에 대한 그의 믿음은 확고하다.

2 Bella's beliefs are deeply rooted in her religion.

Bella의 신념은 그녀의 종교에 깊이 뿌리박혀 있다.

Plus + goodness 명 선량함   unshakeable 형 흔들리지 않는
be rooted in ~에 뿌리박고 있다   religion 명 종교

2446

marble

[ˈmɑːrbl]

명 대리석, (단단함과 차가움 등이) 대리석 같은 것, 구슬, 제정신

marble은 원래 '대리석'을 의미하는 라틴어에서 유래했습니다. 그러다 대리석의 물리적 특성과 연관이 있는, 뭔가 빛나는 표면을 가진 단단한 물체를 묘사하는 데도 사용하게 되었죠. marble은 '구슬'을 뜻하기도 하는데, 이는 구슬의 곡선과 빛나는 표면이 대리석을 연상시키기 때문입니다.

1 The Taj Mahal is made of white marble.
타지마할은 흰 대리석으로 이루어져 있다.

2 Her skin was cold and smooth like marble.
그녀의 피부는 대리석처럼 차가우면서 매끄러웠다.

Plus + be made of ~로 구성되다　　　　skin 명 피부
smooth 형 매끈한

2447

twirl

[twɜrl]

동 빙빙 돌리다, 만지작거리다[비비 틀다]

명 회전[비비 틀기]

HA
HA HA

twirl은 어떤 물체가 빠르게 회전하는 모습을 표현하는 동사입니다. 주로 '빙빙 돌리다'라는 뜻으로 쓰입니다. 또한 '만지작거리다'라는 의미로 무언가 손에 쥐고 돌리는 모습을 표현하기도 합니다. 명사로는 무언가를 빙빙 돌리거나 만지작거리는 동작 자체를 나타낼 수 있습니다.

1 Lily twirled her hair around her fingers.
Lily는 손가락으로 머리카락을 빙빙 돌렸다.

2 With a twirl of his mustache, Ethan laughed.
Ethan은 콧수염을 만지막거리며 웃었다.

Plus + mustache 명 콧수염　　　　laugh 동 웃다

2448

pierce

[pɪrs]

동 (뾰족한 기구로) 뚫다, 꿰뚫다[관통하다], 간파[통찰]하다, 뚫고 나가다

pierce는 기본적으로 뾰족한 도구로 물체를 관통하거나 뚫는 것을 의미합니다. 비유적으로는 어떤 사실이나 진실을 간파하거나 통찰하는 것을 뜻하지요. 예를 들어, pierce the veil은 직역하면 '베일을 관통하다'라는 말로 '진실을 드러내다, 진실을 간파하다'라는 뜻을 나타냅니다.

1 The arrows pierced the target.
화살이 목표물을 꿰뚫었다.

2 His words pierced my heart.
그의 말은 내 마음을 꿰뚫었다.

Plus + arrow 명 화살　　　　target 명 목표물, 표적

2449

meanwhile

['miːnwaɪl]

부 그 동안에, 그 사이에, 한편

meanwhile은 mean(중간의)과 while(시간)이 결합한 단어입니다. 주로 특정 사건이 진행되는 동안 다른 사건이 발생하고 있음을 나타내는 부사입니다. 우리 말로는 '그 동안에, 그 사이에, 한편' 등으로 표현할 수 있습니다.

1 Jack started cooking dinner. Meanwhile, his kids were playing in the living room.

Jack은 저녁식사 준비를 시작했다. 그 사이에, 그의 아이들은 거실에서 놀고 있었다.

2 Meanwhile, Tim was secretly planning a family trip.

한편 Tim은 비밀리에 가족 여행을 계획하고 있었다.

Plus + secretly **부** 비밀리에, 몰래

2450

temperature

['temprətʃə(r)]

명 온도, 기온, 체온

temperature는 '적절한 비율, 적당한 상태'라는 뜻에서 출발했습니다. 원래는 물질이나 혼합물의 특성을 설명했지만, 시간이 지나면서 열의 상태를 나타내는 말로 주로 쓰였습니다. 그래서 오늘날에는 이와 관련 있는 '온도, 기온, 체온' 등을 의미하게 되었습니다.

1 The temperature in Seoul dropped to -13°C today.

오늘 서울의 기온은 영하 13도까지 떨어졌다.

2 Alex told me that the temperature changes at different altitudes.

Alex는 내게 고도에 따라 기온이 달라진다고 말했다.

Plus + drop **동** 떨어지다, 낮아지다   altitude **명** 고도

2451

hen

[hen]

명 암탉, 암컷

hen은 기본적으로 '암탉'을 의미합니다. 더 넓은 의미에서는 다른 조류의 '암컷'을 가리키기도 합니다. hen과 관련된 재미있는 표현이 있습니다. 우리가 자주 하는 논쟁 중 하나가 닭이 먼저인지 달걀이 먼저인지 따지는 것이지요? 이를 영어로 hen-versus-egg argument라고 합니다.

1 The hen laid four eggs today.

오늘 암탉이 달걀 네 개를 낳았다.

2 The news spread quickly that the hen laid a golden egg.

그 암탉이 황금알을 낳았다는 소식은 빠르게 퍼졌다.

Plus + lay **동** (알을) 낳다   spread **동** 퍼지다
quickly **부** 빠르게

2452

miniature

[ˈmɪnətʃə(r)]

📘 소형의, 축소된

📗 축소 모형, 세밀화(법)

miniature는 원래 라틴어와 이탈리어로 예술 작품을 만들 때 작은 세부 요소를 묘사하는 것을 의미했습니다. 그러다 영어로 들어오면서 일반적으로 작은 사이즈의 물건이나 실제보다 더 작게 만든 축소 모형을 가리키게 되었습니다.

1 **The man made a miniature of his hometown.**
그 남자는 고향의 축소 모형을 만들었다.

2 **The artist is known for his miniature paintings.**
그 화가는 세밀화로 유명하다.

Plus + hometown 📗 고향　　　　　be known for ~로 유명하다

2453

disgust

[dɪsˈɡʌst]

📗 혐오[구역질, 진저리]

📘 혐오[구역질]를 일으키다

disgust는 심한 혐오감을 표현하는 단어입니다. 원래 의미는 '맛이 없다'였는데 점점 그 의미가 확장되어 오늘날의 '혐오, 불쾌감'을 뜻하게 되었습니다. 불쾌하고 역겨운 감정을 포함하여 물리적으로나 정서적으로 탐탁치 않은 것에 대한 반응을 나타낼 때 쓰입니다. 동사로는 '혐오를 일으키다'를 뜻합니다.

1 **A look of disgust came over his face.**
그의 얼굴에는 혐오스러운 표정이 번졌다.

2 **Alice's arrogance disgusts me.**
Alice의 오만함이 나를 구역질 나게 만든다.

Plus + come over (격한 감정 등이) ~에게 밀려오다　　　arrogance 📗 오만함

2454

affect

[əˈfekt]

📘 영향을 미치다, 침범하다,
감동시키다, ~인 체하다
[가장하다]

affect는 일반적으로 무언가에 영향을 미치는 것을 의미하는 동사입니다. 물리적 영향과 정신적 영향을 모두 뜻할 수 있습니다. 그래서 '감동시키다'를 의미하기도 하죠. 예를 들어, The music affected everyone.은 '그 음악이 모두를 감동시켰다.'라는 뜻으로 해석됩니다.

1 **Smoking can seriously affect our health.**
흡연은 우리의 건강에 심각하게 영향을 미칠 수 있다.

2 **Her speech deeply affected everyone in the room.**
그녀의 연설은 방 안에 있는 모든 사람을 깊이 감동시켰다.

Plus + seriously 🔶 심각하게　　　　　speech 📗 연설
deeply 🔶 깊이, 크게

2455

ponder

[ˈpɑ:ndə(r)]

동 깊이 생각하다[숙고하다]

ponder는 무언가 신중하게 고민하거나 깊이 생각하는 것을 나타냅니다. 일반적으로 결정을 내리기 전에 많은 요소를 고려하는 행위를 뜻하지요. 그래서 우리말로는 '고민하다, 숙고하다'로 표현되기도 합니다.

1 Jackson sat quietly, pondering his next move.
Jackson은 다음 행보에 대해 고민하며 조용히 앉아 있었다.

2 Ian pondered the reason Susan left him.
Ian은 Susan이 자신을 떠난 이유를 곰곰이 생각했다.

Plus + quietly 부 조용히　　　　move 명 (생각, 행동 등의) 변화, 움직임
reason 명 이유

2456

actual

[ˈæktʃuəl]

형 실제의, 현실의, 행동의

actual은 action(행동)과 같은 뿌리에서 파생된 단어로 '행동에 관련된'을 뜻했습니다. 그러다 '현재 존재하거나 발생하는'이라는 뜻으로 확장되었지요. 오늘날은 '실제의, 현실의'를 뜻하며 사건이나 상황이 예측한 것에 비해 실제로 어떠한지를 나타냅니다.

1 The actual cost of the project was much higher than the estimated cost.
그 프로젝트의 실제 비용은 예상 비용보다 훨씬 높았다.

2 The actual situation may be different from what we expected.
실제 상황은 우리가 예상했던 것과 다를 수 있다.

Plus + estimated 형 예상의, 추측의　　　　situation 명 상황

2457

assistant

[əˈsɪstənt]

명 조수[보조자], 조력자

형 조력하는, 보조의

assistant는 assist(돕다)에서 파생된 단어로 명사로는 '조수, 보조자, 조력자' 등을 의미하고, 형용사로는 '조력하는, 보조의'를 의미합니다. 특정 작업이나 업무에 있어 누군가를 돕는 역할을 지칭하여 직함으로 쓰이는 경우도 많습니다.

1 Helen hired Jeremy as her new assistant.
Helen은 Jeremy를 그녀의 새로운 조수로 고용했다.

2 Linda supports a lot of classroom activities as an assistant teacher.
Linda는 보조 교사로서 다양한 교실 활동을 지원한다.

Plus + hire 동 (사람을) 고용하다　　　　support 동 지원하다
activity 명 활동

2458

helpful

['helpfl]

형 도움이 되는, 유익한,
기꺼이 돕는

helpful은 '도움'을 뜻하는 help와 '꽉 찬 상태'를 나타내는 -ful이 결합한 단어로, '도움이 되는, 유익한'을 뜻합니다. 일반적으로 누군가에게 직접적인 도움이 되는 것이나 어떤 정보가 유익한 것을 나타냅니다. 또한 무언가 자발적으로 돕는 성향이나 태도를 설명하기도 합니다.

1 Her advice was very helpful when it came to making my decision.

내가 결정을 내릴 때 그녀의 조언이 큰 도움이 되었다.

2 The attached information Joe provided was helpful.

Joe가 제공한 첨부 자료는 유익했다.

Plus + advice 명 조언   when it comes to ~에 관한 한
attached 형 첨부된   provide 동 제공하다

2459

stuck

[stʌk]

형 꼼짝 못 하는, 곤경에 처한

stuck은 '꼼짝 못 하는'을 뜻하는 형용사입니다. 물리적으로 어딘가에 갇혀서 움직이기가 어려운 것을 나타내기도 하지만, 상황이 곤란하여 어찌할 바를 모르는 경우도 묘사합니다. 그래서 우리말로는 '곤경에 처한'이라고 표현할 수도 있습니다.

1 I was stuck on the highway for two hours because of a traffic jam.

나는 교통 체증 때문에 고속도로에서 두 시간 동안 꼼짝도 못 했다.

2 Jimmy felt stuck in a small box.

Jimmy는 작은 상자 안에 갇힌 기분이었다.

Plus + traffic jam 명 교통 체증

2460

rusty

['rʌsti]

형 녹슨,
(능력, 기능 등이) 무디어진,
(옷 등이) 낡아빠진[빛 바랜],
목이 쉰 소리의

rusty는 원래 철이나 철제 물품이 녹이 슨 상태를 묘사하는 단어입니다. 그런데 여기서 추상적인 의미가 파생되어 기술이나 능력이 떨어진 상태를 비유적으로 나타내게 되었습니다. 예를 들어, rusty skill이라고 하면 '무뎌진 능력'을 뜻합니다.

1 I've been too busy to play tennis, so my tennis skills have become quite rusty these days.

바빠서 테니스를 못 쳤더니 요즘 내 테니스 실력이 많이 무뎌졌다.

2 The rusty tin bucket is over 100 years old.

그 녹슨 양철 물통은 100년이 넘었다.

Plus + tin 명 양철   bucket 명 물통, 양동이

우리말에 맞게 빈칸에 알맞은 단어를 쓰세요.　　　　　(정답은 본문을 확인하세요.)

1　The eagles ＿＿＿＿＿ through the sky.　　　　　독수리가 하늘을 날아올랐다.

2　We don't ＿＿＿＿＿ of Jack's behavior.　　　　　우리는 Jack의 행동에 찬성하지 않는다.

3　His victory was the best ＿＿＿＿＿ for the previous loss.　　그의 승리는 이전의 패배에 대한 최고의 복수였다.

4　The fruit was ＿＿＿＿＿ and filled with maggots.　　과일이 썩어서 구더기가 가득했다.

5　The stain was more ＿＿＿＿＿ than we initially thought.　그 얼룩은 우리가 처음 생각했던 것보다 더 잘 지워지지 않았다.

6　We decided to ＿＿＿＿＿ for the charity event.　　우리는 그 자선 행사에서 자원 봉사를 하기로 결정했다.

7　There are numerous ＿＿＿＿＿ of this phenomenon.　　이 현상의 사례는 셀 수 없이 많다.

8　Eric was appointed as the legal ＿＿＿＿＿ of his niece.　Eric은 조카의 법적 후견인으로 지명되었다.

9　Henry gave a ＿＿＿＿＿ answer to the question.　　Henry는 그 질문에 단도직입적인 답변을 했다.

10　The water supply ＿＿＿＿＿ was delayed for two days.　　상수도관 연결은 이틀 동안 지연되었다.

11　The task is beyond my ＿＿＿＿＿.　　　　　그 일은 내 능력 밖이다.

12　Nick ＿＿＿＿＿ a path in the field of science.　　Nick은 과학 분야에서 길을 개척했다.

13　The government ＿＿＿＿＿ investment in technology.　　정부는 기술에 대한 투자를 장려한다.

14　The reporter wrote a malicious ＿＿＿＿＿ about Josh.　그 기자는 Josh에 대한 악의적인 기사를 썼다.

15　His ＿＿＿＿＿ in the goodness of people is unshakeable.　사람들의 선함에 대한 그의 믿음은 확고하다.

16　The Taj Mahal is made of white ＿＿＿＿＿.　　타지마할은 흰 대리석으로 이루어져 있다.

17　With a ＿＿＿＿＿ of his mustache, Ethan laughed.　Ethan은 콧수염을 만지작거리며 웃었다.

18　His words ＿＿＿＿＿ my heart.　　　　　그의 말은 내 마음을 꿰뚫었다.

19　＿＿＿＿＿, Tim was secretly planning a family trip.　한편 Tim은 비밀리에 가족 여행을 계획하고 있었다.

20　Alex told me that the ＿＿＿＿＿ changes at different altitudes.　Alex는 내게 고도에 따라 기온이 달라진다고 말했다.

21　The ＿＿＿＿＿ laid four eggs today.　　　오늘 암탉이 달걀 네 개를 낳았다.

22　The artist is known for his ＿＿＿＿＿ paintings.　　그 화가는 세밀화로 유명하다.

23　Alice's arrogance ＿＿＿＿＿ me.　　　　Alice의 오만함이 나를 구역질 나게 만든다.

24　Smoking can seriously ＿＿＿＿＿ our health.　　흡연은 우리의 건강에 심각하게 영향을 미칠 수 있다.

25　Jackson sat quietly, ＿＿＿＿＿ his next move.　　Jackson은 다음 행보에 대해 고민하며 조용히 앉아 있었다.

26　The ＿＿＿＿＿ situation may be different from what we expected.　실제 상황은 우리가 예상했던 것과 다를 수 있다.

27　Helen hired Jeremy as her new ＿＿＿＿＿.　　Helen은 Jeremy를 그녀의 새로운 조수로 고용했다.

28　The attached information Joe provided was ＿＿＿＿＿.　Joe가 제공한 첨부 자료는 유익했다.

29　Jimmy felt ＿＿＿＿＿ in a small box.　　　Jimmy는 작은 상자 안에 갇힌 기분이었다.

30　The ＿＿＿＿＿ tin bucket is over 100 years old.　그 녹슨 양철 물통은 100년이 넘었다.

Level 83

레벨별 단어 사용 빈도

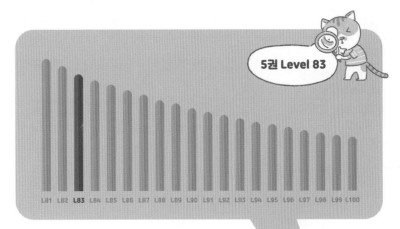

5권 Level 83

L81 L82 **L83** L84 L85 L86 L87 L88 L89 L90 L91 L92 L93 L94 L95 L96 L97 L98 L99 L100

LEVEL 1~20   LEVEL 21~40   LEVEL 41~60   LEVEL 61~80   **LEVEL 81~100**

2461

spray

[spreɪ]

명 분무[스프레이],
물보라[비말], 분무기,
(분무기 등으로) 뿌리기

동 (스프레이, 분무기로) 뿌리다,
살포하다

spray는 명사로는 '분무, 물보라, 분무기' 등을, 동사로는 '뿌리다' 등을 의미합니다. 액체를 뿌리는 행위뿐만 아니라 물이 세차게 뿌려질 때 발생하는 물보라 등을 묘사하기도 합니다. 예를 들어, spray bottle은 '분무기'를 뜻하고 water spray는 '물 뿌리기'를 나타내는 식입니다.

1 Noah sprayed some water over the flowers.
Noah는 꽃에 물을 뿌렸다.

2 As I approached the waterfall, a cloud-like fine spray rose.
내가 폭포에 가까이 다가가자 구름 같은 고운 물보라가 피어올랐다.

Plus+ water 동 물을 주다   rise 동 오르다, 떠오르다

2462

tempt

[tempt]

동 유혹하다[부추기다],
유도[설득]하다,
~할 마음이 나게 하다,
~을 꾀다

tempt는 원래 '시험하다, 시도하다'라는 뜻의 라틴어 *temptare*에서 유래했습니다. 그러다 시간이 지나면서 '유혹하다'라는 뜻의 동사로 자리 잡게 되었지요. 주로 다른 사람이 특정 행동을 하도록 부추기거나 설득하는 상황을 나타냅니다.

1 The offer of a high salary tempted Sally into accepting the job.
높은 급여 제안은 Sally가 그 일을 받아들이게끔 유혹했다.

2 Jake was tempted by the allure of easy money.
Jake는 쉽게 돈을 벌 수 있다는 유혹에 넘어갔다.

Plus+ offer 명 제안   salary 명 급여
allure 명 매력, 유혹

2463

aloud

[əˈlaʊd]

부 (다른 사람이 들릴 정도로)
소리 내어, 큰 소리로,
뚜렷이[명백히]

aloud는 부사로 '소리 내어, 큰 소리로'라는 의미를 나타냅니다. 주로 누군가 말을 하거나 글을 읽을 때 다른 사람이 들을 수 있도록 충분히 크게 소리를 내는 상황을 묘사합니다. 예를 들어, cry aloud라고 하면 '큰 소리로 울다'라는 뜻이 되지요. 재미있게도 think aloud라는 표현은 '(엉겁결에) 혼잣말을 하다'라는 뜻입니다.

1 Our team members are worrying aloud about the project.
우리 팀원들은 그 프로젝트에 대해 불평하고 있다.

2 Joe sometimes practices speaking French aloud.
Joe는 가끔 큰 소리로 프랑스어를 말하는 연습을 한다.

Plus+ worry aloud 불평하다, 투덜대다   practice 동 연습하다

2464

locate

[ˈloʊkeɪt]

통 (특정 위치에) 두다[설치하다],
(위치를) 알아내다,
자리 잡고 있다

locate는 두 가지 주요 의미를 갖습니다. 첫 번째는 '특정 위치에 두다, 설치하다'이고, 두 번째는 '위치를 알아내다'인데, 얼핏 보면 서로 완전히 다른 의미 같지만 어떤 물건을 물리적으로 어느 위치에 두는지와 가상의 좌표 어느 지점에 두는지의 차이일 뿐입니다. 둘 다 위치를 특정하는 것은 다르지 않습니다.

1 The company where I applied for the job is located in London.

내가 입사 지원했던 회사는 런던에 위치해 있다.

2 I need to locate the source of the leak.

나는 물이 새는 곳이 어디인지 찾아야 한다.

Plus + apply for ~에 지원하다   source 명 (특히 문제의) 원인, 근원
leak 명 누출, 새는 구멍

2465

soil

[sɔɪl]

명 흙[땅, 토양], 나라[국토],
경작지[대지, 농업],
(범죄 등의) 온상

soil의 기본 의미는 '흙'입니다. 그런데 흙이 주로 사람이 터로 삼고 살아가는 '땅'을 상징하다 보니 뜻이 확장되어 '나라, 국토'까지 의미하게 되었습니다. 조금 특이하게 '(범죄 등의) 온상'이라는 뜻을 나타내기도 하는데, 이는 땅이 오염되는 개념에서 파생된 것으로 보입니다.

1 Most plants get nutrients from the soil.

대부분의 식물들은 토양에서 영양분을 얻는다.

2 Judy recalled that 1997 was the first time she had set foot on Canadian soil.

Judy는 1997년이 그녀가 캐나다 땅에 처음 발을 디딘 때였다고 회상했다.

Plus + nutrient 명 영양   recall 통 회상하다
set foot on ~에 발을 딛다[들여놓다]

2466

sheer

[ʃɪr]

형 순전한, 완전한,
섞인 것이 없는,
(직물이) 비치는

sheer는 주로 '순전한, 완전한'을 뜻하는 형용사입니다. 원래는 '밝은, 빛나는'을 의미했는데 그 모습이 마치 아무것도 섞인 것이 없는 상태와 같다 하여 지금의 뜻이 되었다고 해요. 그리고 여기서 의미가 확장되어 직물 등이 '비치는' 상태도 나타내게 되었습니다.

1 It was a sheer miracle that they survived the crash.

그들이 자동차 충돌 사고에서 살아남은 것은 완전히 기적이었다.

2 Sheer fabrics are perfect for costumes and drapes.

얇은 옷감은 의상이나 커튼에 적합하다.

Plus + survive 통 살아남다   crash 명 (자동차 충돌) 사고
fabric 명 옷감, 직물

2467

circus

[ˈsɜːrkəs]

⑲ 서커스[곡예], 서커스[곡예]단,
(원형) 광장

circus를 자세히 보면 circle(동그라미)과 닮았죠? 실제로 이 단어는 원래 '원형' 이라는 뜻이었습니다. 로마의 원형 경기장에서 다양한 행사가 열렸던 것에서 지금의 '곡예'라는 뜻이 파생되었습니다. 물론 지금도 '원형 광장'이라는 의미를 갖고 있습니다.

1 My uncle is a member of the only circus group in Korea.
우리 삼촌은 한국 유일의 서커스단 일원이다.

2 The bear in the circus performed tricks by juggling with balls.
서커스단의 곰은 곡예 하듯 공을 던지며 재주를 부렸다.

Plus + perform ⑧ (동물이) 재주를 부리다   juggle ⑧ (공 등으로) 곡예를 하다

2468

pouch

[paʊtʃ]

⑲ (작은) 주머니[자루, 지갑],
(동식물의) 주머니
⑧ 주머니[자루, 지갑]에 넣다,
팁을 주다

pouch는 '작은 주머니'를 뜻하는 단어입니다. 주머니라고 하면 가장 먼저 pocket 이라는 단어를 떠올리게 되지요. 둘은 원래 같은 단어였지만 시간이 흐르면서 서로 발음과 철자만 달라졌습니다. pouch는 동식물에 있는 주머니 형태의 부위를 뜻하기도 합니다. 동사로는 '주머니에 넣다, 팁을 주다'를 의미하기도 하지요.

1 The gentleman pulled a small coin out of his pouch.
그 신사는 주머니에서 작은 동전을 꺼냈다.

2 The little girl pouched the gold coins on the table.
소녀는 탁자 위의 금화를 주머니에 넣었다.

Plus + gentleman ⑲ 신사   pull ⑧ 뽑다, 빼다

2469

heck

[hek]

㉯ 제기랄, 빌어먹을
⑲ 지옥

heck은 '지옥'을 의미하는 hell에서 나왔습니다. hell이 다소 과격한 느낌이라 이를 대체하기 위한 단어로 파생되었습니다. 그래서 보통 '제기랄, 빌어먹을'과 같은 비속어로 쓰입니다. 영어권에는 heck을 활용한 표현이 많은데, 대표적으로 What the heck!(뭐야 이게!)과 a heck of a(n) ~(대단한[엄청난] ~) 등이 있습니다. a heck of ~는 긍정적 맥락과 부정적 맥락 모두에서 사용될 수 있습니다.

1 It means I will lose my job, but what the heck!
그건 내가 직장을 잃게 된다는 의미인데, 뭐야 이게!

2 It was a heck of a movie.
그것은 정말 대단한 영화였다.

Plus + mean ⑧ 의미하다   lose ⑧ 잃다

2470

succeed

[sək'siːd]

동 성공하다, 승계하다,
뒤를 잇다, 계속해서 일어나다

succeed의 원래 의미는 '다음에 오다, 이어지다'였습니다. 그런데 무언가 순리대로 진행된다면 그것은 자연히 다음 단계로 나아갈 것이고 결국 성공한다는 의미가 되겠죠? 이러한 맥락에서 오늘날 succeed는 '성공하다, 승계하다, 뒤를 잇다' 등의 의미를 모두 나타내게 되었습니다.

1 Leah worked hard to succeed but ultimately failed.

Leah는 성공하기 위해 열심히 일했지만 결국 실패했다.

2 People predicted that Lee would succeed his grandfather as the CEO of the company.

사람들은 Lee가 회사의 최고경영자로서 할아버지를 승계할 것이라 예견했다.

Plus + ultimately 부 결국   predict 동 예견[예측]하다

2471

social

['souʃl]

형 사회적인, 사회의, 사교적인

명 친목회

social은 주로 사람들이 서로 어울리는 모습을 묘사하는 단어입니다. 형용사로는 '사회적인, 사교적인'이라는 뜻을, 명사로는 '친목회'를 뜻하지요. social과 관련된 표현으로는 social gathering(사교 모임), social norms(사회적 규범) 등이 있습니다. 아, 우리에게 SNS로 친숙한 social media도 있군요!

1 Leo is very social and loves to attend parties.

Leo는 매우 사교적이라 파티에 참석하는 것을 좋아한다.

2 Some experts warned that the policy could cause severe social issues.

일부 전문가들은 그 정책이 심각한 사회적 문제를 야기할 수 있다고 경고했다.

Plus + warn 동 경고하다   issue 명 문제

2472

midst

[mɪdst]

명 중앙, 한가운데, 한복판

부 중앙에

midst는 무언가의 중심부를 나타냅니다. 그래서 '중앙, 한가운데, 한복판' 등으로 표현되곤 합니다. 주로 in the midst of와 같은 형태로 진행 중이거나 어떤 상황이나 장소의 한가운데에 있음을 나타내는 표현에 많이 사용됩니다.

1 She left in the midst of the celebration.

그녀는 축하 행사가 한창일 때 떠났다.

2 Jane said that she was in the midst of a huge career change.

Jane은 자신이 엄청난 직업상의 변화를 겪고 있었다고 말했다.

Plus + celebration 명 축하 행사   huge 형 엄청난, 거대한

2473

picnic

[ˈpɪknɪk]

ⓝ 소풍, (소풍) 도시락

ⓥ 소풍을 가다

프랑스에서는 지식인들이 각자 음식을 가져와 공유하는 모임을 *pique*(가져가다)와 *nique*(사소한 것)라는 단어를 합쳐 *pique-nique*라고 불렀습니다. 이 말이 영어로 넘어와 오늘날의 picnic이 된 것이지요. 보통 준비한 음식을 먹으며 즐기는 행사를 나타냅니다.

1 Jack decided to have a picnic with his family in the park.
Jack은 그의 가족과 공원으로 소풍을 가기로 결정했다.

2 Amy hoped it would not rain on the day of the picnic.
Amy는 소풍 가는 날에 비가 오지 않기를 바랐다.

Plus + decide ⓥ 결정하다　　　　hope ⓥ 바라다

2474

rank

[ræŋk]

ⓝ 지위, 계급, 등급, 열[줄]

rank는 원래 '줄, 열' 등을 뜻했지만, 이후 사람이나 물건을 줄 세우는 모습에서 '등급, 지위'와 같은 의미가 파생되었습니다. 오늘날은 '지위, 계급, 등급' 등의 뜻을 나타내며 한 사회나 조직 내에서 사람이 어떤 기준에 따라 어떤 위치에 있는지를 표현합니다.

1 Liam rose to the rank of captain in the army.
Liam은 군대에서 대위 계급까지 승진했다.

2 Evelyn was not used to hanging out with people of high social rank.
Evelyn은 사회적 지위가 높은 사람들과 어울리는 데 익숙하지 않았다.

Plus + rise ⓥ (더 나은 계급 등으로) 오르다　　hang out with ~와 어울려 시간을 보내다

2475

available

[əˈveɪləbl]

ⓐ 이용할 수 있는, 시간이 있는, 유효한

available은 '이용 가능한'을 뜻하는 형용사입니다. 특정 상품이나 서비스를 구입하거나 이용할 수 있는 상태를 나타내지요. 그 밖에도 '시간이 있는'이라는 의미를 나타내는데, 이는 그 사람이 어떤 활동이나 일정에 참여할 수 있는 상태를 묘사합니다.

1 The sneakers are sold out and won't be available until next week.
그 운동화는 품절되어 다음 주까지는 구매할 수 없다.

2 There weren't flight tickets available for the weekend.
주말에 이용할 수 있는 비행기 표가 없었다.

Plus + sell out 다 팔리다　　　　flight ⓝ 항공편

2476

butler

[ˈbʌtlə(r)]

명 집사, 주류 관리관

butler는 원래 '병을 채우는 사람'이라는 뜻의 프랑스어에서 유래했습니다. 중세 시대의 귀족 가정에서 와인을 관리하던 사람을 가리키던 말이었지요. 그러다 점차 이 사람의 역할이 확장되면서 가정의 일반적인 운영을 관리하는 '집사'를 뜻하게 되었습니다.

1 The butler oversees all of the household duties in our house.

집사는 우리 집의 모든 집안일을 두루 살핀다.

2 In the past, butlers were responsible for the wine cellar.

과거에는 집사가 와인 저장고를 관리하는 책임자였다.

Plus + oversee 동 두루 살피다, 감독하다 household 명 가정, 가족, 집안일
duty 명 업무 cellar 명 (포도주 따위의) 지하 저장실

2477

jug

[dʒʌg]

명 주전자[단지, 항아리], 은행, 감옥[교도소], 맥주 한 잔

jug는 주로 '주전자'라는 뜻을 나타내는 명사입니다. 원래 '물통' 전반을 일컫는 단어였는데 시간이 지나면서 '주전자, 단지, 항아리' 등을 가리키는 식으로 의미가 좁아졌습니다. jug는 속어로 '은행, 감옥' 등을 의미하기도 합니다. 이는 '주전자' 안에 물이 '갇힌다'는 개념에서 파생된 것으로 추정합니다.

1 Mia put a jug of water on the floor.

Mia는 바닥에 물 한 주전자를 놓았다.

2 In medieval times, most people used to store water in jugs.

중세 시대에는 대부분의 사람들이 물을 주전자에 보관했다.

Plus + medieval 형 중세의 times 명 시대
used to V ~하곤 했다 store 동 저장하다

2478

destruction

[dɪˈstrʌkʃn]

명 파괴, 파멸, 파기(破棄)

destruction은 무언가를 파괴하거나 손상시키는 행동을 나타냅니다. 다양한 맥락에서 끔찍한 재앙, 전쟁으로 인한 손실, 자연재해의 결과 등을 의미합니다. 물리적 파괴뿐 아니라 어떤 계획이나 기대가 무너지는 경우도 나타낼 수 있습니다.

1 The earthquake left a trail of widespread destruction.

지진은 광범위한 파괴의 흔적을 남겼다.

2 Her reckless actions led to the destruction of the company.

그녀의 무모한 행동은 회사의 파멸로 이어졌다.

Plus + earthquake 명 지진 trail 명 흔적
reckless 형 무모한 lead to ~로 이어지다

2479

comb

[koʊm]

명 빗(질)

동 철저히 찾다, 빗다, 빗질하다

comb은 주로 머리를 빗는 '빗'을 의미합니다. 동사로는 '빗질하다'라는 뜻을 나타냅니다. 비유적 맥락에서는 철저하게 무언가를 찾는 행동을 의미하기도 합니다. 보통 comb through라고 하면 '~을 철저히 찾다'를 뜻합니다.

1 Jamie combed her hair in a hurry before leaving work.

Jamie는 퇴근하기 전에 서둘러 머리를 빗었다.

2 We need to comb through these documents to find the specific information.

우리는 구체적인 정보를 찾기 위해 이 문서들을 샅샅이 살펴봐야 한다.

Plus + in a hurry 서둘러, 급히   leave work 퇴근하다
specific 형 구체적인

2480

fellow

['feloʊ]

명 동료, (학술 단체의) 회원, 녀석[친구]

형 동료의

fellow는 주로 '동료'를 뜻합니다. 이 단어는 가볍게 친구를 부르는 말로 쓰이기도 합니다. 학술 분야에서는 특정 연구기관이나 단체의 회원을 칭하기도 합니다. fellow 뒤에 다양한 사람 명사가 와서 함께 쓰입니다. 그 예로 fellow worker (동료 직원), fellow student(동창), fellow citizen(동포) 등이 있습니다.

1 My fellow workers were fully sympathetic to the situation I was in.

동료들은 내가 처한 상황에 전적으로 공감했다.

2 Amelia spent the time chatting with fellow travellers.

Amelia는 동료 여행자들과 수다를 떨며 시간을 보냈다.

Plus + sympathetic 형 공감하는   situation 명 상황
chat 동 수다를 떨다

2481

nourish

['nɜːrɪʃ]

동 영양분[자양분]을 공급하다, (감정, 생각 등을 마음속으로) 키우다[품다, 강화하다]

nourish는 주로 어떤 대상에 영양을 공급하여 성장할 수 있도록 돕는 행위를 의미합니다. '영양분[자양분]을 공급하다' 정도로 표현할 수 있지요. 또한 추상적인 맥락에서 '(감정, 생각 등을 마음속으로) 키우다, 품다'와 같은 비유적 의미를 나타내기도 합니다.

1 While growing up, children need to eat good-quality, fresh food that nourishes them.

아이들은 성장하는 동안 영양분을 공급하는 양질의 신선한 음식을 먹어야 한다.

2 Min nourished a dream of becoming an astronaut.

Min은 우주비행사가 되는 꿈을 키웠다.

Plus + grow up (사람이) 성장하다   quality 명 질(質)
astronaut 명 우주비행사

2482

pioneer

[ˌpaɪəˈnɪr]

명 개척자, 선구자

형 초창기의, 선구적인

pioneer는 진영을 설치하기 전에 앞서서 길을 개척하는 병사를 뜻하는 프랑스어에서 유래되었습니다. 오늘날에는 주로 어떤 분야에서 새로운 지식이나 방법 등을 처음으로 개발 또는 도입하는 사람을 나타냅니다. 따라서 명사로는 '개척자, 선구자', 형용사로는 '초창기의, 선구적인'을 뜻합니다.

1 Haley was a pioneer in the field of computer science.
Haley는 컴퓨터 과학 분야의 선구자였다.

2 Isaac has the true spirit of a pioneer.
Isaac은 진정한 개척자의 정신을 가지고 있다.

Plus + field 명 분야　　　　　　　　　spirit 명 정신, 마음

2483

conscience

[ˈkɑːnʃəns]

명 양심, 선악의 판단력

conscience는 '양심'을 뜻하는 명사입니다. 어떤 행동이 옳은지 그른지 판단하는 정신적인 능력을 뜻하지요. 영어권에는 conscience가 쓰인 표현들이 많은데, 대표적으로 '죄책감, 양심의 가책'을 뜻하는 guilty conscience가 있습니다.

1 Paul's guilty conscience forced him to confess his sins.
Paul은 양심의 가책으로 인해 자신의 죄를 고백할 수밖에 없었다.

2 Leo had a clear conscience because he knew he did nothing wrong.
Leo는 자신이 잘못한 것이 없다는 것을 알았기에 양심에 부끄럽지 않았다.

Plus + guilty 형 가책을 느끼는　　　　force 동 어쩔 수 없이 ~하게 만들다

2484

hillside

[ˈhɪlsaɪd]

명 산허리, 비탈

hillside는 글자 그대로 '언덕'을 뜻하는 hill과 '측면'을 의미하는 side가 결합된 단어입니다. '산허리, 비탈' 등으로 표현되지요. 흔히 풍경을 묘사하거나 주택, 경작지, 도시 등이 위치한 곳을 설명할 때 쓰입니다.

1 They walked up the steep hillside to the top of the mountain.
그들은 산 정상까지 가파른 산비탈을 걸어 올라갔다.

2 A flock of sheep was grazing on the hillside.
한 무리의 양이 산비탈에서 풀을 뜯고 있었다.

Plus + steep 형 가파른　　　　　　　　a flock of 한 무리의 ~, ~의 떼
graze 동 풀을 뜯다

2485
basketball
['bæskɪtbɔːl]

명 농구, 농구공

basketball은 '농구, 농구공'을 뜻합니다. 말 그대로 basket(바구니)과 ball(공)이 결합한 단어입니다. 19세기 말에 공을 바구니에 넣는 게임을 처음으로 창안하면서 생겨났답니다.

1 The national basketball team qualified for the Olympics.
농구 국가대표팀이 올림픽 출전권을 획득했다.

2 Sophia has played intramural basketball since she was a middle school student.
Sophia는 중학생 때부터 교내 농구 선수로 뛰었다.

Plus + qualify for ~의 자격을 얻다   intramural 형 교내의

2486
swarm
[swɔːrm]

명 (곤충 등의) 떼[무리], 군중
동 떼를 지어 다니다

swarm은 두 가지 주요한 의미를 가지고 있습니다. 첫 번째로 '(곤충 등의) 무리나 떼'를 뜻합니다. 특히 벌이나 개미 같은 곤충의 큰 집단을 지칭하죠. 두 번째로는 동사로 '떼를 지어 다니다'라는 뜻을 나타냅니다. 사람, 동물을 가리지 않고 큰 집단을 이루어 움직이는 경우를 표현합니다.

1 The swarm of bees buzzed around the hive.
벌 떼가 벌집 주변에서 윙윙거렸다.

2 The beach is swarming with families on vacation.
여름철에 해변은 휴가를 떠난 가족들로 붐빈다.

Plus + buzz 동 윙윙거리다   hive 명 벌집

2487
orphan
['ɔːrfn]

명 고아
형 고아의

orphan은 명사로 부모를 잃은 아이, 즉 '고아'를 뜻하고, 형용사로는 '고아의'를 의미합니다. 참고로 orphan에서 파생된 대표적인 표현으로는 orphanage(고아원), orphaned child(고아가 된 아이) 등이 있어요.

1 Jin was left an orphan after her parents died in an accident.
Jin은 부모님이 사고로 돌아가신 후 고아가 되었다.

2 Oliver adopted the orphan as his daughter.
Oliver는 고아를 그의 딸로 입양했다.

Plus + accident 명 사고   adopt 동 입양하다

2488

sharpen

[ˈʃɑːrpən]

동 날카롭게 하다, 예민하게 하다, 신랄하게 하다, (통증 등을) 더 심하게 하다

sharpen은 sharp(날카로운)와 -en(~로 만들다)이 결합한 동사입니다. 즉, '날카롭게 하다'라는 뜻이지요. 물리적으로 무언가 날카롭게 만드는 것을 의미하기도 하지만 추상적으로 개념, 능력, 통찰력 등을 향상시키는 정신 활동을 나타내기도 합니다. 때로는 통증을 더 심하게 만든다는 부정적인 의미로 쓰이기도 합니다.

1 Jace sharpened the pencil with a knife.
Jace는 칼로 연필을 깎았다.

2 The boss said Ava needed to sharpen her skills to get that promotion.
팀장은 Ava가 승진하기 위해서는 역량을 향상시켜야 했다고 말했다.

Plus + skill 명 역량, 기량　　　　　get promotion 승진하다

2489

success

[sək'ses]

명 성공, 성공한 사람[것]

success는 원래 '이어서 발생하다'라는 뜻을 가진 동사에서 출발한 단어입니다. 주로 결과가 기대에 부합하여 원하는 목표를 달성했을 때를 나타냅니다. 어떤 일이 순차적으로 잘 진행되면 이어서 '성공'이 온다는 논리에 의해 '성공'이라는 뜻을 나타내게 되었죠. 그래서 맥락에 따라 '성공한 사람'을 의미하기도 합니다.

1 The key to success is hard work and perseverance.
성공의 열쇠는 근면과 끈기다.

2 She was glad that the months of work culminated in success.
그녀는 몇 달 동안 해온 일을 성공적으로 마무리하여 기뻤다.

Plus + perseverance 명 끈기, 인내　　　culminate in ~으로 끝이 나다, 막을 내리다

2490

praise

[preɪz]

명 칭찬, 찬사[찬양], 찬미

동 칭찬하다

praise는 원래 '값어치를 매기다'라는 뜻에서 유래했습니다. 그러다 점차 의미가 확장되어 훌륭함이나 가치를 인정하고 칭찬하는 행위 전반을 나타내게 되었죠. 맥락에 따라 '칭찬, 찬사, 찬미' 등 다양한 의미로 쓰일 수 있습니다. 동사로는 '칭찬하다'라는 뜻을 나타냅니다.

1 The writer received high praise for her novel.
그 작가는 자신의 소설에 대해 큰 찬사를 받았다.

2 The teacher praised the student for their perfect test score.
선생님은 시험에서 만점을 받은 학생을 칭찬했다.

Plus + receive 동 받다　　　　　score 명 점수

우리말에 맞게 빈칸에 알맞은 단어를 쓰세요.　　　　　(정답은 본문을 확인하세요.)

1　Noah _____ some water over the flowers.　　Noah는 꽃에 물을 뿌렸다.

2　Jake was _____ by the allure of easy money.　　Jake는 쉽게 돈을 벌 수 있다는 유혹에 넘어갔다.

3　Joe sometimes practices speaking French _____.　　Joe는 가끔 큰 소리로 프랑스어를 말하는 연습을 한다.

4　I need to _____ the source of the leak.　　나는 물이 새는 곳이 어디인지 찾아야 한다.

5　Most plants get nutrients from the _____.　　대부분의 식물들은 토양에서 영양분을 얻는다.

6　_____ fabrics are perfect for costumes and drapes.　　얇은 옷감은 의상이나 커튼에 적합하다.

7　My uncle is a member of the only _____ group in Korea.　　우리 삼촌은 한국 유일의 서커스단 일원이다.

8　The gentleman pulled a small coin out of his _____.　　그 신사는 주머니에서 작은 동전을 꺼냈다.

9　It was a _____ of a movie.　　그것은 정말 대단한 영화였다.

10　Leah worked hard to _____ but ultimately failed.　　Leah는 성공하기 위해 열심히 일했지만 결국 실패했다.

11　Leo is very _____ and loves to attend parties.　　Leo는 매우 사교적이라 파티에 참석하는 것을 좋아한다.

12　She left in the _____ of the celebration.　　그녀는 축하 행사가 한창일 때 떠났다.

13　Amy hoped it would not rain on the day of the _____.　　Amy는 소풍 가는 날에 비가 오지 않기를 바랐다.

14　Liam rose to the _____ of captain in the army.　　Liam은 군대에서 대위 계급까지 승진했다.

15　There weren't flight tickets _____ for the weekend.　　주말에 이용할 수 있는 비행기 표가 없었다.

16　The _____ oversees all of the household duties in our house.　　집사는 우리 집의 모든 집안일을 두루 살핀다.

17　Mia put a _____ of water on the floor.　　Mia는 바닥에 물 한 주전자를 놓았다.

18　Her reckless actions led to the _____ of the company.　　그녀의 무모한 행동은 회사의 파멸로 이어졌다.

19　Jamie _____ her hair in a hurry before leaving work.　　Jamie는 퇴근하기 전에 서둘러 머리를 빗었다.

20　Amelia spent the time chatting with _____ travellers.　　Amelia는 동료 여행자들과 수다를 떨며 시간을 보냈다.

21　Min _____ a dream of becoming an astronaut.　　Min은 우주비행사가 되는 꿈을 키웠다.

22　Isaac has the true spirit of a _____.　　Isaac은 진정한 개척자의 정신을 가지고 있다.

23　Paul's guilty _____ forced him to confess his sins.　　Paul은 양심의 가책으로 인해 자신의 죄를 고백할 수밖에 없었다.

24　A flock of sheep was grazing on the _____.　　한 무리의 양이 산비탈에서 풀을 뜯고 있었다.

25　The national _____ team qualified for the Olympics.　　농구 국가대표팀이 올림픽 출전권을 획득했다.

26　The _____ of bees buzzed around the hive.　　벌 떼가 벌집 주변에서 윙윙거렸다.

27　Jin was left an _____ after her parents died in an accident.　　Jin은 부모님이 사고로 돌아가신 후 고아가 되었다.

28　Jace _____ the pencil with a knife.　　Jace는 칼로 연필을 깎았다.

29　The key to _____ is hard work and perseverance.　　성공의 열쇠는 근면과 끈기다.

30　The writer received high _____ for her novel.　　그 작가는 자신의 소설에 대해 큰 찬사를 받았다.

Level 84

5권 Level 84

L81 L82 L83 **L84** L85 L86 L87 L88 L89 L90 L91 L92 L93 L94 L95 L96 L97 L98 L99 L100

LEVEL 1~20   LEVEL 21~40   LEVEL 41~60   LEVEL 61~80   **LEVEL 81~100**

2491

bitter

[ˈbɪtə(r)]

형 (맛이) 쓴, 격렬한[신랄한],
쓰라린[고통스러운],
지독한[모진]

bitter는 bite(물다)라는 동사에서 파생했습니다. 즉, 무언가 '물어 뜯는' 느낌을 나타내는 형용사이지요. 시간이 지나면서 의미가 확장되어 그러한 감정이나 경험을 나타낼 때도 쓰이게 되었습니다. 무언가를 먹었을 때 '쓴맛'이 느껴지는 경우를 나타내기도 하고, 비유적으로는 '불쾌하거나 부정적인 감정'을 의미하기도 합니다.

1 Nora tasted the bitter medicine and frowned.
Nora는 쓴 약을 먹고 얼굴을 찡그렸다.

2 We felt a bitter disappointment.
우리는 심한 실망감을 느꼈다.

Plus+ frown 동 얼굴을 찡그리다   disappointment 명 실망(감)

2492

deed

[diːd]

명 행위[행적], (날인) 증서

동 증서를 작성하여 (재산 등을)
양도하다

deed는 '하다'라는 뜻의 동사 do에서 파생되었습니다. 그래서 한 것, 즉 '행위'를 나타내게 되었지요. 일반적으로 중요하고 의미 있는 행동을 뜻합니다. 법적 맥락에서는 '증서'를 뜻하기도 하는데, 이 역시 '중요한 행위'라는 기본 개념에서 크게 벗어나지 않습니다.

1 Levi tries to do one good deed a day.
Levi는 하루에 하나라도 선행을 하려고 노력한다.

2 Kate deeded the house to her younger sister.
Kate는 여동생에게 집을 증여했다.

Plus+ try to V ~하려고 노력하다

2493

shatter

[ˈʃætə(r)]

동 산산이 부서지다[부수다],
~에 큰 손해를 입히다,
(희망이나 계획 따위를) 꺾다
[산산조각 내다],
~의 마음에 충격을 주다

shatter는 원래 '분리하다, 분할하다'라는 뜻으로 출발했습니다. 그러다 무언가를 완전히 분해한다는 뜻으로 확장되어 '산산이 부서지다, 부수다'를 뜻하게 되었지요. 물리적으로 큰 손해를 입히는 것뿐이 아니라 금전적, 정신적으로 누군가에게 손상을 입히는 행위를 모두 나타낼 수 있습니다.

1 The glass vase fell and shattered into a thousand pieces.
유리 꽃병이 떨어져 산산이 부서졌다.

2 The novel shattered Luna's illusions about love.
그 소설은 사랑에 대한 Luna의 환상을 산산조각 냈다.

Plus+ vase 명 꽃병   illusion 명 환상

2494

keen

[kiːn]

형 예민한, 날카로운,
이해가 빠른, 열중한

keen은 '용감한, 강력한, 날카로운' 등의 뜻에서 유래한 단어입니다. 처음에는 주로 날카로운 물건을 가리켰지만, 점점 비유적으로 정신적인 능력을 나타낼 때 쓰이기 시작했습니다. 맥락에 따라 '예민한, 이해가 빠른' 등을 뜻하며 무언가에 '열중한' 상태를 나타낼 수도 있습니다.

1 The knife was so keen that Sarah cut her hand.
그 칼이 너무 날카로워서 Sarah는 손을 베이고 말았다.

2 Dogs are well known for their keen sense of smell.
개는 후각이 예민한 것으로 잘 알려져 있다.

Plus+ so ~ that ... 너무 ~해서 …하다   cut 동 베다
be known for ~로 알려져 있다   sense 명 감각

2495

binoculars

[bɪˈnɑːkjələrz]

명 쌍안경

binoculars는 *bini*(둘)와 *oculus*(눈)라는 두 개의 라틴어가 결합된 단어입니다. '쌍안경', 즉 두 눈으로 동시에 볼 수 있게 설계된, 멀리 떨어진 물체를 볼 때 쓰는 광학기기를 의미하지요. 광학 기술이 발전함에 따라 이러한 기기가 널리 보급되면서 이를 일컫는 명칭이 필요하여 만들어진 단어입니다.

1 I looked at the ship through the binoculars.
나는 쌍안경을 통해 그 배를 보았다.

2 My uncle always brings his binoculars when he goes birdwatching.
우리 삼촌은 들새 관찰을 갈 때 항상 쌍안경을 가지고 다닌다.

Plus+ through 전 ~을 통해[관통하여]   birdwatching 명 들새 관찰

2496

dramatic

[drəˈmætɪk]

형 극적인, 과장된, 각본의

dramatic을 자세히 보면 drama(극)라는 단어가 들어 있죠? dramatic은 바로 그런 극이 주는 느낌을 표현하는 형용사로 '극적인, 과장된, 각본의' 등을 뜻합니다. 극을 묘사하는 것을 넘어 어떤 상황이 극적으로 변하는 것이나 사람의 강렬한 감정을 표현하기도 합니다.

1 The play had a dramatic ending that left the whole audience in tears.
그 연극은 모든 관객을 눈물짓게 하는 극적인 결말을 맺었다.

2 There has been a dramatic increase in oil prices.
기름 가격이 엄청나게 상승했다.

Plus+ audience 명 관객   in tears 눈물을 흘리며
increase 명 상승   price 명 가격

2497 ☐☐

illness

[ˈɪlnəs]

명 병, 질환, 편찮음

illness는 ill(아픈)과 -ness가 결합한 단어로 '아픔'을 의미하는 명사입니다. 맥락에 따라 '병, 질환, 편찮음' 등의 의미로 쓰입니다. 조금 안 좋은 정도보다 더 심각한 뉘앙스를 띠며, 신체적 또는 정신적 건강 상태가 정상이 아니거나 불편한 상태를 나타냅니다.

1 Gary has been battling the illness for years.

Gary는 몇 년째 병마와 싸워 왔다.

2 Mental illness is still stigmatized in our society.

우리 사회에서 정신 질환은 여전히 오명을 쓰고 있다.

Plus + battle 동 싸우다   mental 형 (건강 등과 관련하여) 정신적인
stigmatize 동 오명을 씌우다

2498 ☐☐

generation

[ˌdʒenəˈreɪʃn]

명 세대, 대(代), 발생

generation에 gene(유전자)이라는 단어가 포함되어 있는 것이 보이시나요? generation은 주로 '세대, 대(代)'를 의미하는데, 특정 시기에 태어난 사람들을 나타냅니다. gene이라는 단어와 함께 놓고 보니 의미가 직관적으로 와닿죠? 또한 '발생'을 뜻하기도 하는데 주로 무언가 생산되거나 만들어지는 과정을 설명합니다.

1 Our generation faces numerous challenges.

우리 세대는 많은 도전을 직면하고 있다.

2 The generation gap between parents and children may cause misunderstandings.

부모와 자녀 사이의 세대 차이는 오해를 일으킬 수 있다.

Plus + face 동 직면하다   challenge 명 도전
gap 명 차이   misunderstanding 명 오해

2499 ☐☐

wriggle

[ˈrɪgl]

동 (몸의 일부를) 꿈틀거리다,
꿈틀거리며 나아가다,
요리조리 빠져나가다

명 꿈틀거림

wriggle은 주로 '(몸의 일부를) 꿈틀거리거나 꿈틀거리며 나아가는' 동작을 묘사합니다. 특히 벌레나 뱀 등이 흔히 보이는 움직임을 설명하지요. 또한 비유적 맥락에서는 '요리조리 빠져나가다'라는 의미를 나타내는데, 주로 곤란한 상황에서 벗어나거나 책임을 피하려는 행위를 묘사합니다.

1 The worm stopped moving after one final wriggle.

그 벌레는 마지막으로 꿈틀거리다가 움직이지 않았다.

2 Julia managed to wriggle out of the situation.

Julia는 간신히 그 상황에서 빠져나왔다.

Plus + worm 명 (지렁이 따위의) 벌레   manage to V 간신히 ~하다
wriggle out of ~을 빠져나가다

2500

flare

[fler]

동 확 타오르다, 불끈 화를 내다,
(사건 등이) 벌어지다

명 폭발

flare는 주로 '확 타오르다'라는 의미를 나타내는 동사입니다. 불이나 빛 등이 갑자기 크게 밝아지는 모습을 묘사하지요. 비유적으로는 감정, 특히 분노가 갑자기 치솟는 상황을 나타낼 때가 많습니다. 그밖에 명사로는 '폭발'을 뜻합니다.

1 The fire suddenly flared up, and people started to scream.

갑자기 불길이 치솟았고, 사람들이 비명을 지르기 시작했다.

2 Kim's temper flared at the insult.

Kim은 모욕감에 화가 치솟았다.

Plus + suddenly 부 갑자기   scream 동 (무서움으로) 비명을 지르다
temper 명 화   insult 명 모욕(적인 말이나 행동)

2501

refer

[rɪfə́:r]

동 언급하다, 참조하도록 하다,
위탁[부탁]하다,
조회하다[시키다]

refer는 원래 '다시 가져가다, 돌려주다'라는 뜻을 가진 동사로 출발했습니다. 그러다 다른 사람이나 기관에게 문제를 전달하거나 위임하는 행위, 그리고 특정 정보나 자료를 찾아보거나 확인하는 행위 등을 뜻하게 되었지요. 맥락에 따라 '언급하다, 참조하도록 하다, 위탁하다' 등의 뜻으로 쓰일 수 있습니다.

1 He promised not to refer to the incident in his speech.

그는 그 사건을 연설에서 언급하지 않겠다고 약속했다.

2 Please refer to the instruction manual for more information.

더 많은 정보를 위해 설명서를 참조해 주십시오.

Plus + incident 명 사건   instruction 명 설명, 지시
manual 명 설명서

2502

sport

[spɔ:rt]

명 운동[경기, 스포츠],
오락[재미]

동 장난치다[놀다],
뽐내다[과시하다]

sport는 체육 활동이나 경기, 더 넓은 범위에서는 각종 경쟁이나 대회를 뜻하며 그러한 활동이나 이벤트에 참여하는 것도 나타냅니다. '즐기다, 놀다'라는 원래의 의미가 확장되어 오늘날의 의미가 되었습니다. 그래서 동사로 사용되는 경우 '장난치다'라는 뜻을 나타내고, 구어체에서 특정한 스타일 등을 '뽐내다, 과시하다'라는 의미를 나타내기도 합니다.

1 Some activists are trying to eradicate the remaining racism in sports.

일부 활동가들은 스포츠에 남아 있는 인종차별주의를 뿌리 뽑고자 노력하고 있다.

2 Marcus is sporting a new hairstyle today.

Marcus는 오늘 새로운 머리 스타일을 뽐내고 있다.

Plus + eradicate 동 뿌리 뽑다   racism 명 인종차별주의

2503

throne

[θroʊn]

📙 왕좌[왕위], 주교의 자리

📙 왕위에 앉다

throne의 기본 의미는 '왕좌, 왕위'입니다. 과거 기독교에서 하나님의 권위를 나타내는 상징으로 throne을 썼습니다. 그래서인지 throne은 '주교의 자리'를 뜻하기도 합니다. 동사로는 '왕위에 앉다'라는 의미를 나타낼 수 있습니다.

1 The queen acceded to the throne in 1890.
   그 여왕은 1890년에 왕위에 올랐다.

2 Parliament opposed his accession to the throne.
   의회는 그가 왕위에 오르는 것을 반대했다.

Plus + accede 📙 (특히 왕위에) 오르다   parliament 📙 의회
         oppose 📙 반대하다   accession 📙 즉위

2504

scholar

[ˈskɑːlə(r)]

📙 학자, 장학생

scholar는 '강의, 학문에 대한 토론, 학교'를 의미하는 라틴어에서 유래했습니다. 이후 뜻이 확장되어 특정 학문 분야에서 깊이 있는 학문적 지식과 이해를 가진 사람, 즉 '학자'를 의미하게 되었죠. 또한 '장학생'을 뜻하기도 하는데, 장학생 선정 기준이 우수한 학업 성적이므로 원래 뜻에서 크게 벗어나지 않은 셈입니다.

1 Chloe is a scholar of ancient Greek literature.
   Chloe는 고대 그리스 문학 학자다.

2 Brown was selected as a four-year scholar at Oxford University.
   Brown은 옥스포드 대학의 4년 장학생으로 선발되었다.

Plus + Greek 📙 그리스의   literature 📙 문학
         select 📙 선발하다

2505

lurch

[lɜːrtʃ]

📙 비틀거리다[휘청하다, 갑자기 기울다], (먹이를 잡기 위해) 몸을 숨기다

📙 (갑작스러운) 요동[기울어짐, 휘청거림, 비틀거림], 경향[취미]

lurch는 원래 '배가 요동치다'라는 해적 용어에서 유래되었습니다. 그러다 점점 '비틀거리다'라는 의미로 쓰이기 시작했죠. 주로 걷는 것이 어렵거나 불안정한 상황을 묘사합니다. 명사로는 '갑작스러운 요동, 기울어짐' 등을 나타내며 조금 특이하게도 맥락에 따라 '경향, 취미'를 뜻하기도 합니다.

1 Sue lurched forward and almost fell.
   Sue는 앞으로 비틀거렸고 거의 넘어질 뻔했다.

2 The man's lurch scared the two children.
   남자의 비틀거림에 두 아이는 겁에 질렸다.

Plus + forward 📙 (위치가) 앞으로   fall 📙 넘어지다
         scare 📙 겁먹게 하다

2506

complicate

[ˈkɑːmplɪkeɪt]

동 복잡하게 하다,
뒤얽히게 만들다,
이해하기 어렵게 하다

complicate는 그 뜻만큼 단어의 형성 과정도 복잡합니다. com-(함께)과 plicate (접다)가 결합된 것인데 여러 가지를 다 함께 접어서 얽히게 만든다는 논리에서 '복잡하게 하다, 뒤얽히게 만들다' 같은 지금의 뜻을 갖게 되었습니다. 비유적으로는 '(어떤 개념 등을) 이해하기 어렵게 하다'를 의미합니다.

1 Harry said he didn't want to complicate the problem anymore.
Harry는 그 문제를 더 이상 복잡하게 만들고 싶지 않다고 말했다.

2 He added designs to the artwork to make it more complicated.
그는 작품에 디자인을 더해 더 복잡하게 만들었다.

Plus+ anymore (부정문 등에서) 더 이상   add 동 더하다

2507

insect

[ˈɪnsekt]

명 곤충, 벌레

형 곤충의, 곤충 같은

insect에는 sect라는 단어가 들어 있습니다. 보통 sector라고 하면 '부분'을 뜻하는데, 곤충의 몸이 명확하게 세 부분으로 분리되어 있는 특징을 반영해 insect가 '곤충, 벌레'를 뜻하게 되었습니다. 그밖에 형용사로는 '곤충의, 곤충 같은'이라는 의미를 나타냅니다.

1 We are studying the behavior of various insects for our biology project.
우리는 생물학 프로젝트를 위해 다양한 곤충의 행동을 연구하고 있다.

2 My arm is itching from the insect bite.
벌레에 물려서 팔이 가렵다.

Plus+ behavior 명 행동   various 형 다양한
biology 명 생물학   itch 동 가렵다

2508

puddle

[ˈpʌdl]

명 (특히 빗물 등이 고인 혼탁한) 물웅덩이, (물로 이긴) 진흙

동 물웅덩이[흙탕물, 진흙]로 만들다, 진흙을 바르다

puddle은 pond(연못)와 같은 어원을 가진 단어입니다. 주로 얕은 '물웅덩이'를 나타내며, 특히 비가 오거나 물이 흘러 땅에 고인 경우를 가리킵니다. 진흙이나 흙탕물을 의미하며 동사로는 그런 물웅덩이를 만든다는 뜻을 나타냅니다.

1 Children love to jump in puddles.
아이들은 물웅덩이에 뛰어들기를 좋아한다.

2 The heavy rain puddled in the front yard.
폭우로 인해 앞마당에 물웅덩이가 생겼다.

Plus+ heavy 형 (양 등이) 많은, 심한

2509

mug

[mʌg]

명 컵, 얼굴[낯짝], 인상착의, 바보[얼간이]

mug는 원래 '대형 술잔'을 의미하는 단어였습니다. 그러다 시간이 지나면서 일반적인 '컵'을 뜻하게 되었지요. 18세기에는 사람의 얼굴 모양을 닮은 술잔이 많았는데, 여기서 '얼굴, 인상착의'라는 뜻이 파생된 것으로 추정합니다. 흔히 범죄자의 인상착의 기록 사진을 mug shot이라고 표현하기도 합니다.

1 Mindy hit the mug on the desk, and hot coffee spilled everywhere.

Mindy가 책상 위에 놓인 컵을 내리치자 뜨거운 커피가 사방에 쏟아졌다.

2 The murderer's mug shot was on the front page.

그 살인범의 머그샷은 신문 1면에 실렸다.

Plus + spill 동 쏟아지다　　　　　　murderer 명 살인범

2510

challenge

[ˈtʃæləndʒ]

동 도전하다, 이의를 제기하다

명 도전

challenge는 동사로 '도전하다', 명사로는 '도전'이라는 의미를 나타냅니다. 원래 법적 맥락에서 자주 쓰던 단어였습니다. 그래서인지 지금도 '이의를 제기하다'라는 의미를 나타내기도 합니다. 흔히 face a challenge라고 하면 어떤 도전에 직면한 상황을 의미하고, 임기응변으로 일을 처리할 때는 meet the challenge라고 표현합니다.

1 Mike was determined to rise to the challenge.

Mike는 도전에 맞서기로 결심했다.

2 The lawyer challenged the credibility of the witness.

변호사는 증인의 신빙성에 이의를 제기했다.

Plus + be determined to V ~하기로 결심하다　　　rise to (문제 등에) 잘 대처하다
credibility 명 신빙성　　　　　　　　　　　witness 명 증인, 목격자

2511

wardrobe

[ˈwɔːrdroʊb]

명 옷장, (극단 등이 소유하고 있는) 의상(실), 의상 담당자

wardrobe는 주로 '옷장'이나 '의류 저장 공간'을 뜻하는 명사입니다. 개인의 규모를 넘어서 극단 등이 소유하고 있는 '의상(실)'을 지칭하기도 하죠. 또한 극단이나 영화 제작진에서 대규모의 의상 컬렉션을 관리하는 '의상 담당자'를 뜻하기도 합니다.

1 Eric has a well-organized wardrobe.

Eric은 잘 정리된 옷장을 가지고 있다.

2 Wardrobe is busy preparing the costumes for the next scene.

의상 담당자는 다음 장면을 위한 의상 준비에 바쁘다.

Plus + well-organized 정리가 잘 된　　　prepare 동 준비하다
costume 명 의상　　　　　　　　　scene 명 장면

2512

thoughtful

[ˈθɔːtfl]

📙 사려 깊은, 배려심 있는,
생각이 깊은,
생각[사색]에 잠겨 있는

thoughtful은 thought(생각)와 -ful이 결합한 단어입니다. 주로 '사려 깊은, 배려심 있는'이라는 뜻을 나타냅니다. 생각이 많은 사람들이 대개 사려 깊거나 배려 있는 모습을 보이는 데서 파생된 듯합니다. 또한 생각에 잠겨 있거나 사색하는 상태를 묘사하기도 합니다.

1 Leah is a thoughtful person who always considers the feelings of others.

Leah는 항상 다른 사람들의 감정을 고려하는 사려 깊은 사람이다.

2 The reporter gave a thoughtful analysis of the situation.

그 기자는 상황을 심도 있게 분석했다.

Plus + consider 통 (특히 남의 감정을) 고려하다   analysis 명 분석

2513

verse

[vɜːrs]

📙 시[운문], (시의) 1행,
(노래 등의) 절

verse는 주로 '시'나 '시의 한 행'을 의미합니다. 요즘은 힙합 음악에서 '특정 가사'를 의미할 때도 많이 쓰이지요? 생각해 보면 힙합 음악도 '시'의 한 형태라 볼 수 있군요. verse의 원래 의미는 '돌리다'였는데 무언가 새로운 아이디어로 전환되는 개념을 나타낸다는 맥락에서 오늘날의 뜻이 파생된 것으로 추정합니다.

1 Timothy wrote a verse about the beauty of nature.

Timothy는 자연의 아름다움에 관한 시를 썼다.

2 The song had a catchy verse and chorus.

그 노래는 외우기 쉬운 절과 후렴을 가지고 있었다.

Plus + beauty 명 아름다움   catchy 형 외우기 쉬운
verse 명 (노래의) 절   chorus 명 후렴

2514

cheap

[tʃiːp]

📙 (값이) 싼, 싸구려의, 인색한

📘 싸게

cheap은 주로 물품이나 서비스의 가격이 낮음을 나타내는 형용사입니다. 그런데 우리말에도 '싸구려'라는 부정적인 말이 있듯이 cheap도 낮은 품질이나 인색한 성품을 나타내는 등 좋지 않은 의미로 쓰이는 경우가 많습니다.

1 The clothes were cheap but still of good quality.

그 옷은 저렴했지만 그래도 품질은 좋았다.

2 She is too cheap to buy her friends a round of drinks.

그녀는 친구들에게 술 한 잔 사 주지도 않을 정도로 인색하다.

Plus + quality 명 품질   a round of drinks 한 잔씩 돌린 술

2515

senator

[ˈsenətə(r)]

명 상원 의원

senator는 역사가 정말 깊은 단어입니다. 라틴어 *senatus*에서 유래했는데, 직역하자면 '노인의 회의'라는 뜻입니다. 초기 로마 공화정에서 정치적 지도력을 행사하던 그룹을 *senatus*라고 칭했는데 보통 경험 많은 노인들로 이루어져 있었습니다. 오늘날에는 미국이나 호주처럼 상원이 있는 국가의 입법 기관 구성원을 뜻합니다.

1 The senator proposed a new law to protect the industry.

상원 의원은 그 산업을 보호하기 위한 새로운 법을 제안했다.

2 He was elected as a senator in the last election.

그는 지난 선거에서 상원 의원으로 선출되었다.

Plus+ propose 동 제안하다　　　protect 동 보호하다
elect 동 선출하다　　　election 명 선거

2516

driveway

[ˈdraɪvweɪ]

명 (도로에서 건물로 바로 진입할 수 있는) 차도

driveway는 drive(운전하다)와 way(길)가 결합한 단어입니다. 주로 개인이나 기업 소유의 부동산에서 공용 도로로 직접 연결되는 차량 통로를 나타냅니다. '운전을 해서 들어가고 나올 수 있는 길' 정도로 이해하시면 되겠네요.

1 This driveway leads directly to my garage.

이 차도는 바로 내 차고로 이어진다.

2 There is a long, winding driveway that leads to the factory.

공장으로 이어지는 길고 구불구불한 차도가 있다.

Plus+ lead to (장소 등으로) 연결되다, ~로 이어지다　　　directly 부 곧장, 똑바로
winding 형 구불구불한

2517

chimney

[ˈtʃɪmni]

명 굴뚝 (모양의 것),
(화산의) 분연구,
침니(세로로 갈라진 암석 틈),
난로

chimney는 일반적으로 건물에서 연기나 가스를 방출하기 위한 관을 의미합니다. 흔히 이런 것을 '굴뚝'이라고 부르죠. 자연에도 굴뚝이 있죠? 바로 화산의 분출이며, 이 역시 chimney라고 부릅니다. 또한 암석의 틈새를 나타내기도 합니다.

1 The old house had a tall chimney.

그 오래된 집에는 높은 굴뚝이 있었다.

2 Lava erupted from the chimney of the volcano.

화산의 분연구에서 용암이 분출했다.

Plus+ lava 명 용암　　　erupt 동 (화산, 용암 등이) 분출하다
volcano 명 화산

2518

expose

[ɪkˈspoʊz]

동 드러내다, 노출시키다,
폭로하다, 접하게[받게] 하다

expose는 '밖으로'라는 뜻의 ex-와 '놓다'라는 의미의 pose가 결합된 단어입니다. 이렇게 보면 '드러내다, 노출시키다, 폭로하다'라는 뜻이 한번에 이해되시죠? expose는 물리적 노출부터 정보, 진실 등을 공개하는 행위까지 다양한 의미를 나타냅니다.

1 The low tide exposed the coral reef.
썰물 때면 산호초가 모습을 드러냈다.

2 The journalist exposed the corruption within the state government.
그 기자는 주 정부 내부의 부패를 폭로했다.

Plus + low tide 썰물　　　　　　coral reef 산호초
journalist 명 기자　　　　corruption 명 부패

2519

offense

[əˈfens]

명 공격, 위반[반칙], 모욕[무례]

offense는 기본적으로 '공격'을 뜻하는 명사입니다. 스포츠에서는 경기 중 상대 팀을 향해 '공격'하는 것을 의미하고, 법적 맥락에서는 법률이나 규정의 '위반'을 지칭하기도 합니다. 또한 사회적 맥락에서는 '모욕, 무례'를 의미하기도 하는데, 이 역시 사람에 대한 '공격'에 해당합니다.

1 The team has a strong offense.
그 팀은 강한 공격력을 가지고 있다.

2 Driving under the influence is considered a serious offense.
음주 운전은 중대한 범죄로 간주된다.

Plus + driving under the influence 음주 운전
consider A (as) B A를 B로 간주하다

2520

glory

[ˈɡlɔːri]

명 영광[영예], 찬양, 성공[영화],
득의양양

glory는 명사로 '영광, 영예' 등을 의미합니다. 일반적으로 큰 성공이나 업적을 이룬 후 받는 존경과 찬사를 나타내지요. 사실 과거에는 주로 종교적 맥락에서 쓰였던 단어라서 지금도 glory는 '신의 위엄'이나 '신에 대한 찬양'을 뜻하기도 합니다.

1 They basked in the glory of the victory.
그들은 승리의 영광을 누렸다.

2 The glory of God has often been depicted in religious texts.
신의 영광은 종종 종교적인 글에서 묘사되어 왔다.

Plus + bask in (관심, 칭찬 등을) 누리다　　depict 동 묘사하다
religious 형 종교적인　　　　　　text 명 (모든 형태의) 글

우리말에 맞게 빈칸에 알맞은 단어를 쓰세요. (정답은 본문을 확인하세요.)

1 We felt a _____ disappointment. 우리는 심한 실망감을 느꼈다.

2 Kate _____ the house to her younger sister. Kate는 여동생에게 집을 증여했다.

3 The novel _____ Luna's illusions about love. 그 소설은 사랑에 대한 Luna의 환상을 산산조각 냈다.

4 Dogs are well known for their _____ sense of smell. 개는 후각이 예민한 것으로 잘 알려져 있다.

5 I looked at the ship through the _____. 나는 쌍안경을 통해 그 배를 보았다.

6 There has been a _____ increase in oil prices. 기름 가격이 엄청나게 상승했다.

7 Gary has been battling the _____ for years. Gary는 몇 년째 병마와 싸워 왔다.

8 Our _____ faces numerous challenges. 우리 세대는 많은 도전을 직면하고 있다.

9 The worm stopped moving after one final _____. 그 벌레는 마지막으로 꿈틀거리다가 움직이지 않았다.

10 Kim's temper _____ at the insult. Kim은 모욕감에 화가 치솟았다.

11 He promised not to _____ to the incident in his speech. 그는 그 사건을 연설에서 언급하지 않겠다고 약속했다.

12 Marcus is _____ a new hairstyle today. Marcus는 오늘 새로운 머리 스타일을 뽐내고 있다.

13 The queen acceded to the _____ in 1890. 그 여왕은 1890년에 왕위에 올랐다.

14 Chloe is a _____ of ancient Greek literature. Chloe는 고대 그리스 문학 학자다.

15 Sue _____ forward and almost fell. Sue는 앞으로 비틀거렸고 거의 넘어질 뻔했다.

16 He added designs to the artwork to make it more _____. 그는 작품에 디자인을 더해 더 복잡하게 만들었다.

17 My arm is itching from the _____ bite. 벌레에 물려서 팔이 가렵다.

18 Children love to jump in _____. 아이들은 물웅덩이에 뛰어들기를 좋아한다.

19 The murderer's _____ shot was on the front page. 그 살인범의 머그샷은 신문 1면에 실렸다.

20 Mike was determined to rise to the _____. Mike는 도전에 맞서기로 결심했다.

21 Eric has a well-organized _____. Eric은 잘 정리된 옷장을 가지고 있다.

22 The reporter gave a _____ analysis of the situation. 그 기자는 상황에 대해 심도 있게 분석했다.

23 Timothy wrote a _____ about the beauty of nature. Timothy는 자연의 아름다움에 관한 시를 썼다.

24 The clothes were _____ but still of good quality. 그 옷은 저렴했지만 그래도 품질은 좋았다.

25 He was elected as a _____ in the last election. 그는 지난 선거에서 상원 의원으로 선출되었다.

26 This _____ leads directly to my garage. 이 차도는 바로 내 차고로 이어진다.

27 The old house had a tall _____. 그 오래된 집에는 높은 굴뚝이 있었다.

28 The low tide _____ the coral reef. 썰물 때면 산호초가 모습을 드러냈다.

29 The team has a strong _____. 그 팀은 강한 공격력을 가지고 있다.

30 They basked in the _____ of the victory. 그들은 승리의 영광을 누렸다.

Level 85

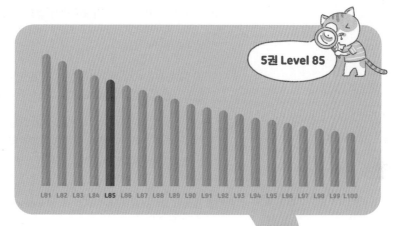

5권 Level 85

L81 L82 L83 L84 **L85** L86 L87 L88 L89 L90 L91 L92 L93 L94 L95 L96 L97 L98 L99 L100

LEVEL 1~20   LEVEL 21~40   LEVEL 41~60   LEVEL 61~80   **LEVEL 81~100**

2521

wealth

[welθ]

명 부(富), 재산[재화], 풍부[다량]

wealth에는 well이라는 단어가 녹아 있습니다. 원래 우리가 흔히 well-being 이라 부르는 것을 나타냈습니다. 하지만 사람이 잘 살기 위해서는 돈이 필요하겠죠? 그래서 점점 그러한 쪽으로 의미가 변하면서 일반적으로 '재산, 부'라는 개념을 의미하게 되었습니다. 비유적으로는 '풍부함'을 뜻하기도 합니다.

1 Ann inherited a considerable amount of wealth from her father.

Ann은 아버지로부터 상당한 양의 재산을 물려받았다.

2 The nation's wealth is distributed unevenly.

그 나라의 부는 고르지 않게 분배되어 있다.

Plus + inherit 동 물려받다 considerable 형 상당한
distribute 동 분배하다 unevenly 부 고르지 않게

2522

accent

[ˈæksent, ˈæksənt]

명 말씨[어투], 강세, 강조, 특색[특징]

accent는 주로 사람의 발음 패턴이나 어투를 나타내는 명사입니다. 원래는 음악과 관련한 단어였는데 시간이 흐르면서 점점 '말'에도 쓰이기 시작했습니다. 그밖에 언어학적 '강세'를 뜻할 수도 있으며 비유적으로는 특정 요소에 대한 '강조, 특색, 특징'을 의미합니다.

1 Jun speaks English with a French accent.

Jun은 프랑스식 억양으로 영어를 말한다.

2 The accent in the word 'record' changes based on whether it's used as a noun or a verb.

단어 record의 강세는 명사로 쓰이는지 동사로 쓰이는지에 따라 달라진다.

Plus + based on ~에 근거하여 whether 접 ~인지 아닌지
noun 명 명사 verb 명 동사

2523

electronic

[ɪˌlekˈtrɑːnɪk]

형 전자의, 전자 공학의, 전자 장비와 관련된, 전자 음악의

electronic은 electron(전자)과 -ic가 결합한 형용사입니다. 일반적으로 전자 공학이나 전자 장비에 관련된 것들을 나타냅니다. 예를 들어, electronic device 라고 하면 '전자 장비'를 뜻하고, electronic mail이라 하면 '전자 우편'이 되는 식입니다.

1 Electronic music was popular about seven years ago.

전자 음악은 약 7년 전에 인기를 끌었다.

2 This electronic device helps monitor your heart rate.

이 전자 장치는 심박수를 관찰하는 데 도움이 된다.

Plus + device 명 장치 monitor 동 관찰하다
rate 명 속도

2524

vine

[vaɪn]

명 포도나무, 덩굴(식물)

vine은 주로 '포도나무'나 '덩굴(식물)'을 지칭하는 명사입니다. 포도주를 담글 때 쓰이는 '포도나무'를 뜻하는 경우가 많고 일반적으로 정원이나 농장에서 자라는 '덩굴(식물)'을 지칭하기도 합니다. 그래서 vineyard라고 하면 '포도밭'이라는 뜻이 됩니다.

1 **This vine is loaded with grapes.**

이 포도나무에는 포도가 가득 열려 있다.

2 **There are fountains, gardens, and vine-covered benches in the park.**

공원에는 분수, 정원, 그리고 덩굴로 덮인 벤치가 있다.

Plus + load 동 ~에 채워 넣다, 잔뜩 올려놓다   fountain 명 분수

2525

apply

[ə'plaɪ]

동 신청하다, 지원하다, 적용하다, 바르다

apply는 원래 '붙이다, 연결하다'라는 뜻으로 출발한 단어입니다. 즉, 무언가 어디에 갖다 대어 부착시킨다는 의미였지요. 이후 의미가 추상적으로 확장되어 '신청하다, 지원하다' 등의 뜻을 갖게 되었습니다. 신청이나 지원을 하는 것은 나를 어떤 곳에 소속 또는 참여시키는 것이니 매우 논리적인 의미 확장이군요. 물론 여전히 '바르다'를 뜻하기도 합니다.

1 **Joe said she decided to apply for the job.**

Joe는 그 일자리에 지원하기로 결심했다고 말했다.

2 **You should apply sunscreen before going to the beach.**

너는 해변에 놀러가기 전에 자외선 차단제를 발라야 한다.

Plus + decide 동 결심하다   sunscreen 명 자외선 차단제

2526

commerce

['kɑ:mɜ:rs]

명 상업, 교역, 무역, (사회적인) 교섭

commerce는 주로 '상업, 교역, 무역' 등의 의미를 나타냅니다. 즉, 상품이나 서비스의 구매 및 판매와 관련된 모든 활동을 포괄적으로 지칭하지요. 사회적 맥락에서는 사람들 간의 상호 작용이나 교류, 교섭을 의미하기도 합니다.

1 **Commerce between the two countries has dramatically increased.**

두 나라 간의 무역은 극적으로 증가하였다.

2 **E-commerce has been booming during the pandemic period.**

전염병이 세계적으로 유행하던 기간에 전자 상거래가 급성장하였다.

Plus + dramatically 부 극적으로   boom 동 번창[성공]하다, 호황을 맞다
pandemic 형 (병이) 세계적으로 유행하는   period 명 기간

2527

despair

[dɪˈspeər]

명 절망

동 절망하다

despair는 아주 심한 절망감을 나타냅니다. 상황이 너무나 악화되어 해결책이 보이지 않을 때나 개선될 가능성이 전혀 없을 경우에 느끼는 감정에 가깝지요. 그래서 동사로는 '절망하다'를 뜻합니다. 비슷한 단어로는 hopelessness(절망, 가망 없음)가 있습니다.

1 Stella was in despair after losing her job.
Stella는 직장을 잃고 나서 절망에 빠졌다.

2 Don't despair. Things will get better soon.
절망하지 마. 상황은 곧 좋아질 거야.

Plus + lose 동 잃다   things 명 상황, 형편
get better (상황 따위가) 좋아지다

2528

stump

[stʌmp]

명 (나무의) 그루터기,
(연필의) 토막,
(손발의) 잘리고 남은 부분,
(담배) 꽁초

stump는 주로 나무가 베어진 후 남은 부분, 즉 '그루터기'를 가리킵니다. 그리고 이런 '그루터기'의 특징에서 뜻이 확장되어 비유적으로 '(담배의) 꽁초, (연필의) 토막, 심지어는 '(손발의) 잘린 부분'까지 의미하게 되었죠. 모두 일부가 잘려 나간 후 남은 부분이라는 공통점이 있습니다.

1 The girl in a red cape sat on a tree stump.
빨간 망토를 입은 소녀는 나무 그루터기에 앉았다.

2 He used the pencil until only a stump remained.
그는 토막만 남을 때까지 연필을 사용했다.

Plus + cape 명 망토   remain 동 남다

2529

betray

[bɪˈtreɪ]

동 배신[배반]하다,
(원칙 등) 저버리다,
(비밀을) 누설[밀고]하다,
적의 손에 넘기다

betray는 주로 신뢰를 깨트리는 행동을 나타내는 동사입니다. 다른 사람을 배신하거나, 본인의 원칙이나 약속을 저버리는 행동을 모두 포함합니다. 구체적으로는 비밀이나 중요한 정보를 불법 또는 부적절한 방식으로 누설하는 행동을 의미하기도 합니다.

1 Ann betrayed her best friend for money.
Ann은 돈 때문에 그녀의 가장 친한 친구를 배신했다.

2 The general betrayed the military's principle of brotherhood and honor.
장군은 형제애와 명예라는 군대의 원칙을 배신했다.

Plus + general 명 장군   military 형 군사의
principle 명 원칙   honor 명 명예

2530

tag
[tæg]

명 꼬리표[태그], 늘어진 끝[장식], 술래잡기, (야구) 터치아웃

tag는 원래 작은 종이나 천으로 만든 조각을 가리켰습니다. 이후 이 조각이 어떤 정보를 담은 작은 '표'로 쓰이면서 '꼬리표'를 뜻하게 되었습니다. 또한 어떤 물체나 옷의 늘어진 끝을 의미하기도 하며 '술래잡기'나 야구의 '터치아웃'을 가리키기도 합니다. 생각해 보면 모두 '끝', 즉 '꼬리'를 건드리는 것이군요.

1 The tag on the jacket says it's a size medium.
  재킷에 달린 꼬리표에는 중간 사이즈라고 적혀 있다.

2 The dog's tag had her name and address on it.
  그 개의 목걸이에는 이름과 주소가 적혀 있었다.

Plus + say 동 ~라고 쓰여 있다

2531

swan
[swɑːn]

명 백조, 매우 아름다운 사람[물건]

동 속 편하게 지내다, (멋을 내면서) 활보하다

swan은 일반적으로 '백조'를 가리킵니다. 보통 백조는 우아한 새로 여겨지지요. 그래서 swan은 '아주 아름다운 사람'을 뜻하기도 합니다. 동사로는 '편하게 지내다, 멋을 부리며 걷다'를 뜻합니다. 모두 편안하고 우아하게 움직이는 백조의 느낌에서 파생되었습니다.

1 The lake is full of large, white swans.
  그 호수는 하얗고 큰 백조들로 가득하다.

2 Daniel had been swanning around the party, showing off his expensive clothes.
  Daniel은 파티에서 값비싼 옷을 자랑하며 활보했다.

Plus + show off 으스대다, 자랑하다

2532

fascinate
[ˈfæsɪneɪt]

동 매혹하다[반하게 하다], 마음을 빼앗다, (공포 따위로) ~을 꼼짝 못하게 하다

fascinate는 누군가를 매혹하거나 마음을 사로잡는다는 뜻을 나타내는 동사입니다. 원래는 종교적으로 '주문을 걸다'라는 뜻으로 출발했습니다. 그래서 지금도 '(공포 따위로) ~을 꼼짝 못 하게 하다'와 같은 뜻을 나타내기도 합니다.

1 His stories about traveling the world absolutely fascinated me.
  그가 전 세계를 여행한 이야기들은 나를 완전히 매혹시켰다.

2 The mysterious artifacts fascinated the archaeologists.
  그 신비로운 유물들은 고고학자들의 마음을 빼앗았다.

Plus + absolutely 부 완전히, 절대적으로   mysterious 형 신비한
       artifact 명 공예품, 인공 유물   archaeologist 명 고고학자

2533 rally

['ræli]

명 집회[대회], 반등[반발]

동 회복되다, 반등하다

rally는 명사로는 사람들이 모여 특정한 목적이나 원칙을 지지하거나 주장하는 '집회, 대회'를 뜻합니다. 동사로는 '회복되다, 반등하다'라는 의미를 나타내지요. 이는 아마 변화를 위해 사람들이 모이는 것에서 파생된 의미로 보입니다.

1 Thousands of people attended the rally in support of the policy.

수천 명의 사람들이 그 정책을 지지하는 집회에 참석했다.

2 After a brief downturn, the stock market began to rally.

잠깐의 하락세 이후, 주식 시장은 반등하기 시작했다.

Plus + thousands of 수천의
brief 형 짧은

in support of ~을 지지[옹호]하여
downturn 명 (경기) 하강

2534 fasten

['fæsn]

동 단단히 고정시키다, 동여매다, (두 부분을 연결하여) 매다[채우다], (자물쇠 따위를) 걸다[잠그다]

fasten의 주요 의미는 '단단히 고정시키다, 동여매다'입니다. 원래 '단단히 만들다, 안정시키다'라는 뜻에서 출발했습니다. 보통 두 물체를 고정시키면 단단해지고 안정된 상태가 되기 때문에 지금의 뜻이 생겨난 것으로 추정합니다. 그밖에 '자물쇠를 걸다, 잠그다'를 뜻하기도 합니다.

1 Please make sure to fasten your seatbelts for take-off.

이륙을 위해 안전벨트를 꼭 매 주십시오.

2 The librarian fastened the paper together with a paper clip.

사서는 서류들을 종이 클립으로 함께 묶었다.

Plus + take-off (항공기의) 이륙
librarian 명 사서

2535 remarkable

[rɪ'mɑːrkəbl]

형 놀랄 만한, 주목할 만한, 비범한

remarkable은 무언가 눈에 띄는 것을 나타내는 형용사입니다. re-(다시)와 mark(표시하다), 그리고 -able(~할 수 있는)이 결합된 단어입니다. 말 그대로 '다시 표시할 만한', 즉 '놀랄 만한, 주목할 만한'이라는 의미를 나타냅니다.

1 For Victor to have survived such an ordeal was remarkable.

Victor가 그런 시련을 이겨낸 것은 놀라운 일이었다.

2 Hannah has a remarkable talent for science.

Hannah는 과학에 비범한 재능이 있다.

Plus + ordeal 명 시련, 고난
talent 명 재능

2536

file

[faɪl]

📖 서류철, (컴퓨터) 파일, (매끈하게 다듬는 데 쓰는) 줄

📖 (문서 등을 정리하여) 보관하다

file은 명사로는 주로 문서나 기록을 정리하고 저장하는 수단인 '서류철, 컴퓨터 파일' 등을 의미합니다. 동사로는 일반적으로 문서 등을 체계적으로 정리하여 보관하는 행위 자체를 뜻하지요.

1 Violet keeps all her bills in a file.
Violet은 모든 청구서를 서류철에 보관한다.

2 Please save this document as a file on your computer.
이 문서를 컴퓨터에 파일로 저장해 주십시오.

Plus + bill 📖 청구서   save 📖 저장하다
document 📖 문서, 서류

2537

goose

[gu:s]

📖 거위, 바보[멍청이], 야유, 다리미

goose는 기본적으로 '거위'를 나타내는 명사입니다. 비격식적으로는 '바보, 멍청이'를 뜻하기도 하지요. 또한 goose는 고전적인 '빨래 다리미'를 의미하기도 하는데, 이는 그 모양이 거위의 목과 비슷하게 생겼기 때문이랍니다. 참고로 goose의 복수형은 geese입니다.

1 The goose is usually known for its distinct honking sound.
거위는 흔히 독특한 울음소리로 유명하다.

2 Stop acting like a goose and think it through.
바보처럼 굴지 말고 잘 좀 생각해 봐.

Plus + distinct 📖 독특한, 뚜렷이 다른   honking 📖 (기러기 등이) 끼룩끼룩 우는 소리
think ~ through (문제 등에 대해) 충분히 생각하다

2538

spectacle

['spektəkl]

📖 경관[장관], (pl.) 안경, 색안경[편견, 선입견]

spectacle은 원래 '보다'라는 동사에서 유래했습니다. 보통 매우 눈에 띄는 것을 가리키는데, 우리말로는 '경관, 장관'으로 주로 표현됩니다. 또한 복수형으로 쓰여서 '안경'을 의미하기도 하는데, 이 역시 '보다'라는 개념에서 파생되었습니다. 특정 맥락에서는 '색안경, 편견'과 같은 부정적 의미를 띄기도 합니다.

1 The fireworks were a stunning spectacle.
그 불꽃놀이는 굉장히 아름다운 장관이었다.

2 The archaeologists found a pair of spectacles in the home.
고고학자들은 그 집에서 한 쌍의 안경을 발견했다.

Plus + stunning 📖 굉장히 아름다운, 깜짝 놀랄   archaeologist 📖 고고학자

2539

awkward

[ˈɔːkwərd]

형 서투른[미숙한],
꼴사나운[보기 흉한],
(처리하기) 곤란한, 불편한

awkward는 대체로 불편하거나 다루기 어려운 상황이나 사람, 물체를 설명하는 형용사입니다. 무언가 자연스럽지 않거나 서투른 상태를 묘사하지요. 영어권에서 자주 쓰이는 표현 중 awkward silence라는 말이 있는데, 바로 '어색한 침묵'이라는 뜻입니다. 사람들이 서로 어색하고 불편해서 아무 말도 하지 않을 때의 그 침묵을 의미합니다.

1 Sarah was very awkward with her new tool.

Sarah는 그녀의 새 도구를 다루는 데 아주 서툴렀다.

2 Jim complained that I put him in an awkward position.

Jim은 내가 그를 난처하게 만들었다고 불평했다.

Plus + awkward with ~에 대해 서투른   tool 명 도구
complain 동 불평하다   put 동 (어떤 상태 등에) 처하게 하다

2540

hymn

[hɪm]

명 찬(송)가

동 찬송하다

hymn은 주로 '찬송'과 관련된 단어입니다. 아주 옛날부터 종교 의식에서 부르는 노래를 뜻하는 단어였습니다. 그래서 명사로는 '찬송가', 동사로는 '찬송하다'를 뜻합니다. 일반적으로 기독교 행사에서 불리는 고요하고 경건한 분위기의 노래들을 지칭하는 개념으로 보시면 됩니다.

1 The choir sang a beautiful hymn during the service.

성가대는 예배 동안 아름다운 찬송가를 불렀다.

2 Denny hymned his thanks to the Lord.

Denny는 주님을 향해 찬양하며 감사의 노래를 불렀다.

Plus + choir 명 성가대   service 명 (종교적인) 예배, 의식

2541

emotion

[ɪˈmoʊʃn]

명 감정, 정서, 감동[감격]

emotion은 사랑, 기쁨, 슬픔, 두려움, 분노 등 우리가 경험하는 다양한 '감정'을 의미합니다. 자세히 보면 motion(움직임)이라는 단어가 포함되어 있습니다. 마음 속에서 무언가 움직이는 것을 가리키는 데서 이 단어가 파생했습니다.

1 Ryan was filled with emotion at the sight of his long-lost friend.

Ryan은 오래 전 연락이 끊긴 친구를 보고 감정이 북받쳤다.

2 Her life story stirred deep emotions in the audience.

그녀의 인생 이야기는 청중에게 깊은 감동을 불러일으켰다.

Plus + at the sight of ~을 보고   long-lost 오랫동안 소식을 듣지 못한
stir 동 마음을 흔들다

2542 breathless

['breθləs]

형 숨 가쁜 [숨이 막힐 듯한, 숨을 죽인]

breathless는 breath(숨)와 -less(없는)가 결합한 단어입니다. 글자 그대로 해석하면 '숨이 없는'이라는 뜻이 되죠? 그래서 보통 '숨이 차거나 가쁜 상태'를 뜻합니다. 신체 활동으로 인해 호흡이 가빠진 경우 외에도 무언가 숨이 멎을 듯한 감동이나 놀라움, 기대감을 느낄 때를 나타냅니다.

1 The steep climb left them breathless.
그들은 가파른 오르막길로 인해 숨이 찼다.

2 Some people report feeling breathless and tired when lacking sleep.
어떤 사람들은 수면이 부족하면 숨이 차고 피곤하다고 말한다.

Plus + steep 형 가파른   report 동 말하다
lacking 형 (~이) 부족한

2543 rim

[rɪm]

명 가장자리, 테(두리), 둥근 물건

동 테두리를 두르다

rim은 보통 물체의 가장자리, 즉 '테두리'를 뜻합니다. 보통 둥근 물건들의 외곽을 지칭하는 경우가 많습니다. 영어권에서 가장 유명한 rim은 '농구 골대'를 뜻하는 basketball rim일 겁니다. 그밖에 rim은 동사로는 '테두리를 두르다' 정도의 뜻을 나타냅니다.

1 Jane gently tapped the rim of her glass with a spoon.
Jane은 숟가락으로 부드럽게 유리잔의 가장자리를 두드렸다.

2 The chef rimmed the plate with a garnish.
요리사는 그릇의 테두리를 고명으로 둘렀다.

Plus + gently 부 부드럽게   tap 동 두드리다
garnish 명 고명

2544 appearance

[əˈpɪrəns]

명 외모, 겉모습[외관], 출현[출석], 등장

appearance는 동사 appear(나타나다)의 명사형입니다. '나타난 것', 즉 '외모, 겉모습'을 뜻하지요. 일반적으로 사물이나 사람을 모두 묘사할 수 있습니다. 또한 '출현, 등장'이라는 뜻으로 사람이나 물체가 어딘가에 나타나는 경우를 나타내기도 합니다.

1 Leo pays a lot of attention to his appearance.
Leo는 그의 외모에 관심이 많다.

2 The sudden appearance of the stranger surprised everyone in the room.
낯선 사람의 갑작스러운 출현에 방 안에 있던 모두가 놀랐다.

Plus + pay attention to ~에 주의를 기울이다, 주목하다   sudden 형 갑작스러운
stranger 명 낯선 사람

2545

territory

['terətɔːri]

명 지역[영토], 영역[분야], 땅

territory는 기본적으로 특정 '지역' 또는 '영토'를 나타냅니다. 우리도 '땅'과 '영토'처럼 같은 의미를 순 우리말과 한자어로 나누어 표현하지요? 영어에서도 land는 보다 비격식적인 단어에 가깝고, territory는 격식 있는 단어로 여겨집니다. 예를 들어, 국제 관계에서 '영토 분쟁'을 나타낼 때는 territorial dispute라고 하지요.

1 The country claimed the land as its territory.
그 나라는 그 땅을 자신들의 영토라고 주장했다.

2 Wolves mark their territory by urinating on trees.
늑대는 나무에 소변을 누어서 자신의 영역을 표시한다.

Plus + claim 동 주장하다   mark 동 표시하다
urinate 동 소변을 보다

2546

hay

[heɪ]

명 건초, 적은 돈, 성과, 대마초

hay는 '건초'를 뜻하는 명사입니다. '건초'는 식물을 건조시킨 것으로 주로 가축의 먹이로 사용됩니다. 그래서 hay는 비유적으로 '돈'이나 '소득'을 의미하기도 합니다. 이것들도 먹고 사는 데 필요한 것이니까요. 또한 일부 지역에서는 '대마초'를 뜻하기도 합니다.

1 The farmers baled the hay ahead of the cold winter.
농부들은 추운 겨울에 앞서 건초를 뭉쳤다.

2 Cindy has been making hay in the stock market.
Cindy는 주식 시장에서 작지만 이익을 보았다.

Plus + bale 동 뭉치다   stock 명 주식

2547

liberty

['lɪbərti]

명 자유, 해방[석방],
제멋대로의 행동

liberty는 '자유'라는 개념을 나타내는 명사입니다. liberty를 활용한 표현 중 가장 유명한 것은 the Statue of Liberty(자유의 여신상)가 아닐까 합니다. liberty는 맥락에 따라 '해방, 석방'을 뜻하며 사람이 물리적, 정신적 억압에서 벗어나는 상태를 의미하기도 합니다.

1 The people fought for their liberty and free speech.
사람들은 그들의 자유와 언론의 자유를 위해 싸웠다.

2 In democratic society, everyone has the right to personal liberty.
민주주의 사회에서 모든 사람은 개인의 자유를 누릴 권리가 있다.

Plus + free speech 언론의 자유   democratic 형 민주주의의
right 명 권리   personal 형 개인적인

2548

turtle

[ˈtɜːrtl]

명 (바다) 거북

동 바다 거북을 잡다

turtle의 기본 의미는 '(바다) 거북'입니다. 원래는 '회전'을 뜻하는 프랑스어에서 유래된 것으로 추정합니다. 거북의 등껍질이 나선형인 데서 지금의 뜻이 생겨난 것 같습니다. turtle은 동사로는 '바다 거북을 잡다'라는 뜻을 나타냅니다.

1 **We saw a turtle swimming in the ocean.**
우리는 바다에서 거북이 헤엄치는 것을 봤다.

2 **The sea turtle is an endangered species.**
바다 거북은 멸종 위기에 처한 종이다.

Plus + endangered 형 멸종 위기에 처한   species 명 (생물 분류상의) 종

2549

chatter

[ˈtʃætə(r)]

동 수다 떨다[재잘재잘 떠들어 대다], 덜컹덜컹[살랑살랑, 졸졸] 소리를 내다

명 수다[잡담], 덜컹덜컹 [살랑살랑, 졸졸]거리는 소리

chatter는 보통 '수다 떨다, 재잘대다'라는 뜻을 나타내는 동사입니다. 원래는 새가 지저귀는 소리를 나타냈지만, 사람들이 잡담을 나누는 소리가 이와 비슷하여 지금의 뜻으로 확장되었습니다. 명사로는 '수다, 잡담' 또는 '(무언가) 덜컹거리는 소리' 등을 의미합니다.

1 **Nick and Owen are chattering away about their holidays.**
Nick과 Owen은 그들의 휴가에 대해 재잘거리며 이야기하고 있다.

2 **Her constant chatter annoyed Tom.**
그녀의 끊이지 않는 수다는 Tom을 짜증나게 했다.

Plus + holiday 명 휴가   constant 형 끊임없는
annoy 동 짜증나게 하다

2550

fond

[fɑːnd]

형 좋아하는, 다정한, 애지중지하는, (지나치리만큼) 낙관적인

fond는 무언가 애정을 가지고 좋아하는 상태를 나타내는 형용사입니다. 원래 '바보스러운'이라는 뜻으로도 쓰였다고 하는데, 사랑에 빠진 사람들의 모습을 묘사하기 시작하면서 지금의 뜻이 파생되었습니다. 그래서일까요? fond는 '(지나치리만큼) 낙관적인'이라는 뜻도 나타냅니다.

1 **Over the years, Lily has grown quite fond of dogs.**
세월이 흐르면서 Lily는 강아지를 아주 좋아하게 되었다.

2 **She gave Jake a fond look.**
그녀는 Jake에게 애정 어린 시선을 보냈다.

Plus + quite 부 아주, 상당히   give a look 눈짓을 하다

우리말에 맞게 빈칸에 알맞은 단어를 쓰세요.   (정답은 본문을 확인하세요.)

1 The nation's _____ is distributed unevenly.   그 나라의 부는 고르지 않게 분배되어 있다.

2 Jun speaks English with a French _____.   Jun은 프랑스식 억양으로 영어를 말한다.

3 This _____ device helps monitor your heart rate.   이 전자 장치는 심박수를 관찰하는 데 도움이 된다.

4 This _____ is loaded with grapes.   이 포도나무에는 포도가 가득 열려 있다.

5 Joe said she decided to _____ for the job.   Joe는 그 일자리에 지원하기로 결심했다고 말했다.

6 _____ between the two countries has dramatically increased.   두 나라 간의 무역은 극적으로 증가하였다.

7 Stella was in _____ after losing her job.   Stella는 직장을 잃고 나서 절망에 빠졌다.

8 He used the pencil until only a _____ remained.   그는 토막만 남을 때까지 연필을 사용했다.

9 Ann _____ her best friend for money.   Ann은 돈 때문에 그녀의 가장 친한 친구를 배신했다.

10 The dog's _____ had her name and address on it.   그 개의 목걸이에는 이름과 주소가 적혀 있었다.

11 The lake is full of large, white _____.   그 호수는 하얗고 큰 백조들로 가득하다.

12 The mysterious artifacts _____ the archaeologists.   그 신비로운 유물들은 고고학자들의 마음을 빼앗았다.

13 After a brief downturn, the stock market began to _____.   잠깐의 하락세 이후, 주식 시장은 반등하기 시작했다.

14 Please make sure to _____ your seatbelts for take-off. 이륙을 위해 안전벨트를 꼭 매 주십시오.

15 Hannah has a _____ talent for science.   Hannah는 과학에 비범한 재능이 있다.

16 Violet keeps all her bills in a _____.   Violet은 모든 청구서를 서류철에 보관한다.

17 Stop acting like a _____ and think it through.   바보처럼 굴지 말고 잘 좀 생각해 봐.

18 The fireworks were a stunning _____.   그 불꽃놀이는 굉장히 아름다운 장관이었다.

19 Sarah was very _____ with her new tool.   Sarah는 그녀의 새 도구를 다루는 데 아주 서툴렀다.

20 Denny _____ his thanks to the Lord.   Denny는 주님을 향해 찬양하며 감사의 노래를 불렀다.

21 Her life story stirred deep _____ in the audience.   그녀의 인생 이야기는 청중에게 깊은 감동을 불러일으켰다.

22 The steep climb left them _____.   그들은 가파른 오르막으로 인해 숨이 찼다.

23 The chef _____ the plate with a garnish.   요리사는 그릇의 테두리를 고명으로 둘렀다.

24 Leo pays a lot of attention to his _____.   Leo는 그의 외모에 관심이 많다.

25 The country claimed the land as its _____.   그 나라는 그 땅을 자신들의 영토라고 주장했다.

26 The farmers baled the _____ ahead of the cold winter.   농부들은 추운 겨울에 앞서 건초를 뭉쳤다.

27 The people fought for their _____ and free speech.   사람들은 그들의 자유와 언론의 자유를 위해 싸웠다.

28 We saw a _____ swimming in the ocean.   우리는 바다에서 거북이 헤엄치는 것을 봤다.

29 Her constant _____ annoyed Tom.   그녀의 끊이지 않는 수다는 Tom을 짜증나게 했다.

30 She gave Jake a _____ look.   그녀는 Jake에게 애정 어린 시선을 보냈다.

Level 86

레벨별 단어 사용 빈도

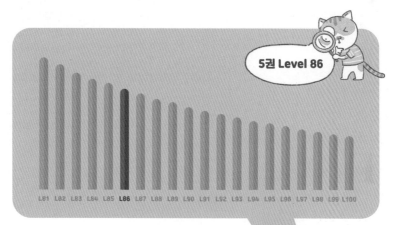

5권 Level 86

L81 L82 L83 L84 L85 **L86** L87 L88 L89 L90 L91 L92 L93 L94 L95 L96 L97 L98 L99 L100

LEVEL 1~20   LEVEL 21~40   LEVEL 41~60   LEVEL 61~80   **LEVEL 81~100**

2551

embrace

[ɪmˈbreɪs]

§ 껴안다, (기꺼이) 받아들이다 [수용하다], 포괄하다

® 포옹

embrace는 '껴안다'라는 의미를 나타냅니다. 물리적으로 사람이나 사물을 껴안는 행위를 나타낼 뿐만 아니라 추상적으로는 '기꺼이 받아들이다, 수용하다, 포괄하다' 등의 개념을 나타내기도 합니다. 명사로는 '포옹' 그 자체를 의미합니다.

1 After the game, we embraced each other warmly.
경기가 끝나고 우리는 서로를 따뜻하게 안아 주었다.

2 Some experts argued that we should embrace new technologies.
일부 전문가들은 우리가 신기술을 수용해야 한다고 주장했다.

Plus + warmly ⓐ 따뜻하게   expert ® 전문가
argue § (~이라고) 주장하다

2552

rude

[ruːd]

® 무례한, 갑작스러운, 가공 않은, 황량한

rude는 주로 '무례한'을 의미하는 형용사입니다. 원래는 '가공되지 않은'이라는 뜻으로 쓰였다고 하는데, 뭔가 느낌이 오죠? 교양을 갖추지 못한 날 것 그대로의 모습을 묘사하기 시작하면서 지금의 뜻이 된 것이라 생각됩니다. 물론 rude는 지금도 '가공되지 않은'이나 '황량한'이라는 의미를 나타내기도 합니다.

1 Ruby was rude to me at every opportunity.
Ruby는 기회가 있을 때마다 내게 무례하게 굴었다.

2 I had a rude awakening when I saw my score.
내 점수를 보고 갑작스럽게 현실을 깨닫게 되었다.

Plus + opportunity ® 기회   awakening ® 일깨움, 자각(함)
score ® 점수

2553

beckon

[ˈbekən]

§ (손짓하며) 부르다

® 손짓[부름]

beckon은 주로 누군가를 부르거나 끌어당기는 행동을 표현하는 동사입니다. 실제로 손짓하며 누군가를 부르는 모습을 묘사하기도 하지만, 비유적으로는 타인의 주의를 끌거나 어떤 방향으로 오도록 유도하는 것을 모두 포함합니다. 명사로는 '손짓, 부름'을 뜻합니다.

1 Harry beckoned his son to come closer with a wave of his hand.
Harry는 손을 흔들며 그의 아들에게 가까이 오라고 불렀다.

2 The bright lights of the city beckoned to them.
도시의 밝은 불빛이 그들에게 손짓했다.

Plus + wave ® (손 따위를) 흔들기

2554

muffle

['mʌfl]

통 ~을 싸다[덮다],
(소리를) 죽이다[약하게 하다]

명 소음기[장치]

muffle은 주로 무언가를 싸거나 덮는 것을 나타내는 단어입니다. 과거에는 '(코나 입을) 감싸다'라는 뜻이었지만 이후 의미가 확장되어 지금은 어떤 소리나 감각을 약화시킨다는 의미를 나타내기도 합니다. 그리고 이러한 맥락에서 명사로는 '소음기'를 뜻하기도 합니다.

1 Maria muffled her face in the scarf.
   Maria는 스카프로 얼굴을 감쌌다.

2 The thick walls muffled the noise of the construction outside.
   두꺼운 벽이 외부의 공사 소음을 줄여 주었다.

Plus + construction 명 공사

2555

sensation

[sen'seɪʃn]

명 감각[지각], 느낌[기분],
감정[감동],
세상을 떠들썩하게 하는 것

sensation은 우리도 많이 쓰는 단어죠? 무언가 '세상을 떠들썩하게 하는 것'이라는 뜻으로 많이 알고 계실 겁니다. sensation은 기본적으로 사람이 느끼는 '감각, 지각, 느낌, 기분, 감정, 감동' 등을 모두 포함하는 단어입니다. 맥락에 따라 뜻이 달라지는데, 예를 들어 cause a sensation이라고 하면 대중의 관심을 불러 일으키는 것을 뜻합니다.

1 Emily had a strange sensation in her stomach.
   Emily는 복부에 이상한 느낌이 들었다.

2 His performance in the movie caused a sensation.
   영화 속 그의 연기는 세상을 떠들썩하게 만들었다.

Plus + performance 명 (개인의) 연기   cause 통 ~을 야기하다, 초래하다

2556

resident

['rezɪdənt]

명 거주자, 주민, 전공의
[레지던트]

형 거주하는

resident는 reside(거주하다)라는 동사에서 파생된 단어입니다. 기본적으로 어떤 장소에 '거주하는 사람'을 뜻하며, 형용사로는 '거주하는' 정도를 의미합니다. 의학 분야에서는 '전공의'를 뜻합니다. 이런 뜻이 생겨난 것은 비교적 늦은 19세기 후반이라고 하네요.

1 The resident population of the city is decreasing every year.
   그 도시의 거주 인구는 매년 감소하고 있다.

2 My daughter is a resident doctor at the local hospital.
   내 딸은 그 지역 병원의 전공의다.

Plus + population 명 인구   decrease 통 감소하다

2557

incident

['ɪnsɪdənt]

뗑 일[사건], 분쟁

뛩 일어나기 쉬운, 흔히 있는

incident는 '일어나다, 발생하다'라는 뜻의 동사에서 유래했습니다. 일반적으로 특정 사건이나 사고, 또는 어떠한 주요 사건의 일부를 의미합니다. 맥락에 따라 전체 흐름을 방해하는 일이나 사건, 즉 '분쟁, 충돌' 등을 나타낼 수도 있습니다. 원래 '일어나다, 발생하다'라는 뜻에서 출발한 만큼, 형용사로 쓰면 '일어나기 쉬운, 흔히 있는'이라는 뜻이 됩니다.

1 There was an unexpected incident at school today.
오늘 학교에서 예기치 못한 사건이 발생했다.

2 The border incident escalated into a serious conflict.
국경에서의 사건은 심각한 분쟁으로 확대되었다.

Plus+ unexpected 뛩 예기치 못한   border 뗑 국경
escalate 뚕 확대되다   conflict 뗑 분쟁

2558

memorize

['meməraɪz]

뚕 암기하다

memorize는 주로 어떤 정보를 머릿속에 새기는 행위, 즉 '암기하다'라는 뜻의 동사입니다. 반복 학습을 통해 장기 기억에 정보를 저장하는 것을 의미합니다. 암기하는 것은 정말 힘들죠? 그래서 영어권에는 memorize by heart(완전히 암기하다)라는 표현이 따로 있습니다. 얼마나 잘 안 외워지면 그럴까요?

1 We need to memorize these formulas for the test.
우리는 시험을 보기 위해 이 공식들을 외워야 한다.

2 I usually highlight the parts I have to memorize with the marker.
나는 보통 암기해야 하는 부분을 형광펜으로 강조 표시를 한다.

Plus+ formula 뗑 공식   highlight 뚕 (텍스트 등에) 강조 표시를 하다
marker 뗑 형광펜

2559

interview

['ɪntərvjuː]

뗑 면접, 면담, 인터뷰

뚕 면접을 보다, 면담하다

interview는 inter-(사이에)와 view(보다)가 결합한 단어입니다. 두 사람 또는 그 이상의 사람들 사이에서 진행되는 무언가를 나타내죠. 종종 채용 과정에서 이뤄지는 '면접'이나 의견을 구하기 위해 하는 '면담' 등을 뜻합니다. 동사로는 '면접을 보다, 면담하다'를 뜻합니다.

1 I had a job interview yesterday at the marketing firm.
나는 어제 마케팅 회사에서 면접이 있었다.

2 The swimmer who won the gold medal answered the interview triumphantly.
금메달을 딴 수영 선수는 의기양양하게 인터뷰에 응했다.

Plus+ firm 뗑 회사   triumphantly 뛩 의기양양하여

2560

reassure

[ˌriːəˈʃʊr]

图 안심시키다,
　 자신감을 되찾게 하다,
　 재보증[재확인]하다

reassure는 re-(다시)와 assure(보장하다)가 결합된 것으로, 글자 그대로 풀면 '다시 보장하다'라는 뜻이 됩니다. 불안감이나 두려움을 느끼는 사람에게 다시금 무언가 보장한다는 것은 안정감이나 자신감을 주는 행위라고 할 수 있겠지요. 바로 이런 논리에 의해 '안심시키다'라는 의미도 나타내게 되었습니다.

1　Jackson reassured me that everything was going to be okay.

　Jackson은 모든 것이 괜찮아질 것이라고 나를 안심시켰다.

2　The teacher reassured her students of their potential.

　선생님은 학생들에게 그들의 잠재력을 재확인시켜 주었다.

Plus + be going to V ~할 것이다　　　　potential 명 잠재력

2561

structure

[ˈstrʌktʃə(r)]

명 구조, 건축[구조]물, 체계

동 조직화[구조화]하다

structure는 주로 물리적 구조물이나 조직의 체계, 또는 요소들이 서로 어떤 방식으로 연결되어 있는지 나타내는 단어입니다. 예를 들어, the structure of an organization이라고 하면 '조직의 구조'를 뜻하고, social structure라고 하면 '사회 구조'가 되는 식이지요. 동사로는 '조직화[구조화]하다'라는 뜻을 나타냅니다.

1　The structure of the building was damaged by the earthquake.

　그 건물의 구조는 지진으로 손상되었다.

2　He needs to structure the report in a logical manner.

　그는 논리적인 방식으로 보고서를 구조화할 필요가 있다.

Plus + earthquake 명 지진　　　　report 명 보고(서)
　　　　logical 형 논리적인　　　　manner 명 방식

2562

fund

[fʌnd]

명 기금, 자금, 축적

동 자금을 제공하다

fund는 주로 '돈, 자금' 등을 의미합니다. 일반적인 맥락의 돈보다 특정 목적을 위해 할당된 돈을 주로 나타내지요. 동사로는 '자금을 제공하다'를 뜻합니다. 영어권에서 fund를 활용하여 자주 쓰는 표현 중에는 fund raising(기금 모금) 등이 있습니다.

1　The government established a fund to support the arts.

　정부는 예술을 지원하기 위한 기금을 설립했다.

2　They need to raise funds for the school's new gymnasium.

　그들은 학교의 새 체육관을 위한 자금을 모아야 한다.

Plus + establish 동 설립하다　　　　support 동 지원하다
　　　　raise 동 (자금 등을) 모으다　　　　gymnasium 명 체육관

2563

identify

[aɪ'dentɪfaɪ]

图 (신원 등을) 확인하다, 발견하다, 동일시하다

identify는 주로 누군가의 신원을 확인하는 행위를 의미하는 동사입니다. 그 외에 특정 물체나 개념을 발견하거나 인식한다는 뜻으로도 쓰입니다. identify는 원래 '같게 만들다'라는 뜻에서 출발했다고 하는데, 그래서 지금도 '동일시하다'라는 의미가 남아있습니다.

1 Can you identify the woman in this picture?
   이 사진 속 여자의 신원을 확인할 수 있습니까?

2 Scientists identified a new species of frog in the rainforest.
   과학자들은 열대우림에서 새로운 종의 개구리를 발견했다.

Plus+ rainforest 명 열대우림

2564

credo

['kriːdoʊ]

图 신조, (종교) 사도 신경

credo는 원래 라틴어로 '나는 믿는다'라는 뜻입니다. 이 단어가 영어로 들어오면서 '믿음'이라는 명사가 되었지요. 지금은 매우 강한 '신조' 등을 나타냅니다. 주로 종교적 맥락에서 쓰이며 매우 격식 있는 단어로 여겨집니다.

1 The company's credo is to provide excellent customer service.
   그 회사의 신조는 훌륭한 고객 서비스를 제공하는 것이다.

2 Our family credo emphasizes loyalty and respect.
   우리 가족의 신조는 충성과 존경을 강조한다.

Plus+ emphasize 동 강조하다   loyalty 명 충성(심)

2565

phrase

[freɪz]

图 구절, 구(句), 관용구
图 (특정한 방식으로) 표현하다

phrase는 원래 '표현하다'라는 뜻의 그리스어에서 나왔습니다. 그러다 영어로 들어오면서 '구절, 구' 등을 뜻하는 단어로 쓰이게 되었죠. phrase는 명사로는 보통 둘 이상의 단어로 이뤄진 문장 성분을 의미하고, 동사로는 원래 의미와 같은 '표현하다'를 뜻합니다.

1 The phrase 'under the weather' is used to mean feeling unwell.
   'under the weather'라는 구절은 몸이 좋지 않다는 뜻으로 쓰인다.

2 Could you phrase that in a simpler way?
   그 말을 좀 더 단순하게 표현할 수 있습니까?

Plus+ mean 동 의미하다   unwell 형 (일시적으로) 몸이 좋지 않은
way 명 방식

2566

physical

[ˈfɪzɪkl]

형 물질의, 물리학의, 육체적인

physical은 원래 '자연에 관한 것들'이라는 뜻에서 출발했습니다. 처음에는 자연 세계에 존재하는 것들이나 법칙을 지칭했으나 점차 뜻이 확장되어 오늘날에는 주로 '물질의, 물리학의, 육체적인'이라는 뜻의 형용사로 쓰입니다.

1 The physical properties of a substance include its size, shape, and density.
물질의 물리적 성질에는 크기, 모양, 밀도가 포함된다.

2 Regular physical activity reduces the risk of heart disease.
규칙적인 신체 활동은 심장 질환의 위험을 낮춘다.

Plus + property 명 (사물의) 속성, 특성 substance 명 물질
density 명 밀도 reduce 동 낮추다

2567

stitch

[stɪtʃ]

동 꿰매다, (책 등을) 철하다, (거래 등을) 체결하다

명 바늘

stitch는 동사로 '꿰매다'라는 뜻을 나타내고, 명사로는 '바늘'을 지칭하는 단어 입니다. 또한 바느질에서 뜻이 확장되어 '(책 등을) 철하다'라는 뜻을 나타내기도 하고, '(거래 등을) 체결하다'를 의미하기도 합니다.

1 Paul stitched the two pieces of fabric together.
Paul은 두 개의 천 조각을 서로 꿰맸다.

2 The tailor made a stitch on the torn part of the jacket.
재단사는 재킷의 찢어진 부분에 바느질을 했다.

Plus + piece 명 조각 tailor 명 재단사
make a stitch 한 땀 한 땀 꿰매다 tear 동 찢어지다 (tore-torn)

2568

faith

[feɪθ]

명 신념, 믿음[신뢰], 신앙

faith는 주로 '신념, 신뢰' 또는 '신앙'을 나타내는 명사입니다. 일반적인 맥락에서 는 무언가를 참이라 믿고 신뢰하는 정신 활동 전반을 가리키고, 종교적 맥락에 서는 특정 신학 체계에 대한 믿음을 뜻합니다.

1 Addison has strong faith in her abilities.
Addison은 자신의 능력에 대한 강한 신념을 가지고 있다.

2 He expressed his faith in God.
그는 자신의 신앙을 표현했다.

Plus + ability 명 능력 express 동 표현하다

2569

rear

[rɪr]

명 뒤쪽, 후미 부대, 궁둥이

형 뒤쪽의

rear는 주로 '뒤쪽'을 나타내는 명사입니다. 즉, 물리적 위치나 공간, 방향을 나타낼 수 있습니다. 형용사로는 '뒤쪽의'라는 뜻을 나타내기도 합니다. 우리가 '백미러'라고 부르는 자동차의 후방 확인 거울을 영어로 rear view mirror라고 하지요. 또한 rear는 비격식적으로 '궁둥이'를 뜻하기도 합니다.

1 The rear of the building faces the park.
그 건물의 뒤쪽은 공원을 향하고 있다.

2 The rear guard is responsible for protecting the soldiers retreating from the battlefield.
후방 수비대는 전장에서 철수하는 병사들의 보호를 책임진다.

Plus + face 동 ~을 향하다 　　　　　　　guard 명 수비대
　　　　be responsible for ~에 책임이 있다 　retreat 동 후퇴하다

2570

central

['sentrəl]

형 중심[중앙]의, 중심[중추]적인, 중추 신경의

central은 주로 '중심의, 중앙의' 등을 의미하는 형용사입니다. 물리적인 중심부나 중앙을 가리키기도 하지만, 추상적으로는 어떤 개념의 '중추적인, 핵심적인' 요소를 묘사하기도 합니다. 생체학적 맥락에서는 '중추 신경의'라는 뜻으로 쓰이기도 합니다.

1 The central location of the hotel made it an ideal place to stay.
그 호텔의 중심 위치는 그곳을 머물기에 이상적인 곳으로 만들었다.

2 The central theme of this novel is love and forgiveness.
이 소설의 중심 주제는 사랑과 용서다.

Plus + location 명 위치 　　　ideal 형 이상적인
　　　　theme 명 주제 　　　forgiveness 명 용서

2571

rubbish

[ˈrʌbɪʃ]

명 쓰레기, 하찮은 물건, 쓸데없는 소리

동 헐뜯다[혹평하다]

rubbish는 원래 '쓸어 내다'라는 뜻에서 유래했습니다. 그러고 보니 왜 '쓰레기, 하찮은 물건, 쓸데없는 소리'라는 뜻이 나왔는지 바로 이해가 되는군요. 보통 무용지물인 것은 치워야 할 대상이고 그런 것들을 쓸어 모은 것을 우리는 '쓰레기'라고 부르죠. 그밖에 동사로는 '헐뜯다, 혹평하다'라는 뜻을 나타냅니다.

1 The street was littered with rubbish after the festival ended.
축제가 끝난 후에 거리에는 쓰레기로 어질러져 있었다.

2 The critics rubbished the new movie.
평론가들은 새로 개봉한 그 영화를 혹평했다.

Plus + litter 동 (쓰레기 등을) 버려서 지저분하게 만들다 　　critic 명 평론가, 비평가

2572

female

[ˈfiːmeɪl]

명 여성[여자], 암컷

형 여성의, 암컷의

female은 원래 '소녀, 여성'을 뜻하는 라틴어에서 나왔습니다. 그러다 영어로 넘어오면서 '성별'을 구분하는 데 초점을 맞춘 단어가 되었죠. 맥락에 따라 '여성, 여자' 그리고 동물의 '암컷' 등을 모두 지칭합니다. 형용사로는 '여성의'라는 의미로 직업 또는 직책을 나타내는 단어 앞에 자주 쓰입니다.

1 Harper was the first female president of the country.

Harper는 그 나라의 첫 여성 대통령이었다.

2 Among lions, the female is responsible for the majority of hunting.

사자들 사이에서, 암컷이 대부분의 사냥을 담당한다.

Plus + majority 명 대부분, 대다수

2573

pulse

[pʌls]

명 맥박, 리듬[고동], 진동[파동], (감정 등의) 약동[흥분]

pulse는 원래 '밀어내다'라는 뜻을 나타내는 동사에서 유래했습니다. 보통 심장이 혈액을 밀어내어 생기는 파동을 '맥박'이라고 하죠? 이런 맥락에서 pulse가 '맥박'을 뜻하게 되었습니다. 그리고 점차 뜻이 확장되어 오늘날은 '리듬, 진동, (감정 등의) 약동' 등 다양한 의미를 나타내게 되었습니다.

1 Sally could feel her pulse racing.

Sally는 맥박이 빨라지는 것을 느낄 수 있었다.

2 The pulse of the music makes me want to dance.

그 음악의 리듬이 나를 춤추고 싶게 만든다.

Plus + race 동 (두려움, 흥분 등으로 뇌나 심장의 기능 등이) 바쁘게 돌아가다

2574

pastor

[ˈpæstə(r)]

명 (교회의) 목사, 사제

pastor는 주로 교회에서 설교, 교육, 상담 등을 담당하는 사람을 뜻합니다. 맥락에 따라 '목사'나 '사제' 등으로 표현할 수 있죠. 원래 의미는 '목동'이었다고 하는데, 기독교 세계관에서 목동은 보통 예수의 제자를 가리키기 때문에 오늘날의 뜻을 갖게 되었습니다.

1 The pastor retired after twenty years of service.

그 목사는 20년의 목회 생활 끝에 은퇴하였다.

2 John decided to become a pastor after he felt a calling from God.

John은 신의 부름을 느끼고 목사가 되기로 결심했다.

Plus + retire 동 은퇴하다   calling 명 부름

2575

flicker

['flɪkə(r)]

- 동 깜빡거리다[명멸하다], (생각 등이) 스치다 [어른거리다], 흔들리다[나부끼다, 펄럭거리다, 날름거리다]
- 명 (불, 빛 등의) 깜빡임[명멸]

flicker는 원래 빛이 불규칙하게 깜빡거리는 모습을 나타내는 단어였습니다. 그러다 시간이 지나 뜻이 확장되어 오늘날은 생각이나 감정이 들락날락하는 것을 나타내기도 합니다. 그래서 동사로는 '깜빡거리다, (생각 등이) 스치다' 등을 뜻하고, 명사로는 불이나 빛의 '깜빡임'을 의미합니다.

1 The candle's light flickered in the darkness.
어둠 속에서 촛불의 불빛이 깜빡였다.

2 A flicker of doubt crossed her mind.
잠깐의 의심이 그녀의 마음을 스쳐 지나갔다.

Plus + candle 명 양초 　　　　darkness 명 어두움
doubt 명 의심 　　　　cross 동 스쳐 지나다

2576

catcher

['kætʃə(r)]

- 명 잡는 사람[도구], (야구) 포수

catcher는 catch(잡다)와 -er이 결합된 단어로 말 그대로 '잡는 사람'을 의미합니다. 특정한 사물이나 사람을 잡는 도구를 뜻하기도 하지요. 흔히 눈길을 끄는 사람이나 사물을 영어로 eye-catcher라고 표현합니다. 그 밖에도 야구 경기에서는 '포수'를 의미합니다.

1 I saw the pitcher and catcher exchange signs.
나는 투수와 포수가 사인을 주고받는 모습을 보았다.

2 My uncle was holding a butterfly catcher in his left hand.
삼촌은 왼손에 곤충 채집망을 들고 있었다.

Plus + pitcher 명 투수 　　　　exchange 동 교환하다
hold 동 잡다

2577

spoil

[spɔɪl]

- 동 망쳐 놓다, (음식 등을) 썩히다, (음식 등이) 상하다, 응석받이로 키우다, (식욕, 흥미 등을) 감소시키다

spoil은 원래 '약탈하다'라는 뜻에서 출발했습니다. 주로 전쟁에서 쓰였으나 시간이 지나 일상에서도 쓰이기 시작하면서 지금의 뜻을 갖게 되었지요. 주로 '망쳐 놓다, (음식 등을) 썩히다' 또는 '(음식 등이) 상하다'를 뜻합니다. 조금 독특한 뜻으로는 '응석받이로 키우다'가 있는데, 아마 이렇게 키우면 자식을 망친다는 데서 나온 뜻인 듯합니다.

1 Mark spoiled the surprise by telling Mindy about the party.
Mark가 Mindy에게 파티에 대해 미리 말해서 서프라이즈를 망쳤다.

2 The milk is going to spoil if not refrigerated.
그 우유는 냉장 보관하지 않으면 상할 것이다.

Plus + refrigerate 동 (음식 등을) 냉장고에 보관하다

2578

harsh
[hɑːrʃ]

형 가혹한[냉혹한],
거친[난폭한], 귀에 거슬리는,
(촉감이) 까칠까칠한

harsh는 '가혹한, 거친' 등을 뜻하는 형용사입니다. 어떤 상황이나 사람의 태도가 가혹하고 냉혹한 경우를 나타내지만, 날씨 등이 좋지 않을 때도 쓸 수 있습니다. 예를 들어 harsh reality라고 하면 '가혹한 현실'을, harsh weather라고 하면 '가혹한 날씨'를 뜻합니다.

1 Emily faced the harsh reality of her situation.
Emily는 자신의 상황에 대한 가혹한 현실에 직면했다.

2 The desert is a harsh environment for everyone.
사막은 누구에게나 가혹한 환경이다.

Plus + face 동 직면하다   reality 명 현실

2579

distress
[dɪˈstres]

명 근심[걱정], 비통, 걱정거리,
가난[빈곤]

distress의 주요 의미는 '근심, 걱정'입니다. 주로 어떤 문제에 대해 고민하고 있거나 힘든 상황에 처해 있는 모습을 나타냅니다. 더 심한 스트레스 상황을 묘사할 때는 '비통'이라는 뜻에 가깝지요. 또한 '가난, 빈곤'과 같은 물질적인 부족을 나타낼 수도 있습니다.

1 Mike smiled awkwardly and hid his distress from his family.
Mike는 멋쩍게 웃으며 가족에게 자신의 근심을 숨겼다.

2 Olivia's death caused great distress to her parents.
Olivia의 죽음은 그녀의 부모에게 큰 고통을 가져왔다.

Plus + awkwardly 부 멋쩍게, 어색하게   hide 동 숨기다
death 명 죽음

2580

amuse
[əˈmjuːz]

동 즐겁게 하다, 위로하다

amuse는 주로 '즐겁게 하다, 위로하다'라는 뜻의 동사로 쓰입니다. 원래는 '마음을 전환시키다'라는 뜻이었습니다. 그렇게 보니 지금의 뜻이 더 와닿죠? 오늘날에는 농담, 이야기, 연극, 영화 등을 통해 즐거움을 느끼는 상황에 많이 쓰이며, 누군가를 희망이나 안도감에 가득 차게 만드는 것을 나타내기도 합니다.

1 William could always amuse his friends with his witty jokes.
William은 항상 재치 있는 농담으로 친구들을 즐겁게 해 주었다.

2 Jack amused Aurora with some kind words.
Jack은 친절한 말로 Aurora를 위로했다.

Plus + witty 형 재치 있는

우리말에 맞게 빈칸에 알맞은 단어를 쓰세요.

(정답은 본문을 확인하세요.)

1 After the game, we _____ each other warmly.
경기가 끝나고 우리들은 서로를 따뜻하게 안아 주었다.

2 Ruby was _____ to me at every opportunity.
Ruby는 기회가 있을 때마다 내게 무례하게 굴었다.

3 The bright lights of the city _____ to them.
도시의 밝은 불빛이 그들에게 손짓했다.

4 Maria _____ her face in the scarf.
Maria는 스카프로 얼굴을 감쌌다.

5 Emily had a strange _____ in her stomach.
Emily는 복부에 이상한 느낌이 들었다.

6 The _____ population of the city is decreasing every year.
그 도시의 거주 인구는 매년 감소하고 있다.

7 There was an unexpected _____ at school today.
오늘 학교에서 예기치 못한 사건이 발생했다.

8 We need to _____ these formulas for the test.
우리는 시험을 보기 위해 이 공식들을 외워야 한다.

9 I had a job _____ yesterday at the marketing firm.
나는 어제 마케팅 회사에서 면접이 있었다.

10 The teacher _____ her students of their potential.
선생님은 학생들에게 그들의 잠재력을 재확인시켜 주었다.

11 He needs to _____ the report in a logical manner.
그는 논리적인 방식으로 보고서를 구조화할 필요가 있다.

12 The government established a _____ to support the arts.
정부는 예술을 지원하기 위한 기금을 설립했다.

13 Can you _____ the woman in this picture?
이 사진 속 여자의 신원을 확인할 수 있습니까?

14 Our family _____ emphasizes loyalty and respect.
우리 가족의 신조는 충성과 존경을 강조한다.

15 Could you _____ that in a simpler way?
그 말을 좀 더 단순하게 표현할 수 있습니까?

16 Regular _____ activity reduces the risk of heart disease.
규칙적인 신체 활동은 심장 질환의 위험을 낮춘다.

17 Paul _____ the two pieces of fabric together.
Paul은 두 개의 천 조각을 서로 꿰맸다.

18 Addison has strong _____ in her abilities.
Addison은 자신의 능력에 대한 강한 신념을 가지고 있다.

19 The _____ of the building faces the park.
그 건물의 뒤쪽은 공원을 향하고 있다.

20 The _____ theme of this novel is love and forgiveness.
이 소설의 중심 주제는 사랑과 용서다.

21 The critics _____ the new movie.
평론가들은 새로 개봉한 그 영화를 혹평했다.

22 Harper was the first _____ president of the country.
Harper는 그 나라의 첫 여성 대통령이었다.

23 Sally could feel her _____ racing.
Sally는 맥박이 빨라지는 것을 느낄 수 있었다.

24 The _____ retired after twenty years of service.
그 목사는 20년의 목회 생활 끝에 은퇴하였다.

25 A _____ of doubt crossed her mind.
잠깐의 의심이 그녀의 마음을 스쳐 지나갔다.

26 I saw the pitcher and _____ exchange signs.
나는 투수와 포수가 사인을 주고받는 모습을 보았다.

27 The milk is going to _____ if not refrigerated.
그 우유는 냉장 보관하지 않으면 상할 것이다.

28 The desert is a _____ environment for everyone.
사막은 누구에게나 가혹한 환경이다.

29 Olivia's death caused great _____ to her parents.
Olivia의 죽음은 그녀의 부모에게 큰 고통을 가져왔다.

30 Jack _____ Aurora with some kind words.
Jack은 친절한 말로 Aurora를 위로했다.

Level 87

레벨별 단어 사용 빈도

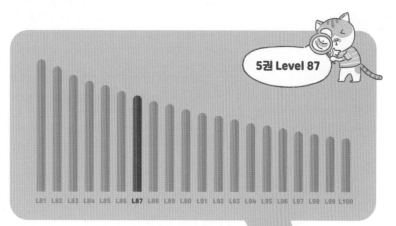

5권 Level 87

L81 L82 L83 L84 L85 L86 **L87** L88 L89 L90 L91 L92 L93 L94 L95 L96 L97 L98 L99 L100

LEVEL 1~20   LEVEL 21~40   LEVEL 41~60   LEVEL 61~80   **LEVEL 81~100**

2581

ancestor

[ˈænsestə(r)]

명 조상, 선조, 선구자

ancestor는 주로 '조상, 선조'라는 뜻을 나타내는 명사입니다. 어떤 집단이 유전적으로나 사회적으로 이어져 있을 때, 이전 세대의 사람들을 지칭하는 단어입니다. 또한 어떤 분야에서 특별한 공헌이나 개척하는 역할을 한 사람을 의미하기도 합니다. 이럴 때는 '선구자'라는 의미에 더 가깝습니다.

1 Koreans conduct a memorial service dedicated to their ancestors.
한국인들은 그들의 조상을 기리는 제사를 지낸다.

2 Einstein is considered an ancestor of modern physics.
아인슈타인은 현대 물리학의 선구자로 여겨진다.

Plus + memorial service 제사   physics 명 물리학

2582

register

[ˈredʒɪstə(r)]

동 등록[기재]하다,
(우편물을) 등기로 보내다,
(감정을) 나타내다[표하다],
(숫자 등을) 가리키다

register는 동사로 '등록하다, 기재하다' 등을 뜻합니다. 원래는 '기록하다'라는 뜻에 가까웠습니다. 여기서 뜻이 확장되어 '(우편물 등을) 등기로 보내다'라는 의미도 나타내게 되었습니다. 그 외에 감정을 나타낸다는 뜻으로도 쓰입니다. 이 또한 무엇을 기록하여 표현한다는 뜻에서 유래한 것으로 추정합니다.

1 We need to register for the class before next Monday.
우리는 다음 월요일 전까지 수업에 등록해야 한다.

2 I will register the package to ensure it arrives safely.
나는 소포가 안전하게 도착할 수 있게 등기로 보낼 것이다.

Plus + package 명 소포, 포장한 상품   ensure 동 반드시 ~하게 하다

2583

sprawl

[sprɔːl]

동 불규칙하게 벌리다[퍼지다,
뻗어나가다]

명 불규칙하게 뻗음[퍼짐],
불규칙하고 무질서하게 뻗어
나간 도시 외곽 지역

sprawl은 사람이나 물체가 크게 벌어지거나 널브러진 모습을 나타냅니다. 레슬링에는 sprawl이라는 동작이 있는데, 바로 다리를 크게 벌리고 중심을 낮춰 상대의 태클을 저지하는 것을 의미하지요. sprawl은 명사로는 불규칙하고 무질서하게 퍼져 나가는 도시의 모습을 나타내기도 합니다.

1 Daniel sprawled out on the couch, taking up all the space.
Daniel은 소파에 크게 드러누워 모든 공간을 차지했다.

2 Urban sprawl is now causing environmental issues.
도시의 무질서한 확장은 오늘날 환경 문제를 일으키고 있다.

Plus + couch 명 소파   take up (공간 등을) 차지하다
urban 형 도시의   environmental 형 (자연) 환경의

2584

petal

['petl]

명 꽃잎

petal은 '꽃잎'을 뜻하는 명사입니다. 주로 식물학과 관련된 맥락에서 쓰이지만, 비유적인 표현에 쓰이기도 합니다. 예를 들어, as delicate as a petal이라고 하면 '매우 섬세하다'는 뜻을 나타냅니다.

1 The petals of the rose are soft and velvety.
장미의 꽃잎은 부드럽고 매끄럽다.

2 The guests threw flower petals at the newly married couple.
하객들이 신혼부부에게 꽃잎을 던졌다.

Plus + velvety 형 촉감이 매끄러운, 부드러운　　　newly 부 최근에, 새로

2585

scoot

[sku:t]

동 서둘러 가다[떠나다], 돌진하다

명 돌진[질주]

scoot은 빠르고 경쾌하게 움직이는 행동을 나타냅니다. 주로 급하게 떠나는 것을 의미하는 경우가 많습니다. 일상 회화에서 주로 쓰이는데, 예를 들면 Let's scoot!(서둘러 가자!)이나 scoot off(빠르게 떠나다) 등이 대표적인 표현입니다. 그밖에 명사로는 '돌진, 질주'라는 뜻을 나타냅니다.

1 We'd better scoot, or we'll miss the train.
우리는 서둘러 가야한다. 그렇지 않으면 기차를 놓칠 것이다.

2 Let's scoot before the traffic gets serious.
교통 체증이 심해지기 전에 서둘러 가자.

Plus + miss 동 (너무 늦게 도착하여) ~을 놓치다　　　get 동 (어떤 상태가) 되다

2586

pregnant

['pregnənt]

형 임신한, 충만한, 함축성이 있는, 내포하고 있는

pregnant는 주로 아이를 임신하고 있는 상태를 나타냅니다. 그러나 추상적으로 '내포하고 있는, 충만한, 함축성이 있는' 등의 비유적인 뜻도 나타낼 수 있습니다. 예를 들어, a pregnant pause라고 하면 사람이 갑자기 말을 중단하여 생기는 긴장감 있는 침묵을 의미합니다.

1 Bora is pregnant with her second child.
Bora는 둘째 아이를 임신했다.

2 There was a pregnant pause before Jamie revealed the truth.
Jamie가 진실을 밝히기 전에 의미심장한 잠깐의 침묵이 있었다.

Plus + pause 명 (말 등의) 멈춤　　　reveal 동 (비밀 등을) 밝히다

2587

loop
[luːp]

명 (동그라미 모양의) 고리, 고리 모양으로 생긴 것

동 고리로 만들다, 고리로 두르다

loop는 주로 '고리'나 '고리 모양으로 생긴 것'을 나타내는 명사입니다. 어떤 물체가 고리 모양으로 생긴 것을 묘사할 뿐만 아니라 반복되는 패턴을 나타내기도 합니다. 동사로는 어떤 대상을 고리 형태로 만드는 행위를 나타냅니다.

1 **They began to make loops with ropes.**
그들은 밧줄로 고리를 만들기 시작했다.

2 **People were surprised to see the pilot loop the loop.**
사람들은 조종사가 곡예 비행을 하는 것을 보고 놀랐다.

Plus + begin 동 시작하다　　　　　　　　　　　pilot 명 조종사
loop the loop (비행기가) 곡예 비행을 하다

2588

code
[koʊd]

명 부호, 암호, (컴퓨터) 코드, (사회적) 관례

code는 원래 '나무판'을 뜻하는 라틴어 *codex*에서 유래했습니다. 고대 로마에서는 이런 나무판에 글을 새기는 경우가 많았습니다. 이후 '서적'이라는 의미로 발전했다가 점점 뜻이 확장되어 '법의 집합'이라는 뜻이 되었습니다. 그리고 여기서 다시 의미가 확장되어 지금의 '규칙이나 규범의 집합'을 의미하게 되었지요.

1 **Alice wrote code to automate the process.**
Alice는 그 과정을 자동화하기 위한 코드를 작성했다.

2 **The school has a strict code of conduct.**
그 학교에는 엄격한 행동 강령이 있다.

Plus + automate 동 (일을) 자동화하다　　　　process 명 과정
strict 형 엄격한　　　　　　　　　　　　conduct 명 행동

2589

complaint
[kəmˈpleɪnt]

명 불평[불만], 항의, (몸의) 이상[질환]

complaint는 주로 '불만'이나 '항의' 등을 뜻합니다. 의학적 맥락에서는 특정 질환이나 증상을 나타내기도 합니다. 보통 질환이나 증상은 환자가 '호소'하는 것이기에 이런 뜻이 파생되었다고 하네요. complaint는 일상 표현에서도 많이 쓰이는데, 대표적으로 make a complaint(불평을 제기하다)가 있습니다.

1 **I have a complaint about the service at this restaurant.**
나는 이 식당의 서비스에 대해 불만이 있다.

2 **Hazel filed a complaint with the police.**
Hazel은 경찰에 항의서를 제출했다.

Plus + file 동 (소송 등을) 제출하다, 제기하다

2590

total

[ˈtoʊtl]

- 형 전체의, 완전한, 총체적인
- 명 총계

total은 형용사로 '전체의, 완전한'을 의미하고 명사로는 '총계' 등을 나타냅니다. total을 활용한 일상적인 표현에는 대표적으로 total stranger(완전히 모르는 사람), in total(전체적으로), a total of(~의 총합계) 등이 있습니다.

1 Suzy was a total stranger to me.
Suzy는 내게 완전히 낯선 사람이었다.

2 The evening was a total disaster because I was late for the appointment.
내가 약속에 늦는 바람에 그날 저녁은 총체적 난국이었다.

Plus + stranger 명 낯선 사람　　　　disaster 명 재난
appointment 명 약속

2591

division

[dɪˈvɪʒn]

- 명 분할[분배], 나눗셈, 분열, (군대) 사단

division은 동사 divide(나누다)의 명사형입니다. 주로 '분할, 나눗셈' 등을 의미하지요. 맥락에 따라 '분열, 군대의 사단' 등을 뜻하기도 합니다. division이 포함된 대표적인 일상 표현으로는 division of opinion(의견 차이)이 있습니다.

1 The boss said the division of labor was important to complete the project.
팀장님은 그 프로젝트를 완수하기 위해서는 분업이 중요하다고 말했다.

2 They learned about division by using apples.
그들은 사과를 활용하여 나눗셈에 대해 배웠다.

Plus + labor 명 일, 업무　　　　complete 동 완료하다, 마치다

2592

trace

[treɪs]

- 동 추적하다, (기원 등을 추적해서) 밝혀내다, (선을) 그리다[긋다], (윤곽을) 따라가다
- 명 자취[흔적]

trace는 원래 '끌다'라는 뜻에서 유래하였습니다. 그러다 '물리적으로 따라가다'라는 뜻으로 확장하여 오늘날은 '추적하다'를 뜻하게 되었지요. 무언가를 끌면 그 흔적이 남죠? 그래서 trace는 '(선을) 그리다'를 의미하기도 합니다.

1 The detectives traced the suspect's movements.
형사들은 용의자의 동선을 추적했다.

2 The origins of the artifact can be traced back to the Bronze Age.
그 유물의 기원은 청동기 시대로 거슬러 올라갈 수 있다.

Plus + origin 명 기원　　　　trace back to ~의 기원이 …까지 거슬러 올라가다

2593

disaster

[dɪˈzæstə(r)]

📖 재난[재해], 엄청난 재앙, 실패작

disaster를 자세히 보면 -aster로 끝나는 걸 볼 수 있습니다. aster는 star, 즉 '별'을 의미하는 단어였습니다. 실제로 disaster의 원래 의미는 '불길한 별'이었습니다. 옛 사람들은 재앙이나 불행을 별의 위치나 움직임에 연관시키곤 했는데, 이런 맥락에서 지금의 '재난, 재해' 등의 뜻이 파생되었습니다.

1 This hurricane is the worst disaster the city has ever faced.
이번 허리케인은 그 도시가 지금까지 겪은 것 중 가장 심각한 재난이다.

2 The economic disaster lasted for many years.
경제적인 재앙이 여러 해 동안 계속되었다.

Plus + economic 형 경제의   last 동 지속되다

2594

establish

[ɪˈstæblɪʃ]

📖 설립하다, 확립하다, (법률 등을) 제정하다, (사실을) 규명하다

establish의 기본 의미는 '설립하다'입니다. 그리고 맥락에 따라 추상적 개념으로만 존재하던 것을 실체화하는 것을 의미할 수 있어요. 그래서 사실이나 진실 등을 분명하게 하는 것이나, 어떤 것이 사실임을 입증하는 것을 뜻하기도 합니다. 또한 법률, 정책, 규칙 등을 만들거나 도입하는 것을 나타낼 수도 있습니다.

1 After retirement, Lee established a new company.
은퇴 후에 Lee는 새로운 회사를 설립했다.

2 The protesters were trying to establish the cause of the accident.
시위대는 그 사고의 원인을 규명하기 위해 노력 중이었다.

Plus + retirement 명 은퇴   protester 명 시위대
cause 명 원인

2595

crane

[kreɪn]

📖 기중기, 학[두루미]

📖 (목 등을) 두루미처럼 길게 빼다, (기중기로) 달아 올리다

crane은 원래 '학'을 의미했습니다. 그러다 기술이 발전하여 '기중기'가 발명되면서 이를 일컫는 용어로 변모하였습니다. 동사로는 마치 기중기나 학처럼 '목을 길게 빼다'라는 뜻을 나타냅니다. 물론 '(기중기로) 달아 올리다'라는 의미도 나타낼 수 있습니다.

1 A crane is standing by the river, looking for fish.
한 마리의 학이 물고기를 찾으며 강가에 서 있다.

2 The crane lifted the containers off the ship.
기중기가 배 위의 컨테이너를 들어 올렸다.

Plus + look for ~을 찾다   lift 동 (다른 위치로 옮기기 위해) 들어 올리다

2596

kit
[kɪt]

명 (특정한 목적용 도구나 장비의) 세트, 도구 한 벌, 조립용품 세트

kit는 주로 특정 목적이나 작업을 위한 도구나 장비들의 '세트'를 의미합니다. 또한 조립이 필요한 물건이나 장치를 포함하는 '조립용품 세트'를 뜻하기도 하지요. 원래는 그릇이나 그릇에 담긴 음식을 뜻하는 단어였습니다. 시간이 흐르면서 그 범위가 확장되어 지금의 뜻에 이르렀습니다.

1 James asked us to replenish our first-aid kit.
James가 우리에게 구급상자를 다시 채워달라고 했다.

2 Camila took out a tool kit to fix the car.
Camila는 차를 수리하기 위해 도구 세트를 꺼냈다.

Plus+ replenish 동 다시 채우다   first-aid kit 구급상자
take out 꺼내다

2597

bull
[bʊl]

명 황소, (큰 짐승의) 수컷, (증권 등에서) 사는[강세] 쪽
형 수컷의

bull의 원래 의미는 '황소'나 '소의 수컷'이었습니다. 그러다 시간이 흐르며 다른 동물의 수컷도 지칭하게 되었습니다. 18세기에 들어서는 금융 시장에서 주식의 상승세를 나타내는 말로 쓰이게 되었습니다. 이는 주식의 가격이 상승하는 것이 마치 황소가 뿔로 찌르는 모습과 닮았기 때문이랍니다.

1 The bull charged at the red cloth.
황소가 붉은 천을 향해 돌진했다.

2 Many investors are now expecting a bull market.
많은 투자자들은 지금 강세장을 예상하고 있다.

Plus+ charge 동 돌격하다   investor 명 투자자
expect 동 예상하다

2598

pope
[poʊp]

명 교황(the Pope), 최고 권위자로 자처하는 [간주되는] 사람

pope는 원래 '아버지'를 의미하는 라틴어 *papa*에서 유래했습니다. 오늘날에는 주로 로마 가톨릭 교회의 '교황'을 뜻합니다. 또한 교황이 세계 가톨릭 교회의 최고 지도자라는 맥락에서 의미가 확장되어 어떤 분야나 조직에서 '최고 권위자로 간주되는 사람'을 뜻하기도 합니다.

1 The Pope issued a new message on the environment.
교황은 환경에 대한 새로운 메시지를 발표하였다.

2 He is considered the pope of architecture.
그는 건축학의 최고 권위자로 간주된다.

Plus+ issue 동 발표하다   architecture 명 건축학

2599

pathway

[ˈpæθweɪ]

명 좁은 길[오솔길], 통로, 경로

pathway는 주로 '길'이나 '통로'를 의미합니다. 말 그대로 path(길)와 way(길)가 결합한 단어로, 특히 작거나 좁은 길, 통로를 가리킵니다. 일반적으로는 물리적인 통로나 길을 뜻하지만, 비유적으로는 어떤 결과를 달성하기 위해 거쳐야 하는 과정이나 절차를 나타내기도 합니다.

1 The garden has a winding pathway leading to the main entrance.

그 정원에는 본관 입구로 이어지는 구불구불한 길이 있다.

2 There are multiple pathways to economic success.

경제적 성공으로 가는 길은 다양하다.

Plus + winding 형 구불구불한   entrance 명 입구
multiple 형 다양한, 많은   economic 형 경제의, 경제적인

2600

hoof

[huːf]

명 발굽

동 걷다, (발굽으로) 짓밟다 [차다], (직장에서) 쫓아내다 [해고하다]

hoof의 주요 의미는 '발굽'입니다. 주로 소, 말, 염소 등의 발굽을 가리킵니다. 동사로는 '(발굽을 사용해) 걷다, 짓밟다, 차다' 등의 동작을 나타내기도 합니다. 또한 이런 동물들이 발로 차는 동작에서 의미가 확장되어 '직장에서 쫓아내다, 해고하다'라는 뜻의 은어로도 쓰입니다.

1 The horse was unable to walk due to a cloven hoof.

그 말은 갈라진 발굽으로 인해 걷지 못했다.

2 The nervous horse began to hoof at the stable floor.

긴장한 말이 마구간 바닥을 발굽으로 찼다.

Plus + due to ~ 때문에   cloven 형 (짐승의 발굽이) 갈라진
stable 명 마구간

2601

applause

[əˈplɔːz]

명 박수(갈채), 성원

applause는 대체적으로 '박수갈채, 찬사' 등을 뜻하는 명사입니다. 실제 박수갈채를 의미하기도 하지만, 비유적으로 '성원'이라는 뜻을 나타내기도 합니다. applause를 활용한 대표적인 표현으로는 round of applause(박수갈채)나 thunderous applause(열렬한 박수) 등이 있습니다.

1 The play ended with thunderous applause.

그 연극은 우레와 같은 박수와 함께 끝이 났다.

2 Daniel was delighted to finish his speech amid tremendous applause.

Daniel은 엄청난 성원 속에서 자신의 연설을 마치게 되어 기뻤다.

Plus + thunderous 형 우레 같은   delighted 형 아주 기뻐하는
amid 전 ~의 한복판에(서)   tremendous 형 엄청난

2602

credit

[ˈkrɛdɪt]

명 신뢰[신용], 신용 거래, 명예, 인정

credit은 '신뢰, 신용' 등과 관련된 의미를 나타냅니다. 금융권에서 의미하는 '신용'을 나타내기도 하지만, 사람 사이의 '신뢰'를 뜻하기도 합니다. 이런 맥락에서는 '명예, 인정'이라는 뜻으로도 쓰일 수 있습니다. 원래 '믿다'라는 동사에서 파생된 단어임을 기억하시면 credit의 중심 의미를 이해하기 쉬우실 겁니다.

1 Kate inquired about how to get a credit card.

   Kate는 신용카드를 어떻게 발급받는지 문의했다.

2 Harry deserves a lot of credit for the company's success.

   Harry는 회사의 성공에 대해 큰 공로를 인정받을 만하다.

Plus + inquire 동 묻다　　　deserve 동 ~을 받을 만하다, 누릴 자격이 있다

2603

rate

[reɪt]

명 비율, 요금, 속도
동 평가하다

rate는 원래 '균형'을 뜻하는 단어였습니다. 이 의미를 중심으로 여러 의미가 파생되었습니다. 대표적으로 '비율'을 뜻합니다. 또한 수량이나 시간에 대해 일정한 비율로 금액을 정한 것인 '요금'과 거리에 대해 일정한 비율로 시간을 계산한 '속도'도 뜻하게 되었지요.

1 The birth rate is declining in most countries.

   대부분 국가에서 출산율이 감소하고 있다.

2 The exchange rate between the dollar and the won fluctuates.

   달러와 원화 사이의 환율은 변동한다.

Plus + birth 명 출산　　　　　　decline 동 감소하다
exchange rate 환율　　　fluctuate 동 (주가 등이) 변동하다

2604

convoy

[ˈkɑːnvɔɪ]

동 ~을 호위[호송]하다
명 호송[호위], 호송[수송]대

convoy는 군사적 맥락에서 '호위하다, 호송하다'를 뜻하고, 명사로는 '호송, 호위' 자체를 의미합니다. 원래는 '동행하다'라는 뜻의 프랑스어에서 유래했는데, 전쟁 시에 군인들과 보급품 등을 안전하게 이동시키기 위해 동행하는 것을 의미했습니다.

1 The military convoy was attacked on its way back to the base.

   군사 호송대가 기지로 돌아가는 도중 공격을 받았다.

2 The president travels in a convoy for security reasons.

   대통령은 보안상의 이유로 호송대를 동반하여 이동한다.

Plus + military 형 군사의　　　　on one's way back 돌아가는 길에
travel 동 이동하다　　　　security 명 안전

2605

hoot
[huːt]

- 동 야유하다, 경적을 울리다
- 명 야유[경적] 소리,
  매우 재미있는 것

hoot은 동사로는 '야유하다, 경적을 울리다'를 뜻하고, 명사로는 '야유 소리, 경적 소리' 등을 의미합니다. 또한 사람들이 큰 소리로 웃게 만드는 것이라고 하여 '매우 재미있는 것'을 뜻하기도 하지요.

1 I wondered why the car hooted at me.
나는 왜 그 차가 내게 경적을 울렸는지 궁금했다.

2 Jin exclaimed that Mary was a hoot.
Jin은 Mary가 정말 재미있다고 소리쳤다.

Plus+ wonder 동 궁금해하다   exclaim 동 소리치다, 외치다

2606

cease
[siːs]

- 동 그만두다[중단시키다],
  중단되다

cease는 어떠한 활동이나 행동을 멈추게 하는 행위를 나타내는 동사입니다. '그만두다, 중단시키다' 등으로 표현할 수 있습니다. 주로 공식적인 문맥에서 사용됩니다. 예를 들어, cease fire라고 하면 군대에서 '사격을 중지하라'는 명령으로 쓰입니다. 또 ceasefire라고 붙여 쓰면 '휴전, 정전'을 뜻하지요.

1 Our company decided to cease all construction in the region.
우리 회사는 그 지역의 모든 공사를 중단하기로 결정했다.

2 The hostile activities must cease immediately.
적대 행위는 즉시 중단되어야 한다.

Plus+ region 명 지역   hostile 형 적대적인
immediately 부 즉시

2607

dessert
[dɪˈzɜːrt]

- 명 후식[디저트]

dessert는 프랑스어로 '테이블 정리를 시작하다'라는 뜻의 동사에서 유래했습니다. 그러다 16세기경 이 단어가 영어로 들어오면서 식사가 끝나고 테이블을 치우면서 달콤한 음식을 제공하는 관습을 가리키게 되었습니다. 오늘날에는 주로 식사 후에 먹는 케이크, 아이스크림 등 달콤한 '후식'을 나타냅니다.

1 Thomas ordered a chocolate cake for dessert.
Thomas는 디저트로 초콜릿 케이크를 주문했다.

2 She always has fruit for dessert.
그녀는 항상 후식으로 과일을 먹는다.

Plus+ order 동 주문하다   have 동 먹다

2608

pillar

[ˈpɪlə(r)]

- 몡 기둥, 기둥 모양의 것, 중심 세력[인물]
- 동 기둥으로 장식하다[받치다]

pillar의 정의는 '구조물을 지탱하는 세로 구조체'입니다. 일상에서는 '기둥'이 대표적이지요. 추상적으로는 어떤 사회나 집단, 조직 등을 지탱하는 핵심 인물이나 중요한 원칙을 의미합니다. 동사로는 '기둥으로 장식하다'라는 뜻입니다.

1 Massive stone pillars support the ancient Greek temple.
   거대한 돌 기둥이 고대 그리스 신전을 지탱하고 있다.

2 He was a pillar of the community.
   그는 그 공동체의 기둥과 같은 존재였다.

Plus + massive 혱 거대한   support 동 지탱하다
temple 몡 신전

2609

fruitless

[ˈfruːtləs]

- 혱 효과[성과, 결실] 없는

fruitless는 fruit(과일)과 -less(없는)가 결합한 단어로 말 그대로 어떤 노력이나 행동이 성과를 이루지 못하였음을 나타냅니다. 우리말에도 '결실'이라는 말이 있는데 여기서 '실'이 열매를 의미하죠? 이렇게 보니 fruitless의 의미인 '결실 없는'이 정말 직관적으로 와닿는군요!

1 The negotiation was fruitless and ended in disagreement.
   그 협상은 결실을 거두지 못하고 불일치로 끝났다.

2 Despite her fruitless efforts, Leah never gave up.
   노력이 결실을 거두지 못했지만 Leah는 결코 포기하지 않았다.

Plus + negotiation 몡 협상   disagreement 몡 불일치
despite 젼 ~에도 불구하고   give up 포기하다

2610

peck

[pek]

- 동 쪼다, 조금씩 먹다, 잔소리하다

peck은 주로 새가 부리로 물건을 쪼거나 먹이를 찾는 동작을 묘사하는 동사입니다. 그리고 여기서 의미가 확장되어 사람이 음식을 조금씩 먹거나 잔소리하는 행동을 나타내게 되었습니다. 예를 들어, peck at 뒤에 음식 이름을 쓰면 그 음식을 마치 새처럼 조금씩 쪼아 먹는 모습을 나타내지요.

1 The bird pecked at the seeds under the tree.
   그 새는 나무 아래에 있는 씨앗을 쪼았다.

2 Amy pecked at her food throughout dinner.
   Amy는 저녁 식사 내내 음식을 깨작거렸다.

Plus + seed 몡 씨앗   throughout 젼 ~ 내내, ~ 동안 쭉

우리말에 맞게 빈칸에 알맞은 단어를 쓰세요.　　　　　　　(정답은 본문을 확인하세요.)

1　Einstein is considered an _____ of modern physics.　　아인슈타인은 현대 물리학의 선구자로 여겨진다.

2　We need to _____ for the class before next Monday.　　우리는 다음 월요일 전까지 수업에 등록해야 한다.

3　Urban _____ is now causing environmental issues.　　도시의 무질서한 확장은 오늘날 환경 문제를 일으키고 있다.

4　The guests threw flower _____ at the newly married couple.　　하객들이 신혼부부에게 꽃잎을 던졌다.

5　Let's _____ before the traffic gets serious.　　교통 체증이 심해지기 전에 서둘러 가자.

6　Bora is _____ with her second child.　　Bora는 둘째 아이를 임신했다.

7　They began to make _____ with ropes.　　그들은 밧줄로 고리를 만들기 시작했다.

8　The school has a strict _____ of conduct.　　그 학교에는 엄격한 행동 강령이 있다.

9　Hazel filed a _____ with the police.　　Hazel은 경찰에 항의서를 제출했다.

10　Suzy was a _____ stranger to me.　　Suzy는 내게 완전히 낯선 사람이었다.

11　They learned about _____ by using apples.　　그들은 사과를 활용하여 나눗셈에 대해 배웠다.

12　The detectives _____ the suspect's movements.　　형사들은 용의자의 동선을 추적했다.

13　The economic _____ lasted for many years.　　경제적인 재앙이 여러 해 동안 계속되었다.

14　After retirement, Lee _____ a new company.　　은퇴 후에 Lee는 새로운 회사를 설립했다.

15　The _____ lifted the containers off the ship.　　기중기가 배 위의 컨테이너를 들어 올렸다.

16　Camila took out a tool _____ to fix the car.　　Camila는 차를 수리하기 위해 도구 세트를 꺼냈다.

17　The _____ charged at the red cloth.　　황소가 붉은 천을 향해 돌진했다.

18　The _____ issued a new message on the environment.　　교황은 환경에 대한 새로운 메시지를 발표하였다.

19　There are multiple _____ to economic success.　　경제적 성공으로 가는 길은 다양하다.

20　The horse was unable to walk due to a cloven _____.　　그 말은 갈라진 발굽으로 인해 걷지 못했다.

21　The play ended with thunderous _____.　　그 연극은 우레와 같은 박수와 함께 끝이 났다.

22　Kate inquired about how to get a _____ card.　　Kate는 신용카드를 어떻게 발급받는지 문의했다.

23　The birth _____ is declining in most countries.　　대부분 국가에서 출산율이 감소하고 있다.

24　The president travels in a _____ for security reasons.　　대통령은 보안상의 이유로 호송대를 동반하여 이동한다.

25　Jin exclaimed that Mary was a _____.　　Jin은 Mary가 정말 재미있다고 소리쳤다.

26　The hostile activities must _____ immediately.　　적대 행위는 즉시 중단되어야 한다.

27　She always has fruit for _____.　　그녀는 항상 후식으로 과일을 먹는다.

28　He was a _____ of the community.　　그는 그 공동체의 기둥과 같은 존재였다.

29　Despite her _____ efforts, Leah never gave up.　　노력이 결실을 거두지 못했지만 Leah는 결코 포기하지 않았다.

30　The bird _____ at the seeds under the tree.　　그 새는 나무 아래에 있는 씨앗을 쪼았다.

Level 88

레벨별 단어 사용 빈도

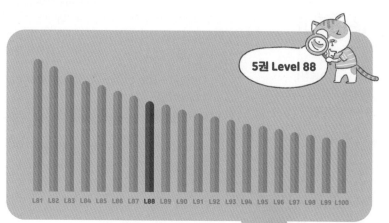

5권 Level 88

L81 L82 L83 L84 L85 L86 L87 **L88** L89 L90 L91 L92 L93 L94 L95 L96 L97 L98 L99 L100

LEVEL 1~20　　LEVEL 21~40　　LEVEL 41~60　　LEVEL 61~80　　**LEVEL 81~100**

2611

decorate

[ˈdekəreɪt]

동 장식하다, 꾸미다,
~의 장식물이 되다,
~에게 훈장을 주다

decorate는 우리말로 '아름답게 하다'라는 뜻에 가깝습니다. 가장 일반적으로는 물리적인 공간이나 물체를 아름답게 만드는 행위, 즉 집이나 방, 파티 장소, 크리스마스 트리 등을 무언가로 꾸미는 행위를 나타냅니다. 그 밖에 맥락에 따라 다양한 의미로 쓰이는데, 그 중에는 '~에게 훈장을 주다'라는 뜻도 있습니다.

1 **We decided to decorate our house for Christmas.**
우리는 크리스마스를 위해 집을 꾸미기로 결정했다.

2 **Ethan asked me to decorate the cake for Jamie's birthday party.**
Ethan은 내게 Jamie의 생일 파티를 위한 케이크를 꾸며 달라고 부탁했다.

Plus + ask 동 부탁하다, 요청하다

2612

cheerful

[ˈtʃɪrfl]

형 기분 좋은[유쾌한],
쾌활한[씩씩한], 기꺼이 하는,
(반어적) 지독한

cheerful은 cheer(환호, 응원)와 -ful(가득 찬)이 결합한 단어로 '기분 좋은, 유쾌한, 쾌활한' 등 긍정적 어감을 나타냅니다. 주로 사람이나 분위기가 밝고 긍정적이며 행복한 상태를 나타냅니다. 이런 사람들은 무엇이든 '기꺼이' 할 가능성이 높죠? 그래서 어떤 일을 '기꺼이 하는' 모습까지 뜻하게 되었습니다.

1 **Despite the difficult circumstances, Leah remained cheerful.**
어려운 상황에도 불구하고 Leah는 여전히 씩씩했다.

2 **Jake is always cheerful to help others.**
Jake는 항상 다른 사람들을 기꺼이 도와준다.

Plus + circumstance 명 상황　　　　remain 동 계속 ~이다

2613

overhead

[ˈʊvərhed]

명 간접비

부 머리 위에

형 모든 경비를 포함한

overhead는 over(위에)와 head(머리)가 결합한 단어로 말 그대로 '머리 위에'를 뜻합니다. 그런데 overhead는 뜻밖에도 '돈'을 뜻하기도 합니다. 무언가 '머리 위에' 걸려 있다는 맥락에서 피할 수 없는 부담이나 필수적인 비용을 의미하게 되었습니다.

1 **Our company is trying to reduce overhead costs.**
우리 회사는 간접비를 줄이려고 노력하고 있다.

2 **The large bird swiftly flew overhead.**
큰 새가 빠르게 머리 위를 날아갔다.

Plus + try to V ~하려고 노력하다　　　　reduce 동 줄이다
cost 명 비용　　　　swiftly 부 신속히, 빨리

2614

potential

[pə'tenʃl]

형 가능성이 있는, 잠재적인

명 가능성, 잠재력

potential은 형용사로 '가능성이 있는'을 명사로는 '가능성, 잠재력'을 뜻합니다. 생각해 보면 가능성이 있다는 것은 결국 '능력이 있다'는 말과 같지요. 그래서 '잠재적으로 무언가를 할 수 있는 능력'이라는 맥락에서 지금의 다양한 뜻이 파생되었습니다.

1 We need a new marketing strategy that will attract potential customers.

우리는 잠재 고객을 끌어모을 수 있는 새로운 마케팅 전략이 필요하다.

2 The technology has the potential to change the world.

그 기술은 세계를 변화시킬 잠재력이 있다.

Plus + strategy 명 전략　　　　attract 동 끌어 모으다

2615

recent

['riːsnt]

형 최근의, 근래의

recent는 원래 '신선한, 새로운'이라는 뜻이었다가 이후 시간적으로 현재와 가까운 과거를 의미하게 되었습니다. 예를 들어, recent developments는 '비교적 최근에 이루어진 발전'을 뜻하고, recent history는 '근대 역사'를 의미합니다.

1 The company has made significant progress in recent years.

그 회사는 최근 몇 년간 엄청난 발전을 이루었다.

2 There have been several debates about tax increases in recent months.

최근 몇 달간 세금 인상에 대한 여러 논쟁이 있었다.

Plus + significant 형 엄청난　　　　progress 명 발전
debate 명 논쟁　　　　tax 명 세금

2616

ceremony

['serəmoʊni]

명 의식[예식],
겸손[정중]한 행동

ceremony는 주로 '의식, 예식' 등을 뜻하는 명사입니다. 특정한 규칙이나 관례에 따라 열리는 행사나 그에 관련된 행위 전반을 의미하지요. 맥락에 따라 결혼식, 졸업식, 장례식 등 다양한 뜻을 나타냅니다. 또한 일정한 절차를 따르는 행위를 의미하는 데서 '겸손한, 정중한 행동'이라는 뜻도 파생되었습니다.

1 The wedding ceremony will be held at a beautiful church.

그 결혼식은 아름다운 교회에서 열릴 것이다.

2 Many people attended the opening ceremony of the event.

많은 사람들이 그 행사의 개회식에 참석했다.

Plus + hold 동 열다, 개최하다　　　　opening 명 개시, 개장

2617

injury

[ˈɪndʒəri]

🐱 명 부상, 상해, 상처[피해]

injury는 명사로 '부상, 상해' 등을 의미합니다. 일반적으로 신체적 통증을 일으키는 것 전반을 나타내지요. 보다 넓은 의미에서는 정신적 피해를 뜻하기도 합니다. injury를 활용한 표현 중에는 스포츠와 관련된 것들이 많은데, 대표적으로 injury time은 경기에서 선수의 부상으로 뺏긴 시간을 감안한 연장 시간을 뜻합니다.

1 Luke suffered an ankle injury in the car accident.

Luke는 자동차 사고로 발목 부상을 입었다.

2 Emotional injuries can be more harmful than physical injuries.

감정적인 상처는 신체적인 상처보다 더 해로울 수 있다.

Plus + suffer 통 (부상 등을) 당하다   emotional 형 감정적인

2618

slab

[slæb]

🐱 명 (폭이 넓고 두꺼운) 조각, (야구의) 투수판

동 (목재 등을) 평판으로 만들다

slab은 보통 '크고 두꺼운 조각'을 의미하는 명사로, 특히 돌이나 목재, 고기 등의 두꺼운 조각을 뜻합니다. 그리고 이런 의미가 확장되어 야구 경기에서는 '투수판'을 의미하기도 합니다. 동사로는 '(목재 등을) 평평한 판으로 만들다'라는 뜻을 나타냅니다.

1 Judy bought a large slab of meat for the barbecue.

Judy는 바비큐를 하기 위해 큰 고기 조각을 샀다.

2 The workers slabbed the log into planks for construction.

인부들은 공사를 위해 그 통나무를 판 형태로 쪼갰다.

Plus + plank 명 (한 장의) 널빤지, 판자   construction 명 공사, 건설

2619

pronounce

[prəˈnaʊns]

🐱 동 발음하다, 선언[표명]하다, 단언[공언]하다

pronounce는 '앞으로'라는 뜻의 pro-와 '알리다'를 의미하는 nounce가 결합한 동사입니다. 즉, 어떤 대상에게 소리를 내어 말로 어떤 정보를 전달하는 것을 의미하지요. 여기서 '발음하다'라는 뜻이 파생되었고, 맥락에 따라 '선언하다, 표명하다, 단언하다' 등의 뜻으로 쓰입니다.

1 Mason learned how to pronounce the word correctly.

Mason은 그 단어를 제대로 발음하는 방법을 배웠다.

2 The judge will pronounce the verdict soon.

판사가 곧 평결을 선언할 것이다.

Plus + correctly 부 제대로, 올바르게   verdict 명 평결, 판정

2620

whine

[waɪn]

통 징징[칭얼, 낑낑]거리다,
불평[푸념]하다, 투덜거리다
(바람, 기계 등이) 쌩쌩[윙윙]
소리를 내다

whine은 대체로 칭얼대며 불평이나 불만을 표현하는 행위를 나타내는 동사입니다. 사람이 말로 하는 불평, 불만뿐만 아니라 동물이 불편해서 소리를 내는 것도 나타낼 수 있습니다. 또한 바람이나 기계들이 쌩쌩 소리를 내는 것까지 whine 으로 표현할 수 있어요.

1 The dog whined when it saw its owner leaving the house.

그 개는 주인이 집을 떠나는 것을 보고 낑낑거렸다.

2 Stop whining about your work and just do it.

당신의 일에 대해 불평하지 말고 그냥 해라.

Plus + owner 명 주인   leave 통 떠나다

2621

arch

[ɑːrtʃ]

명 아치형, 아치형 구조물

통 아치 모양을 그리다

arch는 원래 '활'이라는 뜻에서 출발했습니다. 그래서인지 일반적으로 활처럼 굽은 곡선 형태 또는 그런 형태의 구조물을 의미합니다. 명사로는 아치 형태의 건축물이나 다리 등을 가리키고, 동사로는 '아치 모양을 그리다'라는 뜻으로 쓰입니다.

1 The bridge will be built with a large arch.

그 다리는 커다란 아치 형태로 지어질 것이다.

2 Min's eyebrows arched in surprise.

놀란 나머지 Min의 눈썹이 아치 모양을 그렸다.

Plus + eyebrow 명 눈썹   in surprise 놀라서

2622

muddy

[ˈmʌdi]

형 진흙의[진흙투성이의,
진창인], 칙칙한[우중충한],
(액체가) 탁한,
(머리가) 흐리멍덩한

muddy는 mud(진흙)에 -y가 결합한 형용사입니다. 일반적으로 '진흙으로 덮인, 흙탕물의'라는 의미를 나타냅니다. 비유적으로는 어떤 개념이나 생각 따위가 '흐릿한, 불분명한, 혼란스러운'을 뜻하기도 합니다.

1 The rain made the road muddy.

비가 와서 도로가 진흙투성이가 되었다.

2 Helen was feeling a bit muddy after the long flight.

장거리 비행 후에 Helen은 약간 멍한 느낌이 들었다.

Plus + bit 명 약간, 조금   flight 명 비행

2623

inlet

[ˈɪnlet]

- 명 (연료 등의) 주입구, 삽입물, 작은 만[해협]
- 동 박아[끼워] 넣다

inlet은 원래 '~ 안으로 들어가게 하다'라는 let in의 순서가 바뀌어 만들어졌고, 이에 따라 뜻도 변경된 것이랍니다. inlet은 주로 만이나 강의 작은 분지를 나타내며, 기술 등과 관련해서는 기계나 장치에서 연료, 공기 등이 유입되는 곳을 뜻하기도 합니다.

1 Make sure to check the air inlet for any blockages.

차단물이 없는지 공기 유입구를 반드시 확인하십시오.

2 The ship sailed into the inlet.

그 배는 만으로 항해했다.

Plus + check 동 확인하다 　　blockage 명 차단물, (파이프 등에) 막혀 있는 것
sail 동 항해하다

2624

spare

[sper]

- 동 할애하다, 용서하다, 면하게 해 주다, 아끼다
- 형 여분의

spare는 원래 '추가적인, 필요 이상의'라는 뜻에서 유래한 단어입니다. 그러다 시간이 지나면서 지금의 주요 의미인 '할애하다'라는 뜻을 나타내게 되었습니다. 무언가를 할애하기 위해서는 그것이 남아야 하지요? 비슷한 논리에서 '아끼다'라는 뜻도 파생되었습니다. 형용사로는 '여분의'라는 뜻으로 쓰입니다.

1 Would you be able to spare a moment?

잠깐 시간 좀 내주시겠습니까?

2 Hailey spared no effort to help him.

Hailey는 그를 돕기 위한 노력을 아끼지 않았다.

Plus + be able to V ~할 수 있다 　　moment 명 잠깐, 잠시
effort 명 노력

2625

scientific

[ˌsaɪənˈtɪfɪk]

- 형 과학의, 과학적인, 기술이 뛰어난

scientific은 science(과학)에 -tific이 결합한 형용사입니다. 주로 '과학의, 과학적인' 등을 의미하지요. 무언가 과학적 원칙에 따라 체계적이고 객관적인 방법으로 진행되거나 만들어지는 것을 나타냅니다. 이런 과정에는 상당히 뛰어난 기술이 적용되었겠죠? 그래서 scientific은 '기술이 뛰어난'을 뜻하기도 합니다.

1 Theo uses a scientific approach to solve problems.

Theo는 문제를 해결하기 위해 과학적 접근법을 사용한다.

2 The scientific community agreed on the importance of the discovery.

과학계는 그 발견의 중요성에 대해 동의했다.

Plus + approach 명 접근(법) 　　importance 명 중요성
discovery 명 발견

2626

jealous

[ˈdʒeləs]

형 질투[시기]하는,
세심하게 경계하는

jealous는 다른 사람이 가진 것을 부러워하거나 무언가를 남들과 공유하고 싶어하지 않는 감정을 묘사하는 형용사입니다. 대개 '질투하는, 시기하는' 등으로 표현되지요. 과도한 소유욕을 나타내는 어감이 있으며, '세심하게 경계하는'이라는 뜻을 나타내기도 합니다.

1 Suzy became jealous when she saw her boyfriend talking to another woman.

Suzy는 남자 친구가 다른 여자와 이야기하는 것을 보고 질투가 났다.

2 The crow was jealous of the swan's white feathers.

까마귀는 백조의 하얀 깃털을 시기했다.

Plus + crow 명 까마귀   swan 명 백조
feather 명 (새 등의) 깃털

2627

league

[liːg]

명 연맹, (스포츠) 리그

동 동맹[연맹]하다

league는 일반적으로 '연맹'을 의미합니다. 우리에게는 스포츠의 '리그'라는 외래어로 익숙하지요. league는 서로 공통의 목표나 이익을 추구하는 데 있어 협력하는 집단을 전반적으로 나타냅니다. 동사로는 '동맹하다, 연맹하다'를 뜻하지요.

1 Those football teams are all in the same league.

그 축구팀들은 모두 같은 리그에 속해 있다.

2 We leagued together to fight against the common enemy.

우리는 공동의 적에 맞서 싸우기 위해 연합했다.

Plus + against 전 ~에 맞서   common 형 공동의
enemy 명 적

2628

specimen

[ˈspesɪmən]

명 표본[견본]

specimen은 원래 '보여 주다, 표시하다'라는 단어에서 출발했습니다. 그러고 보니 '표본, 견본'이라는 의미가 와닿지 않나요? 생물학이나 지질학에서 자주 쓰이는데, 일반적으로 특정 종류의 물체나 개체의 '표본'을 의미합니다. 더 넓은 의미로는 '어떤 유형의 것들 중 하나'를 뜻합니다.

1 This specimen will help you understand the nature of the disease.

이 표본은 그 질병의 특징을 이해하는 데 도움이 될 것이다.

2 Mr. Cho is a fine specimen of a leader.

Cho 씨는 훌륭한 지도자의 표본이다.

Plus + nature 명 특징, 본질   disease 명 질병

2629

shack
[ʃæk]

명 오두막집, 판잣집, 방[실]

shack은 원래 '오두막집'을 뜻하는 단어였습니다. 오늘날은 '판잣집' 같은 임시 주택을 의미합니다. 동사로는 '동거하다'라는 뜻을 나타내는데, 이는 비교적 최근에 파생된 뜻이랍니다.

1 When I was young, I lived in a shack by the river.

어렸을 때, 나는 강가에 있는 오두막집에서 살았다.

2 Thomas wondered how much it would cost to repair the shack.

Thomas는 그 판잣집을 수리하는 데 얼마나 드는지 궁금했다.

Plus + wonder 동 궁금해하다   cost 동 비용이 들다

2630

moss
[mɔːs]

명 이끼, 늪지

동 이끼로 덮다

moss의 기본 의미는 '이끼'입니다. 이끼로 가득한 '늪지' 자체를 뜻하기도 하지요. moss를 활용한 아주 유명한 표현이 있는데, 바로 A rolling stone gathers no moss.(구르는 돌에는 이끼가 끼지 않는다.)입니다. 계속해서 발전하는 사람은 정체되지 않는다는 교훈을 주는 비유적 표현이기도 하고, 직업을 자주 바꾸는 사람은 성공하지 못하니 한 우물을 파라는 의미를 나타내기도 합니다. 그밖에 동사로는 '이끼로 덮다'를 뜻합니다.

1 The forest floor was covered in moss.

그 숲의 바닥은 이끼로 뒤덮여 있었다.

2 The old trees were completely mossed over.

그 오래된 나무들은 완전히 이끼로 덮여 있었다.

Plus + be covered in ~로 덮이다   completely 부 완전히

2631

bald
[bɔːld]

형 대머리의, 벌거숭이의, (타이어 등이) 닳아 버린, 명백한[뻔한]

bald는 주로 사람이나 동물의 머리에 털이 없는 상태를 나타냅니다. 맥락에 따라 '대머리의, 벌거숭이의'라고 표현됩니다. bald의 이런 어감 때문인지 비유적으로 바퀴나 타이어가 마모되어 '닳아 버린' 상태를 묘사하기도 하고, 추상적 맥락에서 '뻔한, 분명한' 등의 뜻을 나타내기도 합니다.

1 Joe was worried that he was starting to go bald.

Joe는 이마가 벗겨지기 시작해서 걱정이었다.

2 The bald fact was that Ian didn't love his girlfriend.

명백한 사실은 Ian이 그의 여자 친구를 사랑하지 않았다는 것이다.

Plus + go bald 대머리가 되다   fact 명 사실

2632

rocky

['rɑːki]

형 바위가 많은, 고난이 많은, 곤란한, 냉혹[무정]한

rocky는 rock(돌)에 -y가 결합한 형용사로, 바위가 많이 분포하는 지역이나 표면을 주로 묘사합니다. 또한 비유적 맥락에서는 '고난이 많은, 불안정한' 등의 뜻으로 쓰이기도 합니다.

1 The planet has a rocky surface.
그 행성의 표면은 바위투성이다.

2 Our marriage got off to a rocky start.
우리의 결혼 생활은 시작부터 험난했다.

Plus + planet 명 행성　　　　　　　　surface 명 표면
get off to ~으로 시작하다

2633

item

['aɪtəm]

명 항목, 조항, 물품[품목]

item은 참 독특한 단어입니다. 원래 '또한, 역시'를 뜻하는 라틴어였습니다. 보통 목록에서 새로운 항목을 시작할 때 이 단어를 쓰다 보니 결국 전체 목록의 '일부' 또는 '항목'이라는 뜻으로 변했습니다. 오늘날 item은 '조항'이나 '물품, 품목' 등을 모두 나타낼 수 있습니다.

1 Can you add this item to the list?
이 항목을 목록에 추가해 주실 수 있습니까?

2 The manager explained a full refund will be given if the item is faulty.
담당자는 제품에 하자가 있을 경우 전액 환불해 주겠다고 설명했다.

Plus + add 동 더하다　　　　　　　　explain 동 설명하다
refund 명 환불　　　　　　　　faulty 형 결함이 있는

2634

trout

['traʊt]

명 송어, 심술궂은 노파

trout은 '송어'를 뜻하는 명사입니다. 일반적으로 송어는 아주 빠르고 예측 불가능하게 움직이는 이미지를 가지고 있습니다. 이러한 맥락에서 '심술궂은 노파'라는 독특한 뜻이 파생되었는데, 이는 보통 영국 영어에서 쓰이는 속어랍니다.

1 Sue caught a large trout while fishing.
Sue는 낚시를 하다가 큰 송어를 잡았다.

2 The chef let us know the best way to cook trout.
그 요리사는 우리에게 송어를 요리하는 가장 좋은 방법을 알려 주었다.

Plus + while 접 ~하는 동안　　　　　　　way 명 방법

2635

upside

[ˈʌpsaɪd]

명 상부[윗면], 좋은 면,
(가격 등의) 상승 경향

upside는 말 그대로 up(위)과 side(면)가 결합한 단어로 물체의 상부나 윗면을 뜻합니다. 또한 긍정적인 의미로 '좋은 면' 또는 '이점'을 뜻하기도 합니다. 주식이나 부동산, 상품 등의 가격이 상승하는 경향을 비유적으로 upside라고 표현하기도 합니다.

1 The upside of the box was painted blue.
   그 상자의 윗면은 파란색으로 칠해져 있었다.

2 There's a significant upside to this kind of investment.
   이런 식의 투자에는 상당한 이점이 있다.

Plus + significant 형 상당한   kind 명 종류
         investment 명 투자

2636

carrot

[ˈkærət]

명 당근, (비유적으로) 미끼
[설득 수단]

carrot의 일반적인 의미는 '당근'입니다. 그런데 토끼 같은 동물을 유인하는 데 당근을 자주 쓰다 보니 '미끼, 설득 수단'이라는 비유적 의미로 파생되었습니다. 영어권에는 carrot을 활용한 재미있는 표현이 있는데, 바로 Dangle a carrot in front of someone.입니다. '누군가 앞에 당근을 달아 놓는다.'는 뜻으로 누군가를 유인하거나 동기 부여를 하는 것을 나타냅니다.

1 Jack peeled the carrots and cut them into slices.
   Jack은 당근의 껍질을 벗기고 조각으로 잘랐다.

2 They offered Leah a carrot to get her to work harder.
   그들은 Leah가 더 열심히 일하도록 보상을 제공했다.

Plus + peel 동 껍질을 벗기다   slice 명 조각
         offer 동 제공하다

2637

justice

[ˈdʒʌstɪs]

명 정의, 공평, 사법

justice는 원래 법률이나 법정에서의 사법 활동을 의미했기에 '법, 권리' 등을 뜻하던 단어였습니다. 이러한 의미가 확장되면서 오늘날은 '정의, 공평, 공정' 등의 추상적인 개념도 표현하게 되었습니다. 예를 들어, do a person justice라고 하면 '누군가를 올바로 평가하다'라는 뜻입니다.

1 Mike fought for justice and equal rights for everyone.
   Mike는 모두의 평등한 권리와 정의를 위해 싸웠다.

2 The justice system of this nation needs to be reformed.
   이 나라의 사법 제도는 개혁이 필요하다.

Plus + equal 형 평등한   right 명 권리
         system 명 제도   reform 동 개혁하다

2638

current

[ˈkɜːrənt]

- 형 현재[지금]의, 현행의, 통용하는
- 명 흐름

current는 '달리다'라는 뜻의 동사에서 나왔습니다. 이후 물 따위가 흐르는 모습을 나타내다가 점점 더 추상적인 의미로 확장하여 지금의 뜻에 이르렀다고 합니다. 오늘날 current는 형용사로는 '현재의, 지금의, 현행의' 등의 뜻을 나타내고, 명사로는 '흐름'을 의미합니다.

1 People need to be aware of the current issues in our society.

사람들은 우리 사회의 현재 문제에 대해 알아야 한다.

2 Wendy rowed against the current.

Wendy는 물살을 거슬러 노를 저었다.

Plus + be aware of ~을 알다　　　　　issue 명 문제
row 동 노를 젓다

2639

bloom

[bluːm]

- 명 (관상용 식물의) 꽃, 개화[꽃의 만발], (건강한) 혈색
- 동 개화하다[시키다]

bloom은 원래 '꽃' 또는 '꽃이 피다'를 뜻하다가 꽃이 만발한 상태, 즉 '개화'라는 뜻도 갖게 되었습니다. 비유적 맥락에서 '혈색'을 의미하기도 하는데, 이는 얼굴에 피가 돌면서 생기는 건강한 빛이 마치 꽃이 핀 모습과 비슷한 데서 파생된 것으로 보입니다. 그밖에 동사로는 '개화하다, 개화시키다'를 뜻합니다.

1 When spring arrives, the cherry blossoms are in full bloom.

봄이 오면 벚꽃이 만개한다.

2 His cheeks were in bloom after climbing the mountain.

등산을 하고 나자 그의 뺨에 혈색이 돌았다.

Plus + cherry blossoms 벚꽃　　　　　cheek 명 뺨

2640

gorge

[ɡɔːrdʒ]

- 명 골짜기[협곡], 목구멍[식도, 위], 과식[폭식], 뱃속에 있는 음식물
- 동 폭식[과식]하다

gorge는 주로 좁고 깊은 '협곡'을 의미합니다. 그리고 이러한 자연물의 형태에 빗대어 사람의 '목구멍'이나 '위'를 나타내기도 합니다. 더 나아가 '과식', '포식'을 뜻하기도 합니다. 이 모두가 좁고 깊은 이미지에서 파생된 의미들입니다. 동사로는 '잔뜩[실컷] 먹다'라는 뜻인데, 이때는 보통 gorge oneself on[with]의 형태로 쓰입니다.

1 This river runs through a steep gorge.

이 강은 가파른 골짜기를 따라 흐른다.

2 When the diet was over, Jane gorged herself on pizza.

다이어트가 끝나자 Jane은 피자를 잔뜩 먹었다.

Plus + run 동 흐르다　　　　　over 형 끝이 난

우리말에 맞게 빈칸에 알맞은 단어를 쓰세요.　　　　　　　　　　　　(정답은 본문을 확인하세요.)

1　We decided to ＿＿＿＿＿ our house for Christmas.　　　우리는 크리스마스를 위해 집을 꾸미기로 결정했다.

2　Jake is always ＿＿＿＿＿ to help others.　　　Jake는 항상 다른 사람들을 기꺼이 도와준다.

3　The large bird swiftly flew ＿＿＿＿＿.　　　큰 새가 빠르게 머리 위를 날아갔다.

4　The technology has the ＿＿＿＿＿ to change the world.　　　그 기술은 세계를 변화시킬 잠재력이 있다.

5　The company has made significant progress in ＿＿＿＿＿ years.　　그 회사는 최근 몇 년간 엄청난 발전을 이루었다.

6　The wedding ＿＿＿＿＿ will be held at a beautiful church.　　　그 결혼식은 아름다운 교회에서 열릴 것이다.

7　Luke suffered an ankle ＿＿＿＿＿ in the car accident.　　　Luke는 자동차 사고로 발목 부상을 입었다.

8　Judy bought a large ＿＿＿＿＿ of meat for the barbecue.　　　Judy는 바비큐를 하기 위해 큰 고기 조각을 샀다.

9　The judge will ＿＿＿＿＿ the verdict soon.　　　판사가 곧 평결을 선언할 것이다.

10　Stop ＿＿＿＿＿ about your work and just do it.　　　당신의 일에 대해 불평하지 말고 그냥 해라.

11　Min's eyebrows ＿＿＿＿＿ in surprise.　　　놀란 나머지 Min의 눈썹이 아치 모양을 그렸다.

12　The rain made the road ＿＿＿＿＿.　　　비가 와서 도로가 진흙투성이가 되었다.

13　Make sure to check the air ＿＿＿＿＿ for any blockages.　　　차단물이 없는지 공기 유입구를 반드시 확인하십시오.

14　Would you be able to ＿＿＿＿＿ a moment?　　　잠깐 시간 좀 내주시겠습니까?

15　Theo uses a ＿＿＿＿＿ approach to solve problems.　　　Theo는 문제를 해결하기 위해 과학적 접근법을 사용한다.

16　The crow was ＿＿＿＿＿ of the swan's white feathers.　　　까마귀는 백조의 하얀 깃털을 시기했다.

17　Those football teams are all in the same ＿＿＿＿＿.　　　그 축구팀들은 모두 같은 리그에 속해 있다.

18　Mr. Cho is a fine ＿＿＿＿＿ of a leader.　　　Cho 씨는 훌륭한 지도자의 표본이다.

19　When I was young, I lived in a ＿＿＿＿＿ by the river.　　　어렸을 때, 나는 강가에 있는 오두막집에서 살았다.

20　The forest floor was covered in ＿＿＿＿＿.　　　그 숲의 바닥은 이끼로 뒤덮여 있었다.

21　Joe was worried that he was starting to go ＿＿＿＿＿.　　　Joe는 이마가 벗겨지기 시작해서 걱정이었다.

22　Our marriage got off to a ＿＿＿＿＿ start.　　　우리의 결혼 생활은 시작부터 험난했다.

23　Can you add this ＿＿＿＿＿ to the list?　　　이 항목을 목록에 추가해 주실 수 있습니까?

24　Sue caught a large ＿＿＿＿＿ while fishing.　　　Sue는 낚시를 하다가 큰 송어를 잡았다.

25　The ＿＿＿＿＿ of the box was painted blue.　　　그 상자의 윗면은 파란색으로 칠해져 있었다.

26　Jack peeled the ＿＿＿＿＿ and cut them into slices.　　　Jack은 당근의 껍질을 벗기고 조각으로 잘랐다.

27　The ＿＿＿＿＿ system of this nation needs to be reformed.　　　이 나라의 사법 제도는 개혁이 필요하다.

28　Wendy rowed against the ＿＿＿＿＿.　　　Wendy는 물살을 거슬러 노를 저었다.

29　His cheeks were in ＿＿＿＿＿ after climbing the mountain.　　　등산을 하고 나자 그의 뺨에 혈색이 돌았다.

30　This river runs through a steep ＿＿＿＿＿.　　　이 강은 가파른 골짜기를 따라 흐른다.

Level 89

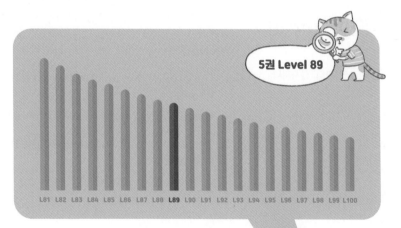

5권 Level 89

L81 L82 L83 L84 L85 L86 L87 L88 **L89** L90 L91 L92 L93 L94 L95 L96 L97 L98 L99 L100

LEVEL 1~20 LEVEL 21~40 LEVEL 41~60 LEVEL 61~80 **LEVEL 81~100**

2641

bulge

[bʌldʒ]

통 부풀어 오르다[불룩해지다], 가득 채우다

명 불룩함[불룩한 부분], 급증[급등]

bulge의 원래 의미는 '끓다, 끓어오르다'였습니다. 여기서 의미가 확장되어 '부풀다'라는 뜻이 나왔지요. 그래서 동사로는 물체가 일정한 방향으로 확장되거나 부풀어 오르는 현상을 나타내고, 명사로는 '불룩함'을 의미합니다. 비유적으로는 어떤 수치나 양이 급증하거나 급등하는 상황을 표현하기도 합니다.

1 The man's stomach bulged after he finished eating.

식사를 마친 후 남자의 배가 불룩해졌다.

2 Emily has a bulge in her pocket.

Emily의 주머니에 뭔가 불룩한 것이 들어 있다.

Plus + stomach 명 배, 복부   pocket 명 주머니

2642

acknowledge

[əkˈnɑːlɪdʒ]

통 인정[승인]하다, 감사하다

acknowledge를 보면 know(알다)라는 단어가 들어 있죠? 무언가를 '알고 있다'라는 의미에서 '인정하다, 승인하다'라는 뜻이 파생되었습니다. 또한 어떤 대상의 가치, 중요성을 '알아보는' 것은 그것을 인정하거나 인식하는 행위겠지요. 이 같은 맥락에서 '감사하다'라는 뜻도 나왔습니다.

1 Gary refused to acknowledge he had done anything wrong.

Gary는 그가 무언가 잘못했다는 것을 인정하지 않았다.

2 The company acknowledged the hard work of its workers.

그 회사는 직원들의 노고를 인정했다.

Plus + refuse 통 거절하다   hard work 힘든 일(=노고)

2643

wad

[wɑːd]

명 뭉치[다발], 거액의 돈, 대량[다수]

통 (털, 종이 등을) 뭉치다

wad는 대체로 무언가 뭉쳐진 것을 의미하는데, 특히 부드럽거나 유연한 물질로 이루어진 것을 나타냅니다. 명사로는 '뭉치, 다발' 등으로 표현되는 경우가 많으며, 비유적으로는 '거액의 돈'을 뜻하기도 합니다. 동사로는 털이나 종이 등을 뭉치거나 볼록하게 만드는 행위를 뜻합니다.

1 Susan pulled out a wad of cash from her pocket.

Susan은 주머니에서 현금 다발을 꺼냈다.

2 Fred wadded the letter into a ball and threw it into the trash can.

Fred는 편지를 공처럼 뭉쳐서 쓰레기통에 던졌다.

Plus + pull out 꺼내다   cash 명 현금
trash 명 쓰레기

2644

assemble

[əˈsembl]

⑧ 모으다[모이다],
집합시키다[소집하다],
(기계 등을) 조립하다

assemble은 주로 물체나 사람들을 모으는 과정이나 무언가를 조립하는 행위를 나타내는 동사입니다. 예를 들어, assemble the troops라고 하면 '군대를 소집하다'를 뜻하고, assemble furniture라고 하면 '가구를 조립하다'라는 의미를 나타냅니다.

1 We need to assemble a team of experts for the project.
우리는 그 프로젝트를 위해 전문가들을 모아야 한다.

2 It was easy to assemble and disassemble this bike.
이 자전거는 조립하고 분해하기 쉬웠다.

Plus + expert ⑲ 전문가   disassemble ⑧ 분해하다

2645

feast

[fiːst]

⑲ 연회, (종교 등의) 축제,
푸짐한 음식, 기쁘게 하는 것

feast는 라틴어 *festa*에서 유래한 단어로 '행사, 축제' 등의 뜻에서 출발했습니다. 어딘가 festival(축제)과 비슷하게 생겼지요? 이러한 의미가 확장되어 오늘날 feast는 주로 특별한 행사에서의 '풍성한 식사, 종교적 축제' 등을 일컫습니다. 더 넓은 맥락에서는 '풍성한 경험이나 즐거움'을 나타내기도 합니다.

1 People had a feast to celebrate the harvest.
사람들은 수확을 축하하는 축제를 즐겼다.

2 Christmas is a religious feast in many countries.
많은 나라에서 크리스마스는 종교적인 축제다.

Plus + celebrate ⑧ 축하하다   harvest ⑲ 수확
religious ⑲ 종교적인

2646

marvel

[ˈmɑːrvl]

⑲ 경이, 놀라운 사람

⑧ 경탄하다

marvel은 명사로는 무언가 놀랍거나 이상한 대상을 나타내고, 동사로는 놀라거나 감탄하는 행위를 뜻합니다. 예를 들어, marvel at one's courage라고 하면 누군가의 용기에 놀라는 것을 나타내고, a marvel of beauty는 '절세미인'을 뜻합니다.

1 The pyramid shows a marvel of ancient engineering.
피라미드는 고대 공학의 경이로움을 보여 준다.

2 The townspeople marveled at the new statue in the park.
마을 사람들은 공원에 세워진 새 동상을 보고 감탄했다.

Plus + ancient ⑲ 고대의   townspeople ⑲ 도시 주민
statue ⑲ 조각상

2647

librarian

[laɪˈbreəriən]

명 사서, (컴퓨터의) 라이브러리 등록, 삭제, 갱신 등을 하는 프로그램

librarian은 library(도서관)에 -ian이 결합한 단어로 도서관의 '사서'를 뜻합니다. 더 넓은 의미에서는 특정한 종류의 컴퓨터 소프트웨어를 나타내기도 하는데, 컴퓨터 라이브러리의 등록, 삭제, 갱신 등을 담당하여 마치 컴퓨터 세계의 '사서'와 같은 역할을 하는 프로그램을 가리킵니다.

1 Josh works as a librarian at the local library.
Josh는 지역 도서관에서 사서로 일하고 있다.

2 The librarian program helps us keep our computer games tidy.
라이브러리 프로그램은 컴퓨터 게임을 깔끔하게 정리하는 데 도움이 된다.

Plus + as 전 (자격 등이) ~로(서)   tidy 형 깔끔한

2648

youth

[juːθ]

명 젊음[청춘], 젊은이[청년], (시대 따위의) 초기

youth는 '젊은 사람' 또는 '젊음의 시기'를 나타내는 명사입니다. 더 넓은 의미로는 무언가의 초기 단계나 신선한 상태를 표현하기도 합니다. 우리도 다양한 표현에 '젊음'이라는 말을 비유적으로 많이 사용하지요? 사람에게는 누구나 youth(젊음)에 대한 동경이 있기 때문인 듯합니다.

1 The youth of today face numerous challenges.
오늘날의 젊은이들은 셀 수 없이 많은 도전에 직면하고 있다.

2 The development of our product is still in its youth.
우리 제품의 개발은 아직 초기 단계다.

Plus + numerous 형 셀 수 없이 많은   challenge 명 도전
development 명 개발

2649

boring

[ˈbɔːrɪŋ]

형 지루한[재미없는, 따분한]

boring은 무언가 재미없고 흥미롭지 않거나, 마음에 들지 않는 상황을 묘사하는 형용사입니다. 보통 사람이나 사물이 지루하거나 따분하다고 느낄 때 쓰입니다. boring을 사람에게 쓰면 경우에 따라 '지루한 인간'이라는 다소 모욕적인 어감을 줄 수 있으므로 조심해야 합니다.

1 His story was too boring to concentrate on.
그의 이야기가 너무 지루해서 집중할 수 없었다.

2 I need an occasional escape from the boring routines.
나는 가끔씩 지루한 일상으로부터의 탈출구가 필요하다.

Plus + concentrate 통 집중하다   occasional 형 가끔의
escape 명 탈출(구)   routine 명 일상

2650

feature

[ˈfiːtʃə(r)]

- 명 특색[특징], 얼굴 생김새, 특집 기사
- 동 특색을 이루다

feature는 무언가 눈에 띄는 특징을 가지고 있는 것을 나타냅니다. 보통 '특색, 특징' 등으로 표현되며 사람이나 물건, 행사 또는 장소 등 거의 모든 것이 그 대상이 될 수 있습니다. 그밖에 동사로는 '특색을 이루다'를 뜻합니다.

1 One of the main features of the building was its modern appearance.

그 건물의 주된 특징 중 하나는 현대적인 외관이었다.

2 The striking feature of the room was the colorful wallpaper.

그 방의 두드러진 특징은 화려한 벽지였다.

Plus + modern 형 현대의　　　　　　　　appearance 명 외관
striking 형 두드러진

2651

campaign

[kæmˈpeɪn]

- 명 (조직적인) 활동[운동], 군사 작전
- 동 캠페인을 벌이다

campaign은 원래 '개방된 장소'라는 뜻에서 출발했습니다. 과거 군사 작전이 주로 개방된 곳에서 진행되었던 점에서 '군사 작전'이라는 의미가 파생됩니다. 이후 점차 군사 작전 외에도 일련의 조직 활동을 나타내기 시작했다고 하네요. 그밖에 동사로는 '캠페인을 벌이다'라는 뜻을 나타냅니다.

1 The general led a successful military campaign.

그 장군은 성공적인 군사 작전을 이끌었다.

2 The company is running a campaign for the rights of disabled people.

그 회사는 장애인의 권리를 위한 캠페인을 벌이고 있다.

Plus + military 형 군사의　　　　　　　　run 동 운영하다
disabled 형 장애를 가진

2652

chant

[tʃænt]

- 명 성가, (규칙적으로 반복되는) 문구[구호]
- 동 성가를 부르다, 구호를 외치다

chant는 원래 '노래하다'라는 단어에서 유래했습니다. 주로 종교적 맥락에 쓰여 '성가'를 뜻하곤 합니다. 또한 이런 종교 행사에서 울려 퍼지는 노래의 느낌에 빗대어 스포츠 이벤트나 시위에서 외치는 반복적인 구호를 의미하기도 합니다. 동사로는 '성가를 부르다, 구호를 외치다'라는 뜻을 나타냅니다.

1 The monks started the day with a chant.

수도승들은 독경으로 하루를 시작했다.

2 The crowd started a chant to support the team.

관중들은 팀을 응원하는 구호를 외치기 시작했다.

Plus + monk 명 수도승　　　　　　　　support 동 응원하다

2653

scholarship

[ˈskɑːlərʃɪp]

명 장학금, 학문[학식]

scholarship은 scholar(학자, 장학생)와 -ship이 결합한 단어로 학교나 학생과 관련이 있는 것을 나타냅니다. 오늘날은 주로 '장학금, 학문'을 뜻하는데, 예로부터 장학금은 학문적 업적을 인정받은 학자에게 지급되었기에 이 두 가지 뜻을 모두 갖게 되었습니다.

1 Sue has been wait-listed for a full scholarship.
Sue는 전액 장학생 후보자 명단에 올라 있다.

2 His scholarship in the field of biology is widely recognized.
생물학 분야에서 그의 학문은 널리 인정받고 있다.

Plus + wait-list (후보자) 명단에 올리다   recognize 동 인정하다

2654

fake

[feɪk]

동 위조[날조]하다, 속이다, ~인 체하다

형 가짜의

명 모조[위조]품

fake는 형용사로는 '가짜의'라는 의미를 나타내고, 동사로는 맥락에 따라 '위조하다, 속이다' 등의 뜻을 나타냅니다. fake는 일설에 의하면 옛 영국의 도적들이 쓰던 속어에서 비롯되었다고 전해집니다. 원래 의미는 '나쁜 짓을 하다'였습니다. 생각해 보면 누군가를 속이는 것이 바로 나쁜 짓이겠죠?

1 Smith faked the accident to hide the truth.
Smith는 진실을 은폐하기 위해 사고를 위장했다.

2 The expensive painting turned out to be a fake.
그 고가의 그림은 가짜로 판명 났다.

Plus + accident 명 사고   hide 동 감추다, 숨기다
truth 명 진실   turn out ~로 판명 나다

2655

drug

[drʌg]

명 약[의약품], 마약

동 약물을 주입하다, 약을 타다

drug는 일반적으로 '약'이나 '의약품'을 의미합니다. 원래는 병을 치료하거나 증상을 완화하기 위해 사용하는 화학물질을 뜻했는데, 시간이 흐르면서 '마약'까지 뜻하게 되었습니다. 동사로는 '약물을 주입하다, 약을 타다'라는 뜻을 나타냅니다.

1 The doctor prescribed a new drug to treat his illness.
의사는 그의 병을 치료하기 위해 새로운 약을 처방했다.

2 Illegal drug trafficking is a serious problem in this country.
이 나라에서 불법 마약 밀매는 심각한 문제다.

Plus + prescribe 동 처방하다   treat 동 치료하다
illegal 형 불법의   traffick 동 밀거래하다, 불법 거래를 하다

2656

grim

[grɪm]

형 엄숙한[단호한],
무서운[으스스해지는],
엄연한, 암울한

grim은 원래 '잔혹한, 야만의'라는 뜻에서 출발했습니다. 원래는 잔혹하거나 야만적인 속성을 지닌 사람이나 동물, 또는 자연 현상을 나타냈습니다. 그러다 시간이 흐르면서 의미가 점차 확장되어 '엄숙한, 단호한'이라는 뜻을 나타내게 되었습니다.

1 The grim reality of war is hard to accept for anyone.
전쟁의 암울한 현실은 누구나 받아들이기 어려운 일이다.

2 The castle looked grim and dreary on a foggy day.
그 성은 안개가 자욱한 날에는 암울하고 황량해 보였다.

Plus + reality 명 현실 　　　　　　　　accept 동 받아들이다
dreary 형 황량한 　　　　　　　　foggy 형 안개가 낀

2657

blur

[blɜ:(r)]

동 흐리게 하다, 희미해지다,
더럽히다

명 흐릿함

blur는 주로 무언가 불분명하거나, 모호하거나, 또는 흐릿한 상태를 나타냅니다. 명사로는 '흐릿함' 자체를 의미하고, 동사로는 '흐리게 하다, 더럽히다'라는 뜻을 나타내기도 합니다. 예를 들어, blur the lines라고 하면 '선을 흐리다', 즉 무언가 구분하는 것을 어렵게 한다는 의미가 됩니다.

1 Her vision blurred as she was getting older.
그녀의 시력은 나이가 들어가면서 흐릿해졌다.

2 It happened so fast, the whole event is a blur.
그 일은 너무 빨리 일어나서, 전체 사건이 흐릿하다.

Plus + vision 명 시력 　　　　　　　　　　get 동 (어떤 상태가) 되다
happen 동 (일·사건 등이) 일어나다

2658

brace

[breɪs]

명 버팀대[지주], 치열 교정기,
죔쇠[꺾쇠], 중괄호({ })

brace는 원래 '팔'을 뜻하는 단어에서 유래했습니다. 그러다 비유적으로 무언가 지탱하거나 고정하는 도구를 칭하게 되면서 오늘날의 의미로 쓰이게 되었습니다. 맥락에 따라 '버팀대, 지주' 또는 '치열 교정기' 등 다양한 뜻을 나타낼 수 있습니다. 그리고 글자를 가운데 넣고 양쪽에서 받친다는 뜻에서 '괄호'라는 뜻도 생겼습니다.

1 The building is reinforced with steel braces.
그 건물은 철제 버팀대로 보강되어 있다.

2 Sarah had to wear braces to correct her teeth.
Sarah는 치아를 교정하기 위해 교정기를 착용해야 했다.

Plus + reinforce 동 (구조 등을) 보강하다 　　　　　steel 명 강철
correct 동 교정하다

2659

fumble

['fʌmbl]

동 (찾기 위해서) 더듬거리다,
(서투르게) 만지작거리다,
더듬거리며 말하다,
(스포츠) 공을 놓치다

fumble은 보통 물리적인 솜씨가 부족하거나, 말이나 행동이 명확하지 않은 것을 의미합니다. 원래는 '손으로 무엇인가를 만지작거리다'라는 뜻으로 출발했다고 합니다. 아마 무언가를 할 때 움직임이 서툰 모습에서 비유적으로 지금의 뜻이 모두 파생한 것으로 보입니다.

1 Helen fumbled in her pocket for her keys.
Helen은 열쇠를 찾기 위해 주머니 속을 더듬거렸다.

2 Ethan fumbled with the lock on the door.
Ethan은 문의 잠금장치를 서투르게 만지작거렸다.

Plus + lock 명 잠금장치

2660

hopeful

['hoʊpfl]

형 희망적인, 기대에 부푼,
전도 유망한

명 전도 유망한 사람

hopeful은 글자 그대로 hope(희망)와 -ful(꽉 찬)이 결합한 형용사입니다. 보통 '희망적인, 기대에 부푼'이라는 뜻을 나타냅니다. 그리고 어떤 대상을 향해 희망을 품는 맥락에서 의미가 확장하여 '전도 유망한', '전도 유망한 사람'이라는 의미를 나타내기도 합니다.

1 Mia is hopeful about the results of the interview.
Mia는 면접 결과에 희망을 품고 있다.

2 The presidential hopeful waved to the crowd.
대통령 후보가 군중에게 손을 흔들었다.

Plus + presidential 형 대통령 선거의   wave 동 (손·팔을) 흔들다
crowd 명 군중, 사람들

2661

reproduce

[ˌriːprəˈduːs]

동 복사[복제]하다,
재생시키다[하다],
번식시키다[하다], 재연하다

reproduce는 '다시'를 뜻하는 re-와 '만들다'라는 의미의 produce가 결합한 단어입니다. '복사하다, 복제하다'를 뜻하며 생물학적으로 '번식시키다'를 의미하기도 합니다. 그 밖에도 무언가를 '재연하다'라는 뜻도 나타낼 수 있습니다.

1 Permission from the publisher is essential to reproduce these illustrations.
이 삽화들을 복제하려면 출판사의 허가가 필수다.

2 Many animals reproduce by laying eggs.
많은 동물들이 알을 낳아 번식한다.

Plus + permission 명 허가   publisher 명 출판사
essential 형 필수적인   lay 동 (알을) 낳다

2662

mash

[mæʃ]

- 동 짓이기다[으깨다],
  (이성에게) 반하다
- 명 으깬 음식[감자],
  (가축용의) 곡물 사료

mash는 원래 무언가를 '부드럽게 만들다'라는 뜻에서 출발했습니다. 그러다 사람이 곡물이나 음식 등을 손으로 짓이기거나 으깨어 부드럽게 만드는 모습에서 지금의 뜻이 생겨났습니다. 명사로는 '으깬 음식', 특히 '으깬 감자'나 '곡물 사료' 등을 나타내고, 동사로는 짓이기거나 으깨는 행동을 뜻합니다. 그 밖에 어떤 이성에게 반하는 모습을 나타내기도 합니다.

1 In order to make beer, the grains must be mashed first.

맥주를 만들기 위해서는 먼저 곡물을 으깨야 한다.

2 Jake proposed marriage to Sue on the mash.

Jake는 Sue에게 반해서 청혼했다.

Plus + grain 명 곡물　　　　　　　　　propose marriage to ~에게 청혼하다
　　　　　on the mash 반해서

2663

instruct

[ɪnˈstrʌkt]

- 동 지시[명령]하다,
  가르치다, 교육하다,
  (정보를) 알려 주다[전하다]

instruct는 주로 '지시하다, 명령하다' 등을 뜻하는 동사입니다. 원래 의미는 '배치하다, 준비하다'였다고 하지요. 일상에서 지시와 명령이 필요할 때는 주로 다른 사람에게 무언가를 알려 주어야 할 경우일 것입니다. 그래서 instruct는 누군가를 '교육하다'라는 의미를 나타내기도 합니다.

1 Roy was instructed to report to the principal's office.

Roy는 교장실에 보고하라는 지시를 받았다.

2 Leo instructed his daughter in making chocolate cookies.

Leo는 딸에게 초콜릿 쿠키를 만드는 것을 가르쳐 주었다.

Plus + report 동 보고하다　　　　　　　principal 명 교장

2664

overlook

[ˌoʊvərˈlʊk]

- 동 간과하다,
  ~을 너그럽게 봐주다,
  (높은 곳에서) 내려다보다,
  검열[시찰]하다

overlook은 over(위에)와 look(보다)이 결합된 단어로 높은 위치에서 내려다보는 것을 나타냅니다. 그런데 이런 경우 바로 아래에 있는 대상을 보지 못하는 경우가 생깁니다. 흔히 등잔 밑이 어둡다고 하죠? 그래서 '간과하다'와 '(높은 곳에서) 내려다보다'라는 다소 상이한 뜻을 모두 나타내게 되었습니다.

1 The teacher said that he could not afford to overlook such a mistake.

선생님은 그런 실수를 간과할 입장이 아니라고 말했다.

2 Joe overlooks the construction of a building these days.

Joe는 요즘 건물의 공사를 감독하고 있다.

Plus + afford to V ~할 수 있다, ~할 여유가 있다

2665

booth

[buːθ]

명 (칸막이를 한) 작은 공간,
(시장 등의) 노점[매점]

booth는 원래 '임시 거주지'를 의미하는 단어였습니다. 이후 시장에서 상인들이 임시로 자신의 자리를 정하는 모습에서 '노점, 매점' 등의 의미가 파생되었습니다. 오늘날 booth는 다양한 맥락에서 작은 공간이나 칸막이로 둘러싸인 장소를 광범위하게 일컫는 단어입니다.

1 The car suddenly smashed into a phone booth.
그 차가 갑자기 공중전화 부스를 들이받았다.

2 We went to the polling booth to cast our votes.
우리는 투표를 하기 위해 기표소로 갔다.

Plus + smash 동 충돌하다   polling booth 기표소
cast 동 (~에게) 표를 던지다   vote 명 (선거 등에서의) 표

2666

invasion

[ɪnˈveɪʒn]

명 침략[침공], (권리 등의) 침해

invasion은 아주 직관적인 단어입니다. '~ 안에'라는 뜻의 in과 '가다'라는 뜻의 라틴어 vade가 결합된 것으로 '~ 안으로 들어가다'라는 뜻을 나타내지요. 보통 '침략, 침공'이라는 의미로 표현되는 경우가 많으며, 비유적 맥락에서는 '(권리 등의) 침해'를 의미하기도 합니다.

1 Ben's new novel will be about an alien invasion of earth.
Ben의 새 소설은 외계인의 지구 침공을 다룰 것이다.

2 The actor sued the magazine for invasion of privacy.
그 배우는 사생활 침해를 이유로 잡지사를 고소했다.

Plus + alien 형 외계인의 명 외계인   sue 동 고소하다
privacy 명 사생활

2667

liquid

[ˈlɪkwɪd]

명 액체

형 액체의, 유동성의,
(신념 등이) 쉽게 변하는

liquid는 주로 '액체'를 뜻하는 명사입니다. 일반적으로 물이나 우유, 술과 같은 물질이 액체에 해당하지요. 형용사로는 '액체의'라는 뜻으로 이러한 물질들의 상태를 나타냅니다. 그리고 이러한 의미가 추상적 맥락에서 확장되어 '유동성의, (신념 등이) 쉽게 변하는' 등의 뜻이 파생되었습니다.

1 She poured the liquid into the cup.
그녀는 그 액체를 컵에 부었다.

2 The company has enough liquid assets to cover the debts.
그 회사는 부채를 충당할 만큼의 유동자산을 보유하고 있다.

Plus + pour 동 붓다   asset 명 자산
cover 동 (무엇을 하기에 충분한 돈을) 대다   debt 명 부채

2668

fragment

['frægmənt]

명 조각[파편], 단편, 미완성 유고

동 산산조각이 되다

fragment는 주로 무언가 큰 것에서 깨져 나온 작은 부분을 나타냅니다. 명사로는 파손된 유리 조각부터 긴 이야기의 단편, 논문의 일부 등 물리적인 것에서부터 추상적 개념이나 정보까지 모두 나타낼 수 있습니다. 동사로는 '산산조각이 되다'라는 뜻을 나타냅니다.

1 I found a fragment of glass on the floor.

나는 바닥에서 유리 조각을 발견했다.

2 The data was fragmented and stored on various servers.

데이터는 파편화되어 여러 서버에 저장되었다.

Plus + store 동 저장하다   various 형 여러 가지의

2669

landscape

['lændskeɪp]

명 풍경, 경치, 전망[조망]

landscape는 land(땅)와 scape(조건, 상태)가 결합한 단어입니다. 주로 사람의 눈으로 본 지형이나 지상의 특성들을 나타냅니다. 보통 산이나 강, 숲과 같은 자연을 묘사하지만, 도시나 마을같이 사람이 만든 풍경을 표현하기도 합니다.

1 The landscape of the countryside was beautiful with rolling hills and lush green fields.

시골의 풍경은 완만한 언덕들과 무성한 푸른 들판으로 아름다웠다.

2 The urban landscape has changed significantly over the past few years.

지난 몇 년 동안 도시 풍경이 크게 변했다.

Plus + rolling 형 완만하게 경사진   lush 형 무성한
significantly 부 크게

2670

blackness

[blæknis]

명 검정, 음흉함, 침울함, 흑인임

blackness는 black(검은)에 -ness가 결합한 명사입니다. 즉, '검정'이라는 의미에 가깝지요. 주로 어둠이나 검정색을 묘사하고 좀 더 추상적 맥락에서는 '음흉함'이나 불길한 상황을 나타냅니다. 때로는 사람의 피부색을 나타내기도 합니다.

1 This chemical will remove any blackness in your hair.

이 화학 물질은 모발의 검은색을 제거한다.

2 Harry stared at the blackness of the night.

Harry는 밤의 어둠을 빤히 바라보았다.

Plus + chemical 명 화학 물질   remove 동 제거하다
stare at ~을 빤히 쳐다보다

우리말에 맞게 빈칸에 알맞은 단어를 쓰세요.   (정답은 본문을 확인하세요.)

1 Emily has a _____ in her pocket.   Emily의 주머니에 뭔가 불룩한 것이 들어 있다.

2 The company _____ the hard work of its workers.   그 회사는 직원들의 노고를 인정했다.

3 Susan pulled out a _____ of cash from her pocket.   Susan은 주머니에서 현금 다발을 꺼냈다.

4 It was easy to _____ and disassemble this bike.   이 자전거는 조립하고 분해하기 쉬웠다.

5 People had a _____ to celebrate the harvest.   사람들은 수확을 축하하는 축제를 즐겼다.

6 The pyramid shows a _____ of ancient engineering.   피라미드는 고대 공학의 경이로움을 보여 준다.

7 Josh works as a _____ at the local library.   Josh는 지역 도서관에서 사서로 일하고 있다.

8 The development of our product is still in its _____. 우리 제품의 개발은 아직 초기 단계다.

9 His story was too _____ to concentrate on.   그의 이야기가 너무 지루해서 집중할 수 없었다.

10 The striking _____ of the room was the colorful wallpaper. 그 방의 두드러진 특징은 화려한 벽지였다.

11 The general led a successful military _____.   그 장군은 성공적인 군사 작전을 이끌었다.

12 The monks started the day with a _____.   수도승들은 독경으로 하루를 시작했다.

13 His _____ in the field of biology is widely recognized. 생물학 분야에서 그의 학문은 널리 인정받고 있다.

14 Smith _____ the accident to hide the truth.   Smith는 진실을 은폐하기 위해 사고를 위장했다.

15 The doctor prescribed a new _____ to treat his illness. 의사는 그의 병을 치료하기 위해 새로운 약을 처방했다.

16 The _____ reality of war is hard to accept for anyone. 전쟁의 암울한 현실은 누구나 받아들이기 어려운 일이다.

17 It happened so fast, the whole event is a _____.   그 일은 너무 빨리 일어나서, 전체 사건이 흐릿하다.

18 The building is reinforced with steel _____.   그 건물은 철제 버팀대로 보강되어 있다.

19 Helen _____ in her pocket for her keys.   Helen은 열쇠를 찾기 위해 주머니 속을 더듬거렸다.

20 Mia is _____ about the results of the interview.   Mia는 면접 결과에 희망을 품고 있다.

21 Many animals _____ by laying eggs.   많은 동물들이 알을 낳아 번식한다.

22 Jake proposed marriage to Sue on the _____.   Jake는 Sue에게 반해서 청혼했다.

23 Leo _____ his daughter in making chocolate cookies. Leo는 딸에게 초콜릿 쿠키를 만드는 것을 가르쳐 주었다.

24 Joe _____ the construction of a building these days. Joe는 요즘 건물의 공사를 감독하고 있다.

25 We went to the polling _____ to cast our votes.   우리는 투표를 하기 위해 기표소로 갔다.

26 The actor sued the magazine for _____ of privacy.   그 배우는 사생활 침해를 이유로 잡지사를 고소했다.

27 She poured the _____ into the cup.   그녀는 그 액체를 컵에 부었다.

28 I found a _____ of glass on the floor.   나는 바닥에서 유리 조각을 발견했다.

29 The urban _____ has changed significantly over the past few years. 지난 몇 년 동안 도시 풍경이 크게 변했다.

30 Harry stared at the _____ of the night.   Harry는 밤의 어둠을 빤히 바라보았다.

Level
90

레벨별 단어 사용 빈도

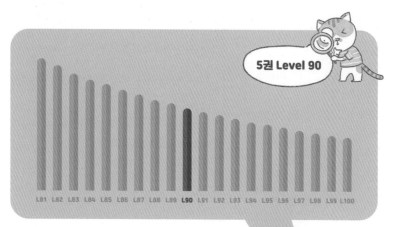

5권 Level 90

L81 L82 L83 L84 L85 L86 L87 L88 L89 **L90** L91 L92 L93 L94 L95 L96 L97 L98 L99 L100

LEVEL 1~20　　LEVEL 21~40　　LEVEL 41~60　　LEVEL 61~80　　**LEVEL 81~100**

2671

endure

[ɪn'dʊr]

통 견디다, 참다,
계속되다[지속하다],
인내하다

endure는 주로 오랜 시간 어려움이나 불편함을 참고 견디는 것을 나타내는 동사입니다. 물리적 고통이나 정신적 스트레스를 참고 견디는 것은 물론 어려운 환경이나 불리한 상황 등을 인내하고 버티는 것을 모두 의미할 수 있습니다.

1 Against all odds, Leah endured and eventually succeeded.
   모든 역경에도 불구하고, Leah는 참고 견뎠고 결국 성공했다.

2 Jack clenched his teeth to endure the pain.
   Jack은 어금니를 악물고 통증을 견뎌 냈다.

Plus + against 전 ~에 맞서   odds 명 역경
          eventually 부 결국   clench 동 (이를) 악물다

2672

exercise

['eksərsaɪz]

명 운동, 연습[훈련], (연습)문제,
(권리의) 행사

통 운동하다, (권력 등을) 행사하다

exercise는 주로 신체 활동이나 훈련을 의미하는 단어입니다. 맥락에 따라 '운동, 훈련, 연습' 등으로 표현할 수 있지요. 추상적으로는 어떠한 권리나 권한을 실행하거나 이용하는 것을 의미하기도 합니다. 예를 들어, exercise one's rights라고 하면 '권리를 행사하다'라는 뜻을 나타냅니다.

1 This exercise improves your health.
   이 운동은 건강을 향상시킨다.

2 The exercise was so difficult that most of the class could not solve it.
   그 연습문제는 너무 어려워서 반 학생 대부분이 풀지 못했다.

Plus + improve 동 향상시키다   solve 동 (수학 문제 등을) 풀다

2673

improve

[ɪm'pruːv]

통 개선되다[하다], 향상시키다,
활용[이용]하다

improve는 보통 어떤 상태나 조건 등을 더 좋게 만드는 것을 뜻합니다. 개인의 능력이나 품질, 또는 상황을 개선하는 행위를 모두 포함하지요. 또한 무언가를 활용하는 것을 묘사하기도 합니다. 예를 들어, improve health는 '건강을 증진시키다'라는 뜻입니다.

1 The company has been making efforts to improve the quality of its products.
   그 회사는 자사 제품의 질을 향상시키기 위해 노력하고 있다.

2 Tom's first pledge is to improve local public services.
   Tom의 첫 번째 공약은 지역 공공 서비스를 개선하는 것이다.

Plus + make an effort 노력하다   pledge 명 공약

2674

trial

['traɪəl]

명 시도, 시험[실험], 재판, 시련

trial은 원래 '시험, 검토'라는 뜻에서 출발한 단어입니다. 그러다 시간이 지나면서 법적 맥락에서는 '재판'을, 인생을 묘사할 때는 '시련'을 뜻하게 되었습니다. 영어에는 trial을 활용한 유명한 표현들이 많은데, 대표적으로 '시행 착오'를 뜻하는 trial and error가 있습니다.

1 We need to conduct trial operations before launching this product.

우리는 이 제품을 출시하기 전에 시운전을 해 봐야 한다.

2 The trial of the accused will begin tomorrow.

피고인의 재판은 내일 시작될 것이다.

Plus + conduct 동 수행하다 operation 명 (기계 등의) 작동
launch 동 (상품을) 출시하다 accused 명 피고인, 피의자

2675

cluster

['klʌstə(r)]

명 무리[군중],
(꽃이나 과실 따위의)
송이[다발]

동 무리를 이루다, 밀집시키다

cluster는 주로 무언가 가까이 모여 있거나 그룹을 이루고 있는 것을 나타냅니다. 사람이 모여 있는 것을 나타낼 때는 '무리, 군중' 정도를 뜻하고, 꽃이나 과일이 모여 있는 경우는 '송이, 다발'을 의미합니다. 동사로는 '무리를 이루다, 밀집시키다'라는 뜻을 나타냅니다.

1 A cluster of people gathered at the exit.

한 무리의 사람들이 출구에 모였다.

2 They clustered together to keep warm.

그들은 따뜻함을 유지하기 위해 서로 뭉쳐 있었다.

Plus + gather 동 모이다 exit 명 출구

2676

background

['bækɡraʊnd]

명 배경, 배후 사정, 바탕

형 배경의

background는 back(뒤)과 ground(면)가 결합한 단어로 '배경, 배후, 바탕'을 뜻합니다. 물리적 배경뿐 아니라 어떤 일이 발생한 환경이나 상황, 조건 등을 나타내기도 합니다. 예를 들어, 어떤 사람의 background라고 하면 그 사람의 경험이나 지식, 습관 등을 모두 일컫는 말이지요.

1 The mountains in the background make the picture more beautiful.

배경에 있는 산들이 그 그림을 더욱 아름답게 한다.

2 Jin's background in law helped her in the negotiation.

Jin의 법에 대한 배경 지식은 협상에 도움이 되었다.

Plus + law 명 법 negotiation 명 협상

2677

crumple
[ˈkrʌmpl]

- 통 (쭈글쭈글하게) 구기다 [비틀다], 구겨지다, (적 등을) 압도하다, 지치다[풀이 죽다, 쓰러지다]
- 명 구김(살)

crumple은 원래 '구부러지다, 꼬이다'라는 뜻에서 유래했습니다. 시간이 지나면서 의미가 좀 더 구체화되어 오늘날의 '구기다, 구겨지다'라는 뜻을 나타내게 되었지요. 종이를 구기는 것부터 자동차 충돌로 인한 손상까지 다양한 문맥과 상황에서 쓰일 수 있습니다.

1 Wendy crumpled the letter in her hand.
Wendy는 손에 든 편지를 구겼다.

2 I watched the child's face crumple as he burst into tears.
나는 아이가 울음을 터뜨리면서 얼굴이 일그러지는 것을 보았다.

Plus + burst into tears 울음을 터뜨리다

2678

according
[əˈkɔːrdɪŋ]

- 부 ~에 따라서, ~에 의하면

according은 주로 according to라는 형태로 사용되어 어떤 기준이나 방침 등에 따라 행동하거나 무언가를 참조하는 경우를 나타냅니다. 예를 들어, according to plan은 '계획대로'를 의미하고, according to schedule은 '일정에 따라'를 뜻합니다.

1 According to the weather forecast, it's going to rain this weekend.
일기 예보에 따르면 이번 주말에 비가 올 것이다.

2 According to the original plan, we should start the project next week.
원래 계획에 따르면 우리는 다음 주에 그 프로젝트를 시작해야 한다.

Plus + forecast 명 예보   original 형 원래의

2679

casually
[ˈkæʒuəli]

- 부 우연히, 무심결에, 때때로, 가볍게

casually는 부사로 '우연히, 무심결에, 가볍게' 등을 의미합니다. 영어에서 매우 자주 사용되는 부사로 일상적인 대화나 글에서 쉽게 찾아볼 수 있습니다. 예를 들어, dress casually라고 하면 '평상복 차림을 하다'를 뜻하고, 누군가와 '안면이 있는' 상황은 casually acquainted라고 표현합니다.

1 Amelia casually mentioned that she would be leaving the company soon.
Amelia는 무심결에 곧 회사를 떠날 것이라 말했다.

2 Lucas casually flipped through the novel.
Lucas는 가볍게 그 소설을 훑어보았다.

Plus + mention 통 말하다   flip through ~을 훑어보다

2680

sneeze

[sniːz]

동 재채기하다

명 재채기

sneeze는 원래 재채기를 할 때 나는 소리를 본떠 만든 의성어에서 출발한 것으로 추정합니다. 그래서 동사로는 '재채기하다', 명사로는 '재채기'를 의미합니다. sneeze와 관련된 표현으로는 hold a sneeze(재채기를 참다), fetch a sneeze(재채기를 하다) 등이 있습니다.

1 I sneezed loudly, and everyone in the room looked at me.

내가 크게 재채기를 하자 방에 있는 모든 사람들이 나를 쳐다봤다.

2 Gordon let out a large sneeze because of the pollen.

Gordon은 꽃가루 때문에 크게 재채기를 했다.

Plus + let out 밖으로 내다, 소리를 내다   pollen 명 꽃가루, 화분

2681

degree

[diˈgriː]

명 (단위) 도, 정도, 학위, 급

degree는 기본적으로 측정 단위를 의미하는 단어입니다. 원래 온도나 각도를 주로 나타냈는데 이후 뜻이 점점 확장되면서 어떤 것의 양이나 수준을 나타내게 되었습니다. 맥락에 따라 '도, 정도, 급' 등의 의미를 나타내며 교육에서는 '학위'를 뜻하기도 합니다.

1 The temperature dropped by 20 degrees overnight.

밤새 기온이 20도나 떨어졌다.

2 Adam earned a degree in psychology.

Adam은 심리학 학위를 취득했다.

Plus + temperature 명 기온   overnight 부 밤사이에
earn 동 얻다, 획득하다   psychology 명 심리학

2682

screw

[skruː]

동 비틀다, 나사로 죄다, 짜내다, 속이다

screw의 주요 의미는 '나사를 돌리다'입니다. 나사를 조이려면 돌려야 하죠? 이러한 모습에서 '비틀다'라는 뜻이 파생하였고, 점점 의미가 확장되어 '짜내다'라는 뜻도 나타내게 되었습니다. 그 밖에도 애초에 없던 부정적인 의미가 파생되어 누군가를 '속이다'라는 의미도 갖게 되었습니다.

1 Sophia screwed the bracket into the wall.

Sophia는 나사로 벽에 받침대를 고정시켰다.

2 Nolan screwed his colleagues by deleting the important file.

Nolan은 중요한 파일을 삭제하여 동료들을 속였다.

Plus + bracket 명 받침대, 선반   delete 동 삭제하다

2683

panther

['pænθə(r)]

명 검은 표범

panther는 우리에게 마블 코믹스의 영화 〈블랙팬서Black Panthers〉로 익숙한 단어이기도 합니다. panther가 사실 고양이과 전체를 지칭하는 단어라는 것을 알고 계시나요? 정확히는 라틴어 *panthera*가 바로 '대형 고양이'를 지칭하는 단어인데, 이 단어가 영어로 넘어오면서 '검은 표범'을 가리키게 되었습니다.

1 Chloe saw a panther in the jungle.

Chloe는 정글에서 검은 표범을 보았다.

2 The panther is a symbol of courage.

검은 표범은 용기의 상징이다.

Plus + symbol 명 상징   courage 명 용기

2684

plank

[plæŋk]

명 널빤지, 강령

동 널빤지를 대다, 바로 지불하다

plank는 명사로 '널빤지'를 의미하고, 동사로는 '널빤지를 대다'를 뜻합니다. 또는 정치적 정당이나 조직이 제시하는 주요 정책, 즉 '강령'을 의미하기도 하는데, 이는 '널빤지'와 '강령' 모두 어떤 구조물이나 조직의 기본이라는 유사성에서 파생한 것으로 추정합니다.

1 The woman in the middle was carrying a heavy plank of wood.

가운데 있는 여자는 무거운 나무 널빤지를 짊어지고 있었다.

2 The pirate made the captive walk the plank.

해적은 포로에게 널빤지를 따라 걸어가게 했다.

Plus + carry 동 지고 가다, 나르다   pirate 명 해적
captive 명 포로

2685

haze

[heɪz]

명 (엷은) 안개 (같은 것),
(정신 등이) 몽롱한 상태

동 흐릿하다, 괴롭히다

haze는 명사로는 '엷고 흐릿한 안개'를 뜻하고, 동사로는 '흐릿하다'를 의미합니다. 그리고 이러한 의미가 추상적으로 확장되어 무언가 분명치 않은 개념 등을 뜻하기도 하고, 혼란스럽거나 집중력이 떨어진 상태를 표현하기도 합니다.

1 The haze made it difficult for us to see the road ahead.

안개로 인해 우리는 앞길이 잘 보이지 않았다.

2 I was in a haze after the accident, and I couldn't remember anything.

그 사고 후에 나는 정신이 혼미해져서 어떤 것도 기억할 수 없었다.

Plus + ahead 부 앞에   remember 동 기억하다

2686

folder

[ˈfoʊldə(r)]

명 폴더(컴퓨터 파일을 정리해 놓은 곳), 서류철, 접는 책자, 접는 사람[기계]

folder는 '접다'라는 뜻의 동사 fold에서 파생된 명사입니다. 주로 컴퓨터 파일을 저장하기 위해 만든 폴더나 실제 문서를 보관하는 서류철을 의미하지요. 종이나 천 등을 접는 행동을 잘 떠올려보면 folder의 주된 기능이 무엇인지 머릿속에 쉽게 그려질 겁니다.

1 Make sure to put the contract file in the folder.
계약서 파일은 반드시 폴더에 넣어 주십시오.

2 Owen organized all his documents into separate folders on his computer.
Owen은 컴퓨터에서 모든 문서를 별도의 폴더에 정리했다.

Plus + contract 명 계약(서)   organize 동 정리하다
separate 형 별개의, 분리된

2687

hammer

[ˈhæmə(r)]

명 망치

동 망치로 치다,
(시합 등에서) 압승하다,
억지로 머리에 주입하다

hammer의 원래 의미는 '돌, 돌로 만든 무기'였습니다. 생각해 보니 철기 시대 이전에는 당연히 돌도끼를 썼겠군요. 그 후 hammer는 자연스럽게 '망치', '망치로 치다' 등의 의미를 띠게 되었습니다. 또한 이러한 의미가 확장되어 시합에서 압도적으로 이기거나 어떤 개념을 반복해서 주입하는 것을 뜻하기도 합니다.

1 Levi used a hammer and nails to make a doghouse.
Levi는 망치와 못을 사용해 개집을 만들었다.

2 Our team hammered the opponent, winning the game 10-0.
우리 팀은 상대팀을 10-0으로 크게 이겼다.

Plus + nail 명 못   opponent 명 (게임 등의) 상대

2688

aid

[eɪd]

명 도움, 원조[지원]

동 돕다, 원조하다

aid는 어떤 형태로든 도움이나 지원을 제공하는 것을 뜻합니다. 원래 프랑스어에서 유래한 단어로, '돕다'라는 의미지만 help와는 다른 뉘앙스를 띱니다. 주로 집단이나 국가 등이 어려움이나 곤란을 겪을 때 주고받는 도움을 의미하기 때문이지요. 그렇기에 help보다 조금 격식 있는 표현입니다.

1 The government pledged financial aid to the areas affected by the flood.
정부는 홍수로 피해를 입은 지역에 재정 지원을 약속했다.

2 Tom worked as an aid worker in developing countries.
Tom은 개발 도상국에서 구호 봉사자로 일했다.

Plus + pledge 동 (정식으로) 약속하다   developing 형 개발 도상의

2689

confirm

[kənˈfɜːrm]

동 확인하다,
확정하다[공식화하다],
승인하다,
더욱 견고하게 하다

confirm은 firm(단단한)에서 파생되었습니다. 어떤 사실이나 정보가 명확하지 않은 것을 '약하다'고 말한다면, 반대로 명확한 것은 '강하다, 단단하다'고 할 수 있 겠죠? 이러한 논리에서 의미가 확장되어 '확인하다, 확정하다, 승인하다' 등의 다 양한 뜻을 갖게 되었습니다.

1 Please confirm by March 13 that you can attend the meeting.
   3월 13일까지 회의 참석 여부 확인을 부탁드립니다.

2 Ann conducted several experiments to confirm her hypothesis.
   Ann은 그녀의 가설을 확인하기 위해 몇 가지 실험을 진행했다.

Plus + conduct 동 (특정한 활동을) 하다   hypothesis 명 가설

2690

crust

[krʌst]

명 딱딱한 껍질, 갑각[외각],
생계, (상처의) 딱지

crust는 일반적으로 어떤 물체의 겉쪽 부분 또는 외피를 묘사하는 명사입니다. 빵이나 피자, 흙, 지구의 표면 등 다양한 대상에 쓰여 '껍질, 외각, 딱지' 등의 뜻을 나타냅니다. 이러한 의미가 추상적 맥락에서 확장되어 '생계'라는 뜻으로 쓰이기 도 합니다. 이는 아마도 생계를 이어 가기 위해서는 손에 굳은살과 같은 딱지가 생기도록 일을 해야 하기 때문이겠지요.

1 Kate cut the crust off of the sandwich.
   Kate는 샌드위치의 빵 껍질 부분을 잘라내었다.

2 Scientists study the earth's crust to know more about our planet.
   과학자들은 지구에 대해 더 알기 위해 지각을 연구한다.

Plus + cut off ~을 잘라내다   earth's crust 지각

2691

advise

[ədˈvaɪz]

동 조언하다, 충고하다,
통지[통고]하다

advise는 원래 '고려하다'라는 뜻에서 출발했습니다. 이후 의미가 확장되어 정보 를 제공하거나 특정 행동을 취하도록 권유하는 것을 뜻하게 되었지요. 다른 사람 에게 무엇이 이득이 될지 숙고한다는 논리에서 파생된 의미로 보입니다. 보다 격식 있는 맥락에서는 누군가에게 공식적으로 정보를 알리는 것을 뜻합니다.

1 The lawyer advised Lily on how to sue the company.
   변호사는 Lily에게 회사를 고소하는 방법에 대해 조언했다.

2 Helen advised me to start studying for the test as early as possible.
   Helen은 내게 시험 준비를 가급적 빨리 시작하라고 충고했다.

Plus + sue 동 고소하다   as ~ as possible 가급적 ~하게

2692

commission

[kə'mɪʃn]

명 위원회, 수수료, 위임, 임무

commission은 주로 '위원회'를 뜻합니다. 원래는 '임무를 맡기다'를 뜻하는 동사에서 유래되어, 시간이 지나면서 점차 '위임'이라는 뜻으로 확장되었고, 이후 맥락에 따라 '수수료, 임무' 등의 다양한 의미를 나타내게 되었습니다.

1 Cooper was selected to serve on the human rights commission.

Cooper는 인권 위원회의 일원으로 선출되었다.

2 Autumn earns a 10% commission on every car she sells.

Autumn은 그녀가 판매하는 모든 차에 대해 10%의 수수료를 받는다.

Plus + select 동 선출하다   earn 동 (수익 등을) 받다

2693

confident

['kɑ:nfɪdənt]

형 자신만만한, 확신하는, 자부심이 강한

confident는 주로 자신감이 차 있거나 확신하는 상태를 뜻하는 형용사입니다. 보통 누군가 자기 능력이나 지식에 자신만만하거나 어떤 결과에 대해 확신할 때 쓰이지요. 주로 전치사 in을 활용하여 confident in(~에 대해 확신하는[자신하는])의 형태로 많이 씁니다.

1 Julian was very confident in passing this exam.

Julian은 이번 시험을 통과하는 데 매우 자신 있었다.

2 I am confident that our team will win the match.

나는 우리 팀이 경기에서 승리할 것이라 확신한다.

Plus + pass 동 (시험 등에) 통과하다   match 명 경기

2694

principal

['prɪnsəpl]

형 주요한[주된], 제1의, 으뜸가는, 원금(元金)의

명 (단체의) 장

principal은 원래 '첫 번째, 가장 중요한 사람'이라는 뜻에서 유래했습니다. 실제 많은 유럽권에서 '군주'를 의미하기도 했지요. 그러다 영어로 들어오면서 형용사로는 '주요한, 제1의' 등을 뜻하고, 명사로는 교장과 같은 어떤 단체의 '장'을 나타내게 되었습니다.

1 The principal reason for Jin's success was her dedication and hard work.

Jin의 성공의 주된 이유는 그녀의 헌신과 노력이었다.

2 Jace will become principal of the school in September.

Jace는 9월에 학교의 교장이 될 예정이다.

Plus + dedication 명 헌신

2695

paradise

[ˈpærədaɪs]

명 낙원, 천국[극락]

paradise는 아주 이상적이거나 완벽한 장소 또는 상태를 의미하며 '낙원, 천국, 극락' 등의 뜻으로 쓰입니다. 종교적 맥락에서는 종종 영적인 완전성이나 평화를 추구하는 장소를 의미하기도 합니다. 더 일반적인 맥락에서는 이상적이거나 행복한 상태, 환경을 나타내지요.

1 For nature lovers, the national park is truly a paradise.
자연 애호가들에게 그 국립공원은 진정한 낙원이다.

2 My little sister believes that she will go to paradise after she dies.
내 여동생은 죽으면 천국에 갈 것이라 믿는다.

Plus + truly 부 진정으로, 정말로

2696

rob

[rɑːb]

동 도둑질하다, 강탈[약탈]하다

rob은 '도둑질하다, 강탈하다'를 뜻합니다. 불법적인 방법으로 무언가 가져가는 행동을 나타냅니다. 비유적으로는 특정한 가치나 기회를 빼앗는 것을 뜻합니다. 예를 들어, daylight robbery는 불공정한 거래나 과도한 요금을 부과하는 행위를 뜻합니다. 말 그대로 대낮에 강도를 맞는 격이지요.

1 The bank has been robbed by an armed gang.
그 은행은 무장한 강도들에게 털렸다.

2 Jade robbed me of my chance to speak at the conference.
Jade는 내가 회의에서 발언할 기회를 빼앗았다.

Plus + armed 형 무장한, 무기를 가진   rob A of B A에게서 B를 빼앗다

2697

tub

[tʌb]

명 통, 욕조, 한 통 분량, (볼품없는) 느린 배

tub는 주로 원통형이나 접시 형태의 얕은 용기나 욕조를 뜻합니다. 맥락에 따라 '통, 욕조' 등으로 표현될 수 있지요. 또한 하나의 단위처럼 쓰여서 '한 통 분량'을 의미하기도 합니다. 예를 들어, a tub of ice cream이라고 하면 '아이스크림 한 통'을 뜻합니다. 또한 tub은 속도가 느리고 손쉽게 조종할 수 없는 배를 의미하는 속어적 표현으로도 쓰입니다.

1 Gabriel soaked in the hot tub.
Gabriel은 뜨거운 욕조에 몸을 담갔다.

2 I bought a tub of vanilla ice cream on my way home.
나는 집에 오는 길에 바닐라 아이스크림 한 통을 샀다.

Plus + soak 동 (액체 속에 푹) 담그다   on one's way 도중에

2698

dread

[dred]

- 통 무서워하다, 걱정하다
- 명 두려움, 불안

dread는 동사로는 '두려워하다, 걱정하다'를 뜻하고, 명사로는 '두려움, 불안'을 의미합니다. 우리가 피하고 싶거나 걱정 또는 두려워하는 것 전반을 묘사할 수 있습니다. 또한 dread는 미래의 악화될 상황에 대한 공포나 두려움과 같은 일반적인 두려움 이상의 강한 불안감을 뜻하기도 합니다.

1 Judy dreads her family finding out her secret.

   Judy는 가족이 자신의 비밀을 알게 될까 봐 불안해하고 있다.

2 I have an irrational dread of getting old.

   나는 나이 드는 것에 대한 터무니없는 두려움이 있다.

Plus + find out ~을 알게 되다   irrational 형 터무니 없는, 비이성적인

2699

flock

[flɑ:k]

- 명 (동물들의) 떼[무리], 군중[대중, 회중]
- 통 떼를 짓다[모이다]

flock은 명사로는 '떼, 무리, 군중'을 의미하고, 동사로는 '떼를 짓다, 모이다'를 뜻합니다. 일반적으로 같은 종류의 동물이나 사람들의 큰 집단을 의미합니다. 영어에는 이를 활용한 표현이 많습니다. 대표적으로 Birds of a feather flock together.(같은 깃털을 가진 새들끼리 모인다.)라는 속담이 있는데, 이는 '유유상종'을 뜻합니다.

1 A flock of sheep peacefully grazed in the field.

   한 무리의 양들이 들판에서 평화롭게 풀을 뜯고 있었다.

2 People flocked to the town to see the parade.

   사람들이 행진을 보기 위해 마을로 모여들었다.

Plus + peacefully 부 평화롭게   graze 통 풀을 뜯다
flock to ~로 모여들다

2700

granite

['grænɪt]

- 명 화강암, 아주 단단함

granite는 '화강암'을 뜻하는 명사입니다. 화강암은 매우 단단하고 내구성이 있는 자연석이죠? 그래서 '아주 단단함'이라는 추상적 개념 자체를 나타내기도 합니다. 예를 들어, solid as granite 또는 hard as granite라고 하면 무언가 매우 단단하거나 변하기 어렵다는 것을 비유적으로 나타냅니다.

1 Granite is a popular choice for headstones because of its durability.

   화강암은 내구성 때문에 묘비석으로 인기가 있다.

2 Linda carved her name into a giant piece of granite.

   Linda는 거대한 화강암 조각에 자신의 이름을 새겨 넣었다.

Plus + headstone 명 묘비   durability 명 내구성
carve 통 (이름 등을) 새겨 넣다

우리말에 맞게 빈칸에 알맞은 단어를 쓰세요.　　　　　　　(정답은 본문을 확인하세요.)

1　Jack clenched his teeth to ＿＿＿＿＿＿ the pain.　　Jack은 어금니를 악물고 통증을 견뎌 냈다.

2　This ＿＿＿＿＿＿ improves your health.　　이 운동은 건강을 향상시킨다.

3　Tom's first pledge is to ＿＿＿＿＿＿ local public services.　　Tom의 첫 번째 공약은 지역 공공 서비스를 개선하는 것이다.

4　The ＿＿＿＿＿＿ of the accused will begin tomorrow.　　피고인의 재판은 내일 시작될 것이다.

5　A ＿＿＿＿＿＿ of people gathered at the exit.　　한 무리의 사람들이 출구에 모였다.

6　Jin's ＿＿＿＿＿＿ in law helped her in the negotiation.　　Jin의 법에 대한 배경 지식은 협상에 도움이 되었다.

7　Wendy ＿＿＿＿＿＿ the letter in her hand.　　Wendy는 손에 든 편지를 구겼다.

8　＿＿＿＿＿＿ to the weather forecast, it's going to rain this weekend.　　일기 예보에 따르면 이번 주말에 비가 올 것이다.

9　Lucas ＿＿＿＿＿＿ flipped through the novel.　　Lucas는 그냥 가볍게 그 소설을 훑어보았다.

10　Gordon let out a large ＿＿＿＿＿＿ because of the pollen.　　Gordon은 꽃가루 때문에 크게 재채기를 했다.

11　The temperature dropped by 20 ＿＿＿＿＿＿ overnight.　　밤새 기온이 20도나 떨어졌다.

12　Sophia ＿＿＿＿＿＿ the bracket into the wall.　　Sophia는 나사로 벽에 받침대를 고정시켰다.

13　Chloe saw a ＿＿＿＿＿＿ in the jungle.　　Chloe는 정글에서 검은 표범을 보았다.

14　The pirate made the captive walk the ＿＿＿＿＿＿.　　해적은 포로에게 널빤지를 따라 걸어가게 했다.

15　The ＿＿＿＿＿＿ made it difficult for us to see the road ahead.　　안개로 인해 우리는 앞길이 잘 보이지 않았다.

16　Make sure to put the contract file in the ＿＿＿＿＿＿.　　계약서 파일은 반드시 폴더에 넣어 주십시오.

17　Levi used a ＿＿＿＿＿＿ and nails to make a doghouse.　　Levi는 망치와 못을 사용해 개집을 만들었다.

18　Tom worked as an ＿＿＿＿＿＿ worker in developing countries.　　Tom은 개발 도상국에서 구호 봉사자로 일했다.

19　Please ＿＿＿＿＿＿ by March 13 that you can attend the meeting.　　3월 13일까지 회의 참석 여부 확인을 부탁드립니다.

20　Kate cut off the ＿＿＿＿＿＿ of sandwich.　　Kate는 샌드위치의 빵 껍질 부분을 잘라내었다.

21　The lawyer ＿＿＿＿＿＿ Lily on how to sue the company.　　변호사는 Lily에게 회사를 고소하는 방법에 대해 조언했다.

22　Cooper was selected to serve on the human rights ＿＿＿＿＿＿.　　Cooper는 인권 위원회의 일원으로 선출되었다.

23　Julian was very ＿＿＿＿＿＿ in passing this exam.　　Julian은 이번 시험을 통과하는 데 매우 자신 있었다.

24　Jace will become ＿＿＿＿＿＿ of the school in September.　　Jace는 9월에 학교의 교장이 될 예정이다.

25　For nature lovers, the national park is truly a ＿＿＿＿＿＿.　　자연 애호가들에게 그 국립공원은 진정한 낙원이다.

26　The bank has been ＿＿＿＿＿＿ by an armed gang.　　그 은행은 무장한 강도들에게 털렸다.

27　Gabriel soaked in the hot ＿＿＿＿＿＿.　　Gabriel은 뜨거운 욕조에 몸을 담갔다.

28　I have an irrational ＿＿＿＿＿＿ of getting old.　　나는 나이 드는 것에 대한 터무니없는 두려움이 있다.

29　People ＿＿＿＿＿＿ to the town to see the parade.　　사람들이 행진을 보기 위해 마을로 모여들었다.

30　Linda carved her name into a giant piece of ＿＿＿＿＿＿.　　Linda는 거대한 화강암 조각에 자신의 이름을 새겨 넣었다.

Level 91

레벨별 단어 사용 빈도

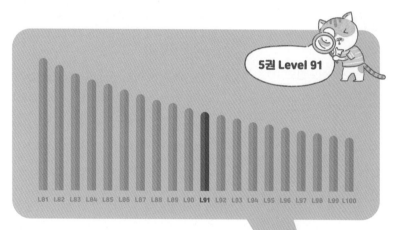

5권 Level 91

L81 L82 L83 L84 L85 L86 L87 L88 L89 L90 **L91** L92 L93 L94 L95 L96 L97 L98 L99 L100

LEVEL 1~20 LEVEL 21~40 LEVEL 41~60 LEVEL 61~80 **LEVEL 81~100**

2701

scuttle

[ˈskʌtl]

동 허둥지둥 달리다

명 허둥지둥 달아나기, 석탄 통,
(배 등의) 작은 승강구[구멍]

scuttle은 원래 석탄을 넣는 큰 바구니를 의미했습니다. 그러다 이 바구니를 들고 이리저리 뛰어다니는 모습에서 지금의 '허둥지둥 달리다'라는 뜻이 파생되었습니다. 그래서 오늘날 scuttle은 동사로는 '허둥지둥 달리다', 명사로는 허둥대는 모습 자체를 의미합니다. 그 외에도 맥락에 따라 '석탄 통, (배 등의) 작은 승강구'를 뜻하기도 합니다.

1 **The man scuttled across the kitchen floor like a mouse.**
그 남자는 쥐처럼 부엌 바닥을 허둥지둥 달렸다.

2 **Ashley picked up the scuttle and filled the stove.**
Ashley는 석탄 통을 집어 들어 난로를 채웠다.

Plus + fill 동 채우다

2702

partly

[ˈpɑːrtli]

부 부분적으로, 어느 정도

partly는 '부분'을 의미하는 part와 -ly가 결합한 부사로 '부분적으로, 어느 정도'라는 뜻을 나타내며, 주로 일부분이나 특정 비율을 의미하며 전체가 아닌 일부를 강조합니다. 예를 들어, partly responsible이라고 하면 '부분적으로 책임이 있는'이라는 뜻입니다.

1 **The project was partly funded by the state government.**
그 프로젝트는 주 정부로부터 부분적으로 자금을 지원받았다.

2 **Alex was partly responsible for the failure of the project.**
Alex는 그 프로젝트의 실패에 있어 어느 정도 책임이 있었다.

Plus + fund 동 자금을 제공하다　　　　　　state 명 주(州)
be responsible for ~에 책임이 있다　　failure 명 실패

2703

discovery

[dɪˈskʌvəri]

명 발견, 발견물, (줄거리의) 전개

discovery는 '발견, 발견물' 등을 의미하는 명사입니다. '발견'이라고 하면 이전에 알려지지 않았던 무언가를 찾아내거나 깨달은 경우를 말하죠? 이러한 논리에서 의미가 확장되어 '(줄거리의) 전개'라는 뜻이 파생된 것으로 보입니다.

1 **The discovery of fire was one of the biggest milestones in human history.**
불의 발견은 인류 역사상 가장 중요한 사건 중 하나였다.

2 **The discovery of the new star was a landmark in astronomy.**
새로운 별의 발견은 천문학의 획기적인 사건이었다.

Plus + milestone 명 (역사 등의) 중요한 사건　　　landmark 명 획기적인 사건
astronomy 명 천문학

2704

loom

[luːm]

동 어렴풋이 나타나다,
흐릿하게 보이다, (위험 등이)
불안스럽게 다가오다,
거대한 모습을 나타내다

loom은 주로 '어렴풋이 나타나다, 흐릿하게 보이다' 등을 뜻하는 동사입니다. 어떤 대상이 실제 흐릿하게 보이는 경우를 나타내기도 하지만, 무언가 확실치 않아 불안스럽게 다가오는 상황을 묘사하기도 합니다.

1 A dark shadow loomed above Jimmy.

Jimmy 위로 어두운 그림자 하나가 흐릿하게 나타났다.

2 The threat of a world war is looming.

세계 대전의 위협이 다가오고 있다.

Plus + shadow 명 그림자 　　　 above 전 (위치나 지위 면에서) ~보다 위로
threat 명 위협

2705

blister

[ˈblɪstə(r)]

명 (신체에 생기는) 물집[수포],
(특히 페인트를 칠한 후
생기는) 기포, (식물) 혹병

동 물집[수포]이 생기다

blister는 명사로는 '물집, 수포' 등을 의미하고, 동사로는 '물집이 생기다'라는 뜻을 나타냅니다. 원래는 '풍선, 부풀어 오른 것'을 의미했다고 합니다. 원래 의미를 보면 물집을 묘사하는 데 이보다 적합한 단어도 없었을 것 같네요. blister는 그 밖에도 페인트 등을 덧칠한 후에 종종 생기는 기포를 나타내기도 합니다.

1 I got a blister on my foot from my new shoes.

나는 새 신발 때문에 발에 물집이 생겼다.

2 The paint on the fence started to blister in the sun.

울타리에 칠한 페인트가 햇볕에 기포가 생기기 시작했다.

Plus + fence 명 울타리

2706

linger

[ˈlɪŋgə(r)]

동 계속되다[남아 있다],
떠나기를 망설이다, 지체되다,
(의심이나 습관 등이) 좀처럼
없어지지 않다

linger는 주로 어떤 사건이나 감정, 사람 등이 떠나지 않고 예상보다 오래 머무르고 지속되는 것을 의미하는 동사입니다. 물리적으로 떠나기를 망설이거나 특정한 감정이나 상태가 좀처럼 마음을 떠나지 않는 상황을 모두 나타낼 수 있습니다.

1 The smell of her perfume lingered in the meeting room.

그녀의 향수 냄새가 회의실에 계속 남아 있었다.

2 Aaron lingered after the party to talk to Sue.

Aaron은 파티가 끝난 뒤에도 Sue와 이야기하기 위해 머뭇거렸다.

Plus + perfume 명 향수

2707

seam
[siːm]

몡 (천의) 솔기, 접합 부분,
경계선, 꿰맨 자국[봉합선]

seam은 주로 두 개의 재료가 이음새를 형성하여 접합되는 부분을 의미하는 명사입니다. 대표적으로는 옷의 '솔기', 즉 두 폭을 맞대고 꿰맨 줄을 뜻합니다. 비유적으로는 서로 다른 두 영역이 만나는 '경계선'을 나타내기도 합니다.

1 Kai sewed a neat seam along the edge of the fabric.
   Kai는 천의 가장자리를 따라 깔끔하게 솔기를 꿰맸다.

2 The seam of her jeans was ripped.
   그녀의 청바지 솔기가 찢어졌다.

Plus + sew 동 (바느질로) 꿰매다   neat 형 깔끔한
         edge 명 가장자리   rip 동 찢다

2708

coax
[koʊks]

동 (달콤한 말로) 구슬리다,
유도해 내다

coax는 주로 사람이나 동물을 부드럽고 달콤한 말로 구슬려 원하는 행동을 유도하는 것을 뜻합니다. 감언이설을 통해 원하는 결과를 얻는 것 전반을 나타내지요. 꼭 나쁜 행동만을 끌어 내는 것은 아니지만 어찌 되었든 하기 싫은 일을 하게끔 하는 것은 맞습니다.

1 Mindy coaxed her son to eat some vegetables.
   Mindy는 아들이 야채를 먹게끔 구슬렸다.

2 Jayden managed to coax the cat out of the tree.
   Jayden은 가까스로 고양이가 나무에서 내려오게 유도하는 데 성공했다.

Plus + vegetable 명 채소   manage to V 간신히 ~해내다

2709

rap
[ræp]

명 (음악) 랩, 톡톡 두드림[침],
질책[비난]

동 톡톡[똑똑] 두드리다

rap은 우리에게 가장 익숙한 영단어 중 하나입니다. 1970년대부터 미국에서 시작된 힙합 음악 장르에서의 일종의 창법을 가리키는 말이지요. 원래 의미는 '두드리다'였는데, 멜로디 없이 박자에 말을 입혀 만든 것이 랩 음악이니 아주 제대로 이름을 붙인 셈입니다. rap은 여전히 '두드림, 두드리다'라는 뜻으로도 쓰입니다.

1 Amy heard there was a sharp rap on the door.
   Amy는 문을 세게 두드리는 소리를 들었다.

2 Eminem is a famous rap artist in the world.
   Eminem은 세계적으로 유명한 랩 아티스트다.

Plus + sharp 형 (소리가) 날카로운

2710

resolve

[rɪˈzɑːlv]

- 동 (문제 등을) 해결하다, 결심[결정]하다, 결의하다, 분해[용해]하다
- 명 결심, 결의

resolve는 re-(다시)와 solve(풀다)가 결합한 동사로 '해결하다, 결정하다'라는 뜻을 나타냅니다. 즉, 문제를 단순화하여 해결하는 것을 의미합니다. 그 밖에도 맥락에 따라 어떤 물질을 용해하거나 결심이나 결의를 뜻하기도 합니다. 예를 들어, resolve doubts라고 하면 '의문을 해소하다'를 뜻하고, heroic resolve는 '비장한 결의'를 의미합니다.

1 Mike has resolved to quit smoking.

  Mike는 금연하기로 결심했다.

2 Nothing could weaken Andy's resolve to succeed.

  어떤 것도 성공하겠다는 Andy의 결심을 약화시키지 못했다.

Plus + quit 동 그만두다　　　　　　　weaken 동 약화시키다

2711

mop

[mɑːp]

- 명 (자루가 있는) 대걸레, (더벅머리 등) 대걸레 같은 것
- 동 대걸레로 닦다

mop은 명사로는 '대걸레, 대걸레 같은 것'을 의미하고, 동사로는 '대걸레로 닦다'라는 뜻을 나타냅니다. 가끔 더벅머리 같은 사람의 머리 모양을 비유적으로 표현하기도 합니다. 어떤 모양인지 상상이 가시죠? 또한 일상 생활에서 mop the floor(바닥을 대걸레로 닦다), mop up(청소하다) 등의 표현으로도 자주 쓰입니다.

1 Remy used a mop to clean the attic.

  Remy는 다락방을 청소하기 위해 대걸레를 사용했다.

2 After the party, Sia had to mop up the spilled drinks.

  파티가 끝난 후, Sia는 엎지른 음료수를 대걸레로 닦아야 했다.

Plus + attic 명 다락방　　　　　　　spill 동 쏟다, 흘리다

2712

uneasy

[ʌnˈiːzi]

- 형 불안한[불편한, 부자연스러운]

uneasy는 un-(아닌)과 easy(편안한)가 결합한 형용사입니다. 말 그대로 '불편한, 불안한'이라는 뜻을 나타내지요. 일반적으로는 불안하거나 부자연스러운 상태 등을 모두 나타낼 수 있습니다. 예를 들어, feel uneasy라고 하면 '불안해하다'라는 뜻이고, an uneasy feeling이라 하면 '불편한 기분'을 의미합니다.

1 Faye felt uneasy about the decision.

  Faye는 그 결정에 대해 불안해했다.

2 There was an uneasy silence in the meeting room.

  회의실 안에는 불편한 침묵이 흘렀다.

Plus + decision 명 결정　　　　　　　silence 명 침묵

2713

celebrity

[sə'lebrəti]

명 유명 인사, 명사, 명성

celebrity는 일반적으로 연예인이나 정치인, 기업인 등 널리 알려진 사람을 뜻합니다. 보통 이런 사람들을 '유명 인사'라고 하죠. 또한 '명성을 가진 사람', '명성'이라는 뜻으로 쓰입니다. 예를 들어, '국가적인 저명 인사'를 a national celebrity로, '대단히 유명해지다'를 acquire great celebrity라고 표현할 수 있지요.

1 Jackson has recently become a big celebrity.
Jackson은 최근 엄청난 유명 인사가 되었다.

2 Some celebrities feel a lot of pressure from fans.
일부 유명인은 팬들로부터 많은 압박감을 느낀다.

Plus + pressure 명 압박(감)

2714

popular

['pɑ:pjələ(r)]

형 인기 있는, 대중적인, 일반적인

popular는 원래 '국민의, 공공의, 사람들의'를 뜻하는 라틴어에서 유래되었습니다. 그러다 일반 사람들이 좋아하는 것을 의미하게 되었어요. 그래서 오늘날에는 '인기 있는'이라는 뜻의 형용사로 쓰입니다. 주로 사람이나 장소, 제품, 아이디어 등에 대한 호감이나 인지도를 나타냅니다.

1 The movie is very popular among teenagers.
그 영화는 청소년들 사이에서 매우 인기 있다.

2 Popular opinion was divided on the incident.
그 사건에 대한 대중의 의견은 분분했다.

Plus + among 전 ~ 사이에
divide 동 나누다
opinion 명 의견
incident 명 사건

2715

moth

[mɔ:θ]

명 나방, 옷좀나방

moth는 '나방'을 의미하는 명사입니다. 어떤 나방은 옷이나 섬유를 손상시키는 것으로 알려져 있지요. 그래서 moth는 때로 옷에 손상을 주는 곤충인 '옷좀나방'을 가리키는 말로도 쓰입니다.

1 I saw a moth flying around the light.
나는 나방 한 마리가 전등 주변을 날아다니는 것을 보았다.

2 Moth larvae can cause significant damage to your clothes.
나방의 애벌레는 옷에 상당한 피해를 입힐 수 있다.

Plus + larvae 명 애벌레
significant 형 상당한

2716

plow

[pláu]

명 쟁기 (같은 것), 경작(지), 낙제

동 (토지 등을) 쟁기로 갈다, 힘들게 나아가다

plow의 기본 의미는 '쟁기'로, 흙을 파서 농작물을 심는 데 사용되는 농업 도구를 뜻합니다. 또한 동사로는 쟁기를 사용하여 '토지를 갈다'라는 뜻을 나타내기도 합니다. 비유적인 맥락에서는 어려운 일을 힘겹게 이어 가는 상황을 나타낼 수도 있습니다.

1 Zoey used a plow to prepare the field for planting.
   Zoey는 농작물을 밭에 심을 준비를 하기 위해 쟁기를 사용했다.

2 The farmer plowed the field in the morning.
   농부가 아침에 쟁기로 밭을 갈았다.

Plus + prepare 동 준비하다   planting 명 (나무 등을) 심기
         field 명 밭

2717

soggy

[ˈsɑːgi]

형 (물에) 흠뻑 젖은[잠긴], (빵 등이) 부석부석한 [잘 구워지지 않은], 기력이 없는[맥빠진]

soggy는 어떤 대상이 물이나 다른 액체에 흠뻑 젖은 상태를 묘사합니다. 주로 빵이나 시리얼 등이 너무 많이 불어서 흐무러지기 쉬운 상태를 나타내지요. 또한 비유적으로는 기력이 없거나 활력이 없는 상태를 나타내기도 합니다.

1 The two men trudged across the soggy field.
   두 남자는 축축한 들판을 터덜터덜 걸어갔다.

2 The cereal became soggy after soaking it in milk for 15 minutes.
   시리얼을 우유에 15분 동안 담가 두었더니 눅눅해졌다.

Plus + trudge 동 (지쳐서) 터덜터덜 걷다   soak in ~에 담그다

2718

prod

[prɑːd]

동 찌르다, 자극하다

명 찌르기, (떠올리게 하는) 신호

prod는 동사로는 '찌르다'를 의미하고, 명사로는 찌르는 행동 자체를 나타냅니다. 물리적으로 어떤 대상을 찌르는 것을 의미하기도 하지만 사람을 자극하여 어떤 행동을 하도록 유도하는 것을 뜻하기도 합니다. 이러한 맥락에서 '자극하다'나 '(떠올리게 하는) 신호' 등의 의미를 나타내기도 합니다.

1 I had to prod Jane into finishing her work.
   나는 Jane이 자신의 일을 마치도록 자극해야 했다.

2 Alex gave me a prod in the ribs to get my attention.
   Alex는 내 관심을 끌기 위해 나의 옆구리를 찔렀다.

Plus + rib 명 옆구리   attention 명 관심, 주의

2719

request

[rɪ'kwest]

- 동 요청[요구]하다, 간청하다
- 명 요구, 요청

request는 동사로 '요청하다, 요구하다', 명사로는 '요구, 요청'을 뜻합니다. 누군가에게 부탁하거나 간청하는 행위를 나타내지요. 보통 공식적인 맥락에서 쓰이며 ask보다 부드러운 느낌을, require보다는 덜 강제적인 느낌을 줍니다.

1 The officer requested backup during a burglary.

경찰이 절도 사건 중에 지원을 요청했다.

2 Hannah rejected the request because she is scheduled to go on a business trip.

Hannah는 출장이 예정되어 있어 그 요청을 거절했다.

Plus + backup 명 지원   burglary 명 절도(죄)
reject 동 거절하다   be scheduled to V ~할 예정이다

2720

slash

[slæʃ]

- 동 (날카로운 것으로) 긋다[베다], 대폭적으로 인하[삭감]하다, 혹평하다[헐뜯다], (서적 내용을) 삭제하다

slash는 날카로운 물체로 무언가를 긋거나 베는 동작을 나타냅니다. 비유적으로 가격이나 예산 등을 대폭 줄이는 것을 뜻하기도 합니다. 우리에게 익숙한 단어인 cut도 이와 비슷한 의미로 쓰이지요. slash는 그 밖에도 무언가를 엄격하게 비판하거나 서적 등의 내용을 삭제한다는 뜻을 나타냅니다.

1 Luna slashed the paper with a knife.

Luna는 칼로 종이를 잘랐다.

2 The company slashed its prices to attract more customers.

그 회사는 더 많은 고객을 끌어모으기 위해 가격을 대폭 인하했다.

Plus + attract 동 끌어모으다   customer 명 고객

2721

porridge

[pɔːrɪdʒ]

- 명 포리지(오트밀, 우유 등으로 만든 죽), 투옥[징역형]

porridge는 오트밀 등을 우유와 함께 끓여서 만든 음식을 말합니다. 서양에서는 간단한 아침 식사로 많이 먹는데, 영국에서는 감옥에서 주로 이런 음식을 제공한다고 하여 porridge가 '투옥', 특히 장기 징역을 의미하는 비유적 용어로 쓰이기도 합니다. 우리 식으로 하면 '콩밥'과 같은 의미겠죠?

1 Austin had a bowl of porridge for breakfast.

Austin은 아침 식사로 포리지 한 그릇을 먹었다.

2 Stella only did two years of porridge.

Stella는 2년만 수감 생활을 했다.

Plus + bowl 명 (우묵한) 그릇

2722

triumph

[ˈtraɪʌmf]

명 승리, 대성공, 성공[승리]의 기쁨

동 승리를 차지하다, 성공하다

triumph는 명사로 '큰 승리'나 '대성공'을 의미하고, 동사로는 이러한 승리나 성공을 이루는 행위 자체를 나타냅니다. 보통 어떤 노력이나 경쟁의 결과로 얻은 승리를 의미합니다. 비유적으로는 사람들이 기대하지 않았던, 예상보다 더 큰 성공을 뜻하기도 합니다.

1 The joy of triumph filled his heart.
그의 마음은 성공의 기쁨으로 가득 찼다.

2 The team triumphed over their opponents to win the championship.
그 팀은 상대 팀을 물리치고 승리를 차지했다.

Plus + fill 동 (가득) 채워지다　　　　opponent 명 (대회 등의) 상대

2723

scarlet

[ˈskɑːrlət]

형 진홍[주홍, 새빨간]색의, 행실이 나쁜[극악한], 음란한[매춘의]

명 진홍[주홍]색

scarlet은 진하고 밝은 빨간색, 즉 '주홍색'을 뜻합니다. 그런데 뜻밖에도 scarlet은 '음란한, 매춘의'라는 의미를 나타내기도 하는데, 이는 1850년에 출간된《주홍글씨 *The Scarlet Letter*》라는 소설 내용 때문이라고 합니다. 소설 속 여주인공이 간음을 저지른 죄로 주홍색의 'A'를 가슴에 달고 다녀야 했다는 내용에서 '음란한'이라는 의미가 파생된 것으로 보입니다.

1 Hailey wore a scarlet dress to the party.
Hailey는 파티에 주홍색 드레스를 입었다.

2 She was labeled as a scarlet woman after the accident.
그 사고 이후 그녀에게 음란한 여자라는 꼬리표가 달렸다.

Plus + label 동 (특히 부당하게) 꼬리표를 붙이다

2724

elf

[elf]

명 엘프[요정], 난쟁이, 개구쟁이

elf는 우리에게 '엘프'라는 외래어로 잘 알려져 있지요. 주로 서양의 신화나 전설 등에 나오는 초자연적 존재를 의미합니다. 대체로 아름답고, 영원한 젊음을 유지하며 마법을 부릴 수 있는 존재로 그려지지요. 비유적으로는 '난쟁이, 개구쟁이'라는 뜻을 나타내기도 합니다.

1 In many fairy tales, elves are portrayed as magical beings.
많은 동화에서, 요정들은 마법을 부릴 수 있는 존재로 묘사된다.

2 Joe is such an elf, always playing pranks.
Joe는 정말로 개구쟁이라서 항상 장난을 친다.

Plus + fairy tale 동화　　　　portray 동 묘사하다
prank 명 (농담으로 하는) 장난

2725

offend

[əˈfend]

동 성나게 하다,
기분 상하게[불쾌하게] 하다,
죄[과실]를 저지르다,
(도덕 등에) 위배되다

offend는 대체로 성가시게 하거나, 불편함을 주거나, 분노를 유발하는 행동을 일컫는 동사입니다. 원래 '공격하다, 방해하다'라는 뜻에서 출발했는데, 점차 의미가 확장되면서 지금은 '죄를 저지르다, (도덕 등에) 위배되다'라는 의미를 나타내기도 합니다.

1 We didn't mean to offend you.
   우리는 당신을 기분 나쁘게 하려는 뜻으로 말한 게 아니었다.

2 That kind of joke may offend some people.
   그런 식의 농담은 몇몇 사람들에게 불편함을 줄 수 있다.

Plus + mean 동 (특별한 의도를 담아) ~ 뜻으로 말하다

2726

heartbeat

[ˈhɑːrtbiːt]

명 심장 박동, 핵심

heartbeat는 heart(심장)와 beat(두드림)가 결합한 명사로 심장이 뛰는 소리를 나타냅니다. 심장 박동이나 느낌을 넘어 비유적으로는 어떤 사물이나 상황의 '핵심' 또는 '중심'을 의미하기도 합니다. heartbeat를 활용한 표현으로는 in a heartbeat가 있는데, 이는 '심장이 한 번 뛸 동안', 즉 '매우 빠르게, 즉시'라는 뜻을 나타냅니다.

1 We could hear the heartbeat of the baby.
   우리는 아기의 심장 박동을 들을 수 있었다.

2 Paul said he understood the heartbeat of the Latin community.
   Paul은 자신이 라틴 사회의 핵심을 이해하고 있다고 말했다.

Plus + community 명 지역 사회, 공동체 (사회)

2727

stench

[stentʃ]

명 악취

stench는 주로 '매우 불쾌한 냄새'나 '악취'를 뜻하는 명사입니다. 일반적으로 역겨운 냄새를 강조하는 경우에 쓰입니다. 맥락에 따라 물리적 냄새뿐 아니라 비유적으로 부정적인 상황이나 행동을 의미하기도 합니다.

1 The stench of garbage filled the streets.
   쓰레기의 악취가 거리를 가득 메웠다.

2 Yura was repulsed by the stench of rotting fish.
   Yura는 상한 생선에서 나는 지독한 악취에 역겨움을 느꼈다.

Plus + garbage 명 쓰레기   repulse 동 구역질 나게 하다
        rot 동 썩다

2728

trudge
[trʌdʒ]

⑧ 무거운 발걸음으로 걷다, 터덕터덕 걷다

⑲ 무거운 발걸음, 터덕터덕 걷기, (특히 장거리) 도보 여행

trudge의 기본 의미는 '무거운 발걸음으로 걷다'입니다. 육체적으로 힘든 상황이나 피곤한 상태에서 느릿하게 걷는 모습을 나타내지요. 또한 비유적인 맥락에서는 어려운 상황이나 고된 일을 계속해서 수행하는 것을 의미하기도 합니다.

1 After a long day, he trudged up the stairs to his room.
긴 하루가 지나고, 그는 자신의 방을 향해 터덕터덕 계단을 올라갔다.

2 The man came home exhausted after the long trudge through the snow.
그 남자는 눈 속을 한참 걷다가 기진맥진한 채 집으로 돌아왔다.

Plus + exhausted ⑲ 기진맥진한, 진이 다 빠진

2729

kettle
['ketl]

⑲ (특히 물을 끓일 수 있는) 주전자[냄비, 솥], (물 등의) 한 주전자 양

kettle은 원래 '작은 용기, 솥' 등과 같이 물을 끓이는 데 사용되는 용기를 뜻했습니다. 일반적으로는 '주전자'를 의미하는 경우가 많았는데, 지금은 주전자뿐만 아니라 물을 끓일 수 있는 냄비나 솥 등도 가리킵니다. 또한 하나의 단위처럼 쓰여서 '한 주전자 양'을 나타내기도 합니다.

1 Andrew filled the kettle with water and put it on the stove.
Andrew는 주전자에 물을 채워서 난로에 올려 두었다.

2 I could use a kettle of tea now.
나는 지금 차 한 주전자가 필요하다.

Plus + could use ~이 필요하다, ~이 있으면 좋겠다

2730

depth
[depθ]

⑲ 깊이, 심도, 농도[짙음]

depth는 주로 '깊이'를 의미하는 명사입니다. 물리적으로 따져 보면 depth는 어떤 대상이나 공간의 위와 아래 사이의 길이나 거리를 나타냅니다. 이러한 의미가 추상적으로 확장되어 어떤 주제나 개념에 대한 깊은 이해나 통찰력을 뜻하기도 합니다. 또한 어떤 물질의 '농도' 등을 의미하기도 합니다.

1 The depth of the lake was still unknown.
그 호수의 깊이는 아직 알려지지 않았다.

2 Tom was criticized for the lack of depth in his writing.
Tom은 글의 깊이가 부족하다는 비판을 받았다.

Plus + unpredictable ⑲ 예측할 수 없는　　　　criticize ⑧ 비판하다
lack ⑲ 부족함

우리말에 맞게 빈칸에 알맞은 단어를 쓰세요.

(정답은 본문을 확인하세요.)

1 Ashley picked up the _____ and filled the stove.   Ashley는 석탄 통을 집어 들어 난로를 채웠다.

2 Alex was _____ responsible for the failure of the project.   Alex는 그 프로젝트의 실패에 있어 어느 정도 책임이 있었다.

3 The _____ of the new star was a landmark in astronomy.   새로운 별의 발견은 천문학의 획기적인 사건이었다.

4 The threat of a world war is _____.   세계 대전의 위협이 다가오고 있다.

5 I got a _____ on my foot from my new shoes.   나는 새 신발 때문에 발에 물집이 생겼다.

6 Aaron _____ after the party to talk to Sue.   Aaron은 파티가 끝난 뒤에도 Sue와 이야기하기 위해 머뭇거렸다.

7 The _____ of her jeans was ripped.   그녀의 청바지 솔기가 찢어졌다.

8 Mindy _____ her son to eat some vegetables.   Mindy는 아들이 야채를 먹게끔 구슬렸다.

9 Amy heard there was a sharp _____ on the door.   Amy는 문을 세게 두드리는 소리를 들었다.

10 Mike has _____ to quit smoking.   Mike는 금연하기로 결심했다.

11 Remy used a _____ to clean the attic.   Remy는 다락방을 청소하기 위해 대걸레를 사용했다.

12 Faye felt _____ about the decision.   Faye는 그 결정에 대해 불안해했다.

13 Jackson has recently become a big _____.   Jackson은 최근 엄청난 유명 인사가 되었다.

14 _____ opinion was divided on the incident.   그 사건에 대한 대중의 의견은 분분했다.

15 I saw a _____ flying around the light.   나는 나방 한 마리가 전등 주변을 날아다니는 것을 보았다.

16 The farmer _____ the field in the morning.   농부가 아침에 쟁기로 밭을 갈았다.

17 The two men trudged across the _____ field.   두 남자는 축축한 들판을 터덜터덜 걸어갔다.

18 I had to _____ Jane into finishing her work.   나는 Jane이 자신의 일을 마치도록 자극해야 했다.

19 The officier _____ backup during the burglary.   경찰은 절도 사건 중 지원을 요청했다.

20 Luna _____ the paper with a knife.   Luna는 칼로 종이를 잘랐다.

21 Austin had a bowl of _____ for breakfast.   Austin은 아침 식사로 포리지 한 그릇을 먹었다.

22 The joy of _____ filled his heart.   그의 마음은 성공의 기쁨으로 가득 찼다.

23 Hailey wore a _____ dress to the party.   Hailey는 파티에 주홍색 드레스를 입었다.

24 Joe is such an _____, always playing pranks.   Joe는 정말로 개구쟁이라서 항상 장난을 친다.

25 We didn't mean to _____ you.   우리는 당신을 기분 나쁘게 하려는 뜻으로 말한 게 아니었다.

26 We could hear the _____ of the baby.   우리는 아기의 심장 박동을 들을 수 있었다.

27 The _____ of garbage filled the streets.   쓰레기의 악취가 거리를 가득 메웠다.

28 After a long day, he _____ up the stairs to his room.   긴 하루가 지나고, 그는 자신의 방을 향해 터덜터덜 계단을 올라갔다.

29 I could use a _____ of tea now.   나는 지금 차 한 주전자가 필요하다.

30 The _____ of the lake was still unknown.   그 호수의 깊이는 아직 알려지지 않았다.

Level 92

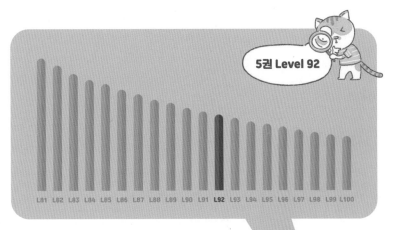

5권 Level 92

L81 L82 L83 L84 L85 L86 L87 L88 L89 L90 L91 **L92** L93 L94 L95 L96 L97 L98 L99 L100

LEVEL 1~20　　LEVEL 21~40　　LEVEL 41~60　　LEVEL 61~80　　**LEVEL 81~100**

2731

unfold

[ʌnˈfoʊld]

동 펴다[펼치다], (어떤 내용이 서서히) 펼쳐지다[밝혀지다], (의도 등을) 표명하다

unfold는 '아닌'을 뜻하는 un-과 '접다'라는 뜻의 fold가 결합한 동사입니다. 접는 것의 반대인 '펴다, 펼치다'라는 뜻을 나타냅니다. 물리적으로는 종이를 펼치듯이 어떤 물체를 펼치는 것을 의미하고, 추상적 맥락에서는 주로 '말과 글을 통해 정보나 이야기를 서서히 밝히다'라는 뜻을 나타냅니다.

1 Susan unfolded the map on the table.
   Susan은 테이블 위에 지도를 펼쳤다.

2 The plot of the movie unfolds slowly but is so immersive.
   그 영화의 줄거리는 천천히 전개되지만 굉장히 몰입된다.

Plus + plot **명** 줄거리　　　immersive **형** 몰입의

2732

household

[ˈhaʊshoʊld]

명 가정, 가족
형 가족의

household는 house와 hold가 결합한 단어인데, hold는 예전에 '가족'이라는 뜻으로 쓰였습니다. 그래서 household는 명사로는 '가정, 가족'을, 형용사로는 '가족의'를 뜻합니다. 때로는 다른 명사와 결합하여 household chores(집안일) 등으로 쓰이기도 합니다.

1 My mother's words are the law in my household.
   우리 집에서는 엄마의 말이 법이다.

2 My father is responsible for the household chores.
   아빠가 집안일을 담당하신다.

Plus + be responsible for ~에 책임이 있다　　　chore **명** (정기적으로) 하는 일

2733

web

[web]

명 망(網), 거미집[줄], 웹[월드 와이드 웹]

web은 원래 '짜다, 뜨다'라는 의미에서 출발했습니다. 그러다 시간이 지남에 따라 '망, 거미줄' 등을 뜻하게 되었습니다. 이러한 맥락에서 web은 오늘날 우리 생활에서 뗄 수 없는 존재를 나타내게 되었는데, 바로 World Wide Web이라고 알려진 인터넷의 하이퍼텍스트 시스템을 의미하기도 합니다.

1 Jason killed the spider that was spinning a web.
   Jason은 거미줄을 치고 있는 거미를 죽였다.

2 We are browsing the web for information on this topic.
   우리는 이 주제에 관한 정보를 웹에서 찾는 중이다.

Plus + spin **동** (거미 등이) 실을 자아내다　　　browse **동** (웹 등의 정보를) 검색하다

2734

lieutenant

[luːˈtenənt]

명 중위[소위], (해군) 대위,
(미국) 경찰서의 부서장

lieutenant는 군사 직위를 나타내는 용어로 그 정확한 계급은 국가와 군대의 종류에 따라 다릅니다. 보통 '중위, 소위'를 의미하며 해군에서는 '대위'를 나타내기도 합니다. 또한 미국에서는 '경찰서의 부서장'을 뜻하기도 합니다.

1 Susan was promoted to the rank of lieutenant.
Susan은 중위로 진급하였다.

2 Henry once served as a lieutenant in the navy.
Henry는 한때 해군에서 대위로 복무한 적 있다.

Plus + promote 동 승진시키다 　　　　rank 명 (군대 등의) 계급
　　　　once 부 (과거) 한때 　　　　navy 명 해군

2735

marker

[ˈmɑːrkə(r)]

명 표시[표지](물),
표[부호]를 붙이는 사람[도구],
마커펜, (시험의) 채점자

marker는 주로 물리적 또는 추상적 위치나 상태를 나타내는 표식을 의미합니다. 물리적으로는 '표시자, 표식'이라는 뜻으로 지리적 위치를 표시하거나 정보를 기록하는 도구를 나타냅니다. 추상적인 의미로는 어떤 상태나 조건의 표지나 지표를 나타낼 수 있습니다.

1 Genetic markers help identify certain diseases.
유전자 표지는 특정 질병을 식별하는 것을 돕는다.

2 Kate used a red marker to highlight the important points.
Kate는 중요 포인트를 강조하기 위해 빨간색 펜을 사용했다.

Plus + genetic 형 유전의 　　　　identify 동 식별하다
　　　　certain 형 특정한 　　　　highlight 동 강조하다

2736

accuse

[əˈkjuːz]

동 고발하다, 비난[책망]하다

accuse는 원래 a-(~를 향해)와 ccuse(사건)가 결합한 동사입니다. 글자 그대로 보면 '사건을 향해'라는 뜻이 되지요. 이런 맥락에서 의미가 확장되어 어떤 사건이나 범죄를 공개적으로 지목하고 고발하는 행동을 나타내게 되었습니다. 주로 법적 맥락에서 누군가를 특정 범죄나 잘못에 대해 고발하거나 비난하는 행동을 의미합니다.

1 The woman living next door was accused of theft.
이웃에 사는 그 여자는 절도죄로 고발되었다.

2 Many politicians were accused of corruption.
많은 정치인들이 부정 부패로 고발되었다.

Plus + theft 명 절도(죄) 　　　　politician 명 정치인
　　　　corruption 명 부패, 부정 행위

2737

element

['elɪmənt]

명 요소[성분], 원소,
(학문 등의) 원리

element는 '자연의 기본 구성 요소'를 뜻하던 고대 그리스어에서 유래했습니다. 오늘날엔 어떤 대상의 구성 요소나 성분 등을 의미합니다. 예를 들어, Water is composed of two elements.에서 element는 '원소'를 뜻합니다. 그밖에 어떤 개념이나 아이디어의 핵심 요소를 나타내기도 합니다.

1 Carbon is an element found in all living creatures.

탄소는 모든 생명체에서 발견되는 원소다.

2 Trust is an essential element in a successful business relationship.

신뢰는 성공적인 비즈니스 관계에서 필수적인 요소다.

Plus + carbon 명 탄소   essenstial 형 필수적인

2738

cannon

['kænən]

명 대포

동 대포를 쏘다

cannon은 원래 '큰 튜브, 파이프' 등을 뜻하는 단어였습니다. 그러다 대포가 발명되면서 그런 무기들 전반을 나타내게 되었지요. 그리고 여기서 cannonball (대포알)이라는 단어도 파생되었습니다. cannon은 동사로는 '대포를 쏘다'라는 뜻을 나타냅니다.

1 The soldiers fired the cannon at the enemy.

군인들은 적군을 향해 대포를 발사했다.

2 The news said the fort was attacked by enemy cannons.

뉴스는 그 요새가 적군의 대포 공격을 받았다고 전했다.

Plus + fire 동 발사하다   enemy 명 적군
fort 명 요새

2739

thrill

[θrɪl]

명 흥분, 전율

동 열광시키다,
오싹하게[두근거리게] 하다

thrill은 주로 강한 흥분이나 두근거림, 기쁨을 의미합니다. 맥락에 따라 '흥분, 전율' 등으로 표현되지요. 원래 의미는 '구멍을 뚫다'였다고 하니 얼마나 강렬한 감정을 나타내는지 짐작이 갑니다. thrill은 동사로는 '열광시키다, 오싹하게 하다, 두근거리게 하다' 등을 의미합니다.

1 He felt a thrill when he rode the roller coaster for the first time.

그는 처음 롤러코스터를 탔을 때 전율을 느꼈다.

2 Jake was thrilled at the news that his son won the gold medal.

Jake는 그의 아들이 금메달을 땄다는 소식에 매우 감격했다.

Plus + win 동 (경기 등에서 이겨 무엇을) 따다, 타다

2740

chorus

['kɔːrəs]

명 합창(곡), 합창단[부], 후렴, 이구동성

chorus는 원래 연극에서 배우들이 노래하거나 춤추는 장면을 나타냈습니다. 그러다 시간이 지나면서 점점 '여러 사람이 함께 노래하는 것'을 의미하게 되었지요. 오늘날 chorus는 맥락에 따라 '합창, 합창곡, 합창단' 등을 뜻합니다. 또한 특히 팝송이나 가스펠 등에서 반복되는 '후렴구'를 의미하기도 하지요.

1 The chorus of the song is very catchy.
그 노래의 후렴구는 매우 재미있고 외우기 쉽다.

2 The chorus performed a song at the festival yesterday.
합창단은 어제 축제에서 노래를 불렀다.

Plus + catchy 형 (곡 따위가) 재미있고 외우기 쉬운

2741

empire

['empaɪə(r)]

명 제국, 황제의 권한[통치권], (거대 기업의) 왕국

empire의 원래 의미는 '명령, 권위, 통치권'이었는데, 고대 로마에서는 국가의 최고 권력을 의미하기도 했습니다. 이런 배경에서 오늘날 empire는 '제국, 통치권'을 뜻하게 되었습니다. 또한 강력한 권력을 가진 개인이나 조직, 혹은 큰 사업체를 의미하기도 합니다.

1 The Roman Empire is considered one of the most powerful empires in history.
로마 제국은 역사상 가장 강력한 제국 중 하나로 여겨진다.

2 The emperor lost his empire due to the revolution.
황제는 혁명으로 인해 그의 통치권을 잃었다.

Plus + consider 동 여기다   emperor 명 황제
revolution 명 혁명

2742

skim

[skɪm]

동 (기름기 등을) 걷어 내다, (표면 등을) 스치듯 지나가다, (대충) 훑어보다, (일정 기간에 걸쳐 회사 돈 등을) 조금씩 훔치다

skim은 원래 '거품을 걷어 내다'라는 뜻을 나타냈습니다. 지금은 이 기본 의미에서 다양한 의미가 파생되었습니다. 예를 들어, 어떤 표면 위를 가볍게 스치거나 빠르게 지나가는 것을 의미하기도 하고, 정보가 담긴 글을 빠르게 보거나 대충 훑어보는 것을 나타내기도 합니다. 이 모든 의미는 거품을 걷어 내는 가벼운 동작에서 파생된 셈입니다.

1 Jane skimmed the grease off the soup.
Jane은 수프의 기름기를 걷어 냈다.

2 I only had time to skim the contract.
나는 그 계약서를 대충 훑어볼 시간밖에 없었다.

Plus + grease 명 기름, 지방   contract 명 계약(서)

2743

wharf

[wɔ:rf]

명 부두[선창]

wharf는 원래 '방어하는 구조물'을 뜻했습니다. 그런데 당시 이런 구조물은 주로 바닷가나 강가에 있었고, 선박이 정박하거나 화물을 싣고 내리는 것을 도왔기 때문에 의미가 확장되어 지금의 '부두, 선창'을 나타내게 되었습니다.

1 Ships are docked at the wharf.
선박들은 부두에 정박해 있다.

2 The city has plans to build new wharfs to boost trade.
시에서는 무역을 촉진하기 위해 새로운 부두를 건설할 계획이 있다.

Plus + dock 동 (배를) 부두에 대다 명 부두, 선창　　boost 동 신장시키다, 북돋우다
trade 명 무역, 교역, 거래

2744

pasture

['pæstʃər]

명 목초지[초원], 목장

동 (가축을) 방목하다

pasture는 명사로는 동물들이 먹을 수 있는 풀이 자라는 땅, 즉 '목초지'를 의미합니다. 동사로는 가축을 방목하는 것을 뜻합니다. pasture를 활용한 표현으로 put out to pasture가 있는데, 이는 '은퇴시키다, 해고하다'를 뜻합니다. 가축을 풀밭으로 내보내서 자연스럽게 그 생애를 마무리하게 하는 전통적인 방법을 사람의 삶에 비유한 것으로 보입니다.

1 He owns a large pasture where he keeps his cattle.
그는 자신의 소를 키우는 큰 목장을 소유하고 있다.

2 Nick decided to pasture the cows on the hillside.
Nick은 소들을 산 중턱에 방목하기로 결정했다.

Plus + own 동 소유하다　　　　　　cattle 명 (집합적으로) 소
hillside 명 산 중턱, 산허리

2745

mend

[mend]

동 고치다, 수리[수선]하다,
개선하다, 치료하다

mend는 주로 물건을 고치거나 사람을 치료하는 행위를 뜻하는 동사입니다. 맥락에 따라 '수리하다, 수선하다' 또는 '치료하다' 등의 다양한 뜻을 나타냅니다. 그 외에도 mend는 보다 추상적인 개념, 예를 들어 관계나 상황 등을 '개선하다'라는 뜻으로 쓰이기도 합니다.

1 We need to mend this torn shirt.
우리는 이 찢어진 셔츠를 수선해야 한다.

2 The two nations are trying to mend their relationship.
양국은 관계를 개선하려고 노력하고 있다.

Plus + tear 동 찢어지다 (tore-torn)　　　　try to V ~하려고 노력하다
relationship 명 관계

2746

circumstance

[ˈsɜːrkəmstæns]

명 환경[상황],
(주위의) 사정[정황]

동 (어떤 상황에) 놓이다

circumstance는 '환경, 상황' 등을 뜻하는 명사입니다. 특정 행사나 사건이 일어나는 주변 상황이나 조건을 설명하는 경우가 많습니다. 추상적으로는 '사정, 정황' 등을 의미하며 어떤 사람이 처한 상황을 묘사하기도 합니다. 동사로는 '~한 상황에 놓이다'를 뜻합니다.

1　The circumstances of her departure are suspicious.
　　그녀가 떠난 정황이 의심스럽다.

2　The businessman was favorably circumstanced by the new ruling.
　　그 사업가는 새로운 판결로 인해 유리한 상황에 처했다.

Plus+　departure 명 떠남　　　　　　suspicious 형 의심스러운
　　　　favorably 부 유리하게　　　　ruling 명 판결

2747

infection

[ɪnˈfɛkʃən]

명 감염[전염], 전염병

infection은 원래 '어떤 것에 물들다, 독이 퍼지다'라는 뜻이었습니다. 그러다 의미가 확장되면서 지금은 주로 바이러스나 박테리아 등에 의한 감염을 의미합니다.

1　Hand washing helps to prevent infections.
　　손을 씻는 것은 감염을 예방하는 데 도움이 된다.

2　This global pandemic was caused by a highly contagious infection.
　　이 세계적인 유행병은 매우 전염성이 강한 감염 때문에 발생했다.

Plus+　prevent 동 예방[방지]하다　　　pandemic 명 전국[전 세계]적인 유행병
　　　　contagious 형 전염되는

2748

obituary

[oʊˈbɪtʃueri]

명 부고[사망] 기사

형 부고[사망]의

obituary는 누군가 사망했을 때 그 사람의 생애를 요약하여 기리는 기사를 나타냅니다. 우리말로는 '부고' 또는 '사망 기사'라고 할 수 있겠네요. 일반적으로 죽은 이의 생애나 성취, 가족 구성원, 사망 날짜 등의 정보를 포함합니다. obituary는 형용사로 '부고의, 사망의'라는 뜻을 나타내기도 합니다.

1　I read about my old teacher in the obituary column.
　　나는 부고란에서 옛 선생님에 대한 글을 읽었다.

2　The obituary detailed Ann's many accomplishments.
　　부고에는 Ann의 많은 성과들이 상세히 나와 있었다.

Plus+　detail 동 상세히 알리다, 열거하다　　accomplishment 명 성과, 성취

2749

virgin

[ˈvɜːrdʒɪn]

- 명 숫처녀[총각], 무경험자
- 형 처녀의, 더럽혀지지 않은

virgin은 성적 경험이 없는 사람 중에서도 특히 여성을 가리키는 단어입니다. 그리고 이러한 의미에서 '처녀의, 더럽혀지지 않은'이라는 뜻이 파생했습니다. 물론 이는 옛 성차별적 관습의 흔적입니다. 어찌 되었든 지금도 virgin은 '순수한'이라는 뜻을 나타냅니다. 예를 들어, virgin forest라고 하면 '원시 숲'을 의미하고, virgin olive oil은 처음 짜낸 올리브 오일을 뜻합니다.

1 Alice was a virgin in stock trading.
Alice는 주식 거래에 무경험자였다.

2 We are in a virgin forest, untouched by human hands.
우리는 사람의 손길이 닿지 않은 원시 숲에 있다.

Plus+ stock trading 주식 거래 untouched 형 손을 대지 않은, 처음 그대로의

2750

rent

[rent]

- 동 임대하다[되다], 빌리다
- 명 집세, 임대료

rent의 원래 의미는 '찢다'였는데, 시간이 지나면서 소유자가 재산을 다른 사람에게 분할하여 제공하는 것으로 의미가 확장되면서 지금의 뜻이 되었습니다. rent는 명사로는 '집세, 임대료'를 나타내고, 동사로는 '임대하다, 빌리다' 등을 뜻합니다.

1 We decided to rent a car for our road trip.
우리는 장거리 자동차 여행을 위해 차를 빌리기로 결정했다.

2 Suzy was worried because the apartment rent was high.
Suzy는 아파트 임대료가 너무 비싸서 걱정이었다.

Plus+ road trip 장거리 자동차 여행 high 형 (가격 등이) 비싼

2751

oxygen

[ˈɑːksɪdʒən]

- 명 산소

oxygen은 '산소'를 뜻하는 명사입니다. 원래는 '산(酸)을 만드는 것'을 의미하는 그리스어에서 나왔는데, 산화 과정에서 산소가 필수적인 역할을 한다는 것을 반영하기 위해 만들어진 용어입니다. 그래서 oxygen은 air와 달리 과학적 맥락에서 주로 쓰입니다.

1 Humans cannot survive without oxygen.
인간은 산소 없이는 살아갈 수 없다.

2 I learned that hydrogen and oxygen combine to form water.
나는 수소와 산소가 결합하여 물을 생성한다고 배웠다.

Plus+ hydrogen 명 수소 combine 동 결합하다
form 동 생성하다

2752

previous
['pri:viəs]

형 이전의, 앞의, 조급한

previous는 시간의 흐름상 '바로 앞에, 바로 직전에' 위치한 것을 나타내는 형용사입니다. 예를 들어, previous experience라고 하면 '이전의 경험'을 뜻하고, previous year라고 하면 '전년도'를 뜻하는 식입니다.

1 He returned to his previous job after trying out a different career.

그는 다른 직업을 시도한 후 이전의 직장으로 돌아갔다.

2 The previous owner of the house was a famous singer.

그 집의 이전 소유주는 유명한 가수였다.

> **Plus +** try out ~을 시험 삼아 해 보다   career 명 직업, 경력
> owner 명 소유주, 주인

2753

recipe
['resəpi]

명 조리[요리]법, 처방(전), 방법[수단], 방안[비결]

recipe는 주로 음식을 만드는 방법을 자세하게 기술한 것을 나타내는 명사입니다. 흔히 재료 목록이나 그 재료들을 어떻게 조합하고 처리하는지에 대한 지시 사항이 포함된 설명서를 의미하지요. 비유적으로는 성공적인 결과를 달성하기 위한 상세한 지침 또는 계획도 뜻합니다.

1 This is my grandmother's recipe for chicken soup.

이것은 우리 할머니의 닭고기 수프 만드는 요리법이다.

2 Family love and support was the recipe for her success.

가족의 사랑과 지원은 그녀의 성공 비결이었다.

> **Plus +** support 명 지원

2754

estate
[r'stert]

명 소유지, 재산, (일정 규격의) 단지, (인생의) 시기

estate는 주로 대지와 건물을 포함한 대규모 '소유지'를 뜻합니다. 맥락에 따라서 '재산'이나 일정 규모의 주택 단지를 의미하기도 하며, 더 추상적으로는 한 사람의 인생의 특정 단계나 시기를 나타내기도 합니다. estate의 원래 의미는 '상태, 조건, 지위'였는데, 이런 의미가 시간이 지남에 따라 확장하면서 지금의 의미가 생겨났습니다.

1 Gordon owns a large estate in the countryside.

Gordon은 시골에 큰 부동산을 소유하고 있다.

2 Jack donated his entire estate to the state.

Jack은 그의 전 재산을 국가에 기부했다.

> **Plus +** entire 형 전체의, 온   donate 동 기부하다
> state 명 국가, 나라

2755

workshop

[ˈwɜːrkʃɑːp]

명 작업장[일터], 연수회, 워크숍

workshop은 글자 그대로 work와 shop이 결합한 단어로 '작업하는 곳'을 뜻합니다. 지금은 shop의 기본 의미가 '상점'이지만 과거에는 '일하는 곳'을 뜻하기도 했습니다. workshop은 실제로 물건을 제작하거나 수리하는 공간을 뜻하기도 하지만 학문이나 예술, 기술 등 특정 주제에 대해 학습이나 토론을 진행하는 '연수회, 워크숍' 등을 뜻하기도 합니다.

1 Mia spends most of her time in the workshop making furniture.

   Mia는 대부분의 시간을 작업장에서 가구를 만들면서 보낸다.

2 We are attending a writing workshop next week.

   우리는 다음 주에 글쓰기 워크숍에 참석할 예정이다.

Plus + spend+시간/돈+-ing ~하는 데 (시간/돈을) 쓰다   attend 통 참석하다

2756

majesty

[ˈmædʒəsti]

명 존엄[위엄, 장엄], (경칭) 폐하[왕족], 주권[통치권]

majesty는 원래 '왕의 존엄성'을 뜻하는 단어였습니다. 대부분 군주를 찬양하는 호칭으로 쓰였지요. 물론 지금도 이런 뜻을 나타내지만 일반적으로 '웅장함, 존엄성, 위엄, 장엄함' 등을 뜻합니다. 자연 현상이나 아름다운 광경, 또는 고귀한 위치나 지위에 있는 사람 등에 대해 쓸 수 있습니다.

1 The majesty of the mountains left us in awe.

   그 산의 장엄함에 우리는 경외심을 느꼈다.

2 Your Majesty, we await your decision.

   폐하, 소인들은 전하의 결정을 기다리고 있습니다.

Plus + awe 명 경외심, 경외감   await 통 기다리다

2757

wisdom

[ˈwɪzdəm]

명 지혜, 슬기로움, 학식[지식]

wisdom은 일반적으로 깊이 있는 이해나 통찰력, 올바른 판단을 내릴 수 있는 능력을 의미합니다. 보통 '지혜, 슬기로움' 등으로 표현하곤 하죠. 생각해 보면 지혜와 슬기로움은 경험과 지식이 바탕이 되어야 얻을 수 있는 것들이죠. 그래서 wisdom은 '학식, 지식'이라는 뜻도 나타냅니다.

1 The old woman is respected for her wisdom.

   그 노파는 그녀의 지혜로 인해 존경받고 있다.

2 Wisdom is mostly gained through life experiences.

   지혜는 대부분 삶의 경험을 통해 얻어진다.

Plus + respect for ~ 때문에 존경하다   mostly 부 주로, 일반적으로
gain 통 얻다   experience 명 경험

2758

port
[pɔːrt]

명 항구, 항만, (선박의) 좌현

동 (한 시스템·기계에서 다른 시스템·기계로 소프트웨어를) 복사하다

port는 기본적으로 '항구'를 뜻하는 명사입니다. 또한 '선박의 좌현'이라는 뜻도 있는데 이는 배를 정박할 때 선박의 좌현(왼쪽 측면)을 항구 쪽으로 붙이는 관습에서 유래한 것으로 추정합니다. 그 밖에도 port는 컴퓨터 공학에서 소프트웨어를 다른 환경이나 플랫폼으로 복사하거나 이식하는 것을 나타내기도 합니다.

1 Facing forward on a ship, the port side is on your left.
선박에서 정면을 바라 보면, 좌현은 왼쪽에 있다.

2 The engineer ported the old program on a newer device.
그 기술자는 오래된 프로그램을 최신 장치에 맞춰 복사했다.

Plus + face 동 ~을 마주보다   forward 부 (배·비행기의) 앞쪽에[으로]

2759

thus
[ðʌs]

부 따라서, 그러므로, 이와 같이, 이런 식으로

thus는 주로 결과를 나타내는 부사로서 '따라서, 그러므로' 등을 뜻합니다. thus 는 특히 논리적인 추론을 할 때 문장과 문장을 잇는 연결고리로 매우 유용한 단어입니다. 격식을 갖춰 표현할 때 therefore, hence 등과 함께 '그러므로'를 뜻하는 대표적인 단어입니다.

1 Ann didn't study for the exam; thus, she failed.
Ann은 시험 공부를 하지 않았다. 따라서 그녀는 시험에 떨어졌다.

2 The recipe is simple; thus, anyone can cook it.
이 요리법은 간단하다. 그러므로 누구나 요리할 수 있다.

Plus + exam 명 시험   fail 동 (시험에) 떨어지다
recipe 명 요리[조리]   simple 형 간단한, 단순한

2760

vow
[vaʊ]

명 맹세[서약]

동 맹세[서약]하다, 단언하다

vow는 명사로 '맹세, 서약'을, 동사로는 '맹세하다, 서약하다' 또는 '단언하다'를 뜻합니다. vow와 vote(투표하다)는 모두 같은 뿌리에서 유래되었습니다. 생각해 보면 어떤 사람이나 사안에 표를 던지는 것도 유권자로서의 '맹세, 서약'이라 할 수 있겠군요. vow는 특히 결혼식에서 많이 쓰입니다.

1 Harry took a vow of silence and decided to live as a hermit.
Harry는 침묵의 맹세를 하고 은둔자로서 살기로 결정했다.

2 Oliver vowed to love Emily forever.
Oliver는 Emily를 영원히 사랑하겠다고 맹세했다.

Plus + hermit 명 (종교적 이유에서의) 은둔자

우리말에 맞게 빈칸에 알맞은 단어를 쓰세요.　　　　　　　　(정답은 본문을 확인하세요.)

1　Susan _____ the map on the table.　　　　Susan은 테이블 위에 지도를 펼쳤다.

2　My mother's words are the law in my _____.　　우리 집에서는 엄마의 말이 법이다.

3　Jason killed the spider that was spinning a _____.　　Jason은 거미줄을 치고 있는 거미를 죽였다.

4　Susan was promoted to the rank of _____.　　Susan은 중위로 진급하였다.

5　Genetic _____ help identify certain diseases.　　유전자 표지는 특정 질병을 식별하는 것을 돕는다.

6　The woman living next door was _____ of theft.　　이웃에 사는 그 여자는 절도죄로 고발되었다.

7　Carbon is an _____ found in all living creatures.　　탄소는 모든 생명체에서 발견되는 원소다.

8　The soldiers fired the _____ at the enemy.　　군인들은 적군을 향해 대포를 발사했다.

9　He felt a _____ when he rode the roller coaster for the first time.　그는 처음 롤러코스터를 탔을 때 전율을 느꼈다.

10　The _____ of the song is very catchy.　　그 노래의 후렴구는 매우 재미있고 외우기 쉽다.

11　The emperor lost his _____ due to the revolution.　　황제는 혁명으로 인해 그의 통치권을 잃었다.

12　Jane _____ the grease off the soup.　　Jane은 수프의 기름기를 걷어냈다.

13　Ships are docked at the _____.　　선박들은 부두에 정박해 있다.

14　Nick decided to _____ the cows on the hillside.　　Nick은 소들을 산 중턱에 방목하기로 결정했다.

15　We need to _____ this torn shirt.　　우리는 이 찢어진 셔츠를 수선해야 한다.

16　The _____ of her departure are suspicious.　　그녀가 떠난 정황이 의심스럽다.

17　Hand washing helps to prevent _____.　　손을 씻는 것은 감염을 예방하는 데 도움이 된다.

18　I read about my old teacher in the _____ column.　　나는 부고란에서 옛 선생님에 대한 글을 읽었다.

19　We are in a _____ forest, untouched by human hands.　　우리는 사람의 손길이 닿지 않은 원시 숲에 있다.

20　We decided to _____ a car for our road trip.　우리는 장거리 자동차 여행을 위해 차를 빌리기로 결정했다.

21　Humans cannot survive without _____.　　인간은 산소 없이는 살아갈 수 없다.

22　The _____ owner of the house was a famous singer.　　그 집의 이전 소유주는 유명한 가수였다.

23　Family love and support was the _____ for her success.　　가족의 사랑과 지원은 그녀의 성공 비결이었다.

24　Gordon owns a large _____ in the countryside.　　Gordon은 시골에 큰 부동산을 소유하고 있다.

25　We are attending a writing _____ next week.　　우리는 다음 주에 글쓰기 워크숍에 참석할 예정이다.

26　Your _____, we await your decision.　　폐하, 소인들은 전하의 결정을 기다리고 있습니다.

27　_____ is mostly gained through life experiences.　　지혜는 대부분 삶의 경험을 통해 얻어진다.

28　Facing forward on a ship, the _____ side is on your left.　　선박에서 정면을 바라 보면, 좌현은 왼쪽에 있다.

29　Ann didn't study for the exam; _____, she failed.　Ann은 시험 공부를 하지 않았다. 따라서 그녀는 시험에 떨어졌다.

30　Oliver _____ to love Emily forever.　　Oliver는 Emily를 영원히 사랑하겠다고 맹세했다.

Level
93

레벨별 단어 사용 빈도

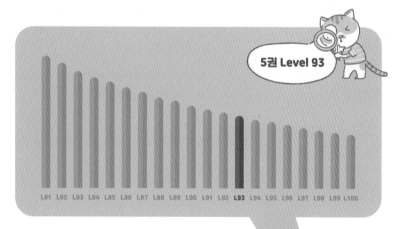

5권 Level 93

L81 L82 L83 L84 L85 L86 L87 L88 L89 L90 L91 L92 **L93** L94 L95 L96 L97 L98 L99 L100

LEVEL 1~20   LEVEL 21~40   LEVEL 41~60   LEVEL 61~80   **LEVEL 81~100**

2761

elsewhere

[ˌelsˈwer]

부 (어딘가) 다른 곳에[으로]

elsewhere는 else(다른)와 where(어디)가 결합된 단어입니다. 그러고 보니 상당히 직관적인 단어네요. 주로 부사로 쓰여 '다른 곳에, 다른 곳으로'를 의미합니다. 일반적으로 현재의 위치나 상황, 대상, 주제와 비교하여 다른 곳을 뜻합니다.

1 I decided to look for opportunities elsewhere.
나는 다른 곳에서 기회를 찾기로 결심했다.

2 The item you're looking for can be found elsewhere.
찾고 계신 물건은 다른 곳에서 찾을 수 있습니다.

Plus+ look for ~을 찾다   opportunity **명** 기회

2762

sweetheart

[ˈswiːthɑːrt]

명 당신, 내 사랑, 연인

동 연애하다

Hello ~

sweetheart는 말 그대로 sweet(달콤한)과 heart(심장, 마음)가 결합한 단어입니다. 직역하면 '달콤한 마음'이 되는데 주로 '당신, 내 사랑' 등으로 표현되곤 합니다. 그래서 영어권에서 sweetheart는 애정을 표현하는 대표적인 호칭으로 연인 또는 부부 사이에 많이 쓰입니다.

1 They were sweethearts in high school and finally got married after graduation.
그들은 고등학교 때 연인이었고 졸업 후에 마침내 결혼했다.

2 Lily introduced him as her sweetheart to her friends.
Lily는 그를 자신의 연인으로 친구들에게 소개했다.

Plus+ get married 결혼하다   graduation **명** 졸업
introduce A to B A를 B에게 소개하다

2763

cradle

[ˈkreɪdl]

명 요람[유아용 침대],
(문화, 예술, 민족 등의)
발상지[요람지],
초창기[어린 시절, 요람기],
요람처럼 생긴 것

cradle의 기본 의미는 아기를 흔들며 재우는 '요람'입니다. 그런데 바로 이 '요람'이 주는 느낌에서 '발상지'라는 뜻이 파생되었습니다. '발상지'는 어떤 사물이나 생각, 운동 등이 처음 시작되거나 발전한 곳을 의미하죠. 사람이 태어나서 처음 머물게 되는 곳이 '요람'이니 꽤나 괜찮은 은유인 것 같네요.

1 My baby was sleeping in the cradle.
우리 아기는 요람에서 잠들어 있었다.

2 Athens is the cradle of western civilization.
아테네는 서구 문명의 발상지다.

Plus+ western **형** 서구의, 서양의   civilization **명** 문명

2764

clumsy

[ˈklʌmzi]

형 어설픈[서투른, 투박한, 손재주가 없는]

clumsy는 우리말의 '어리버리한'과 가장 가까운 단어가 아닐까 싶습니다. 무언가 어설픈 상황을 표현하는 형용사로, 보통 기술적인 능력이나 우아함, 자연스러움이 부족한 상태를 나타냅니다. 맥락에 따라 '어설픈, 서투른, 투박한, 손재주가 없는' 등으로 표현될 수 있습니다.

1 She made a clumsy attempt to catch the ball.
그녀는 어설픈 시도로 공을 잡으려 했다.

2 The clumsy design of the website made it difficult to navigate.
그 웹사이트의 투박한 디자인으로 인해 탐색하기 어려웠다.

Plus + attempt 명 시도   navigate 동 (인터넷·웹사이트를) 돌아다니다

2765

compass

[ˈkʌmpəs]

명 나침반, (둘러싸인) 지역, 범위, 음역

compass의 기본 의미는 '나침반'입니다. 맥락에 따라 '지역, 범위, 음역' 등으로 의미가 확장되어 쓰이기도 하는데, 원래 '둘러싸다, 한계를 정하다'라는 말에서 유래되었기 때문입니다. 어떤 곳에서 위치나 방향의 한계를 정한다는 데서 '나침반'이라는 의미가 나왔고, 무언가를 둘러싼다는 데서 '지역, 범위, 음역'이라는 뜻이 파생되었다고 생각하시면 됩니다.

1 Irene used a compass to find her way through the forest.
Irene은 숲에서 길을 찾기 위해 나침반을 사용했다.

2 The job is within the compass of my abilities.
그 일은 내 능력 범위 안에 있다.

Plus + within 전 ~ 이내에, 안에   ability 명 능력

2766

method

[ˈmeθəd]

명 방법, 방식, 체계, 질서

method는 '방법, 방식' 등을 뜻합니다. 특정 작업을 수행하거나 목표를 달성하는 방식이나 기술을 나타내죠. 더 넓은 의미에서는 '체계, 질서'를 의미합니다. 예를 들어, scientific method는 '과학적 방법론'이라는 뜻으로 연구에서 정보를 수집하고 해석하는 조직적인 절차를 말합니다.

1 What method should I use to solve this problem?
이 문제를 해결하려면 내가 어떤 방법을 써야 할까?

2 The scientific method is always important in conducting research.
과학적 방법론은 연구를 수행하는 데 늘 중요하다.

Plus + conduct 동 수행하다   research 명 연구

2767

plot

[plɑ:t]

- 몡 (영화 등의) 구성[줄거리], 음모, 도표
- 동 음모[모의]하다

plot은 일반적으로 소설, 영화, 드라마의 '구성, 줄거리'를 뜻합니다. 원래 의미는 '계획된 지역'이었습니다. 그러다 무언가 계획해서 짠다는 논리에서 '구성'이라는 뜻이 파생되었지요. 여기서 의미가 더욱 확장되어 오늘날에는 '음모를 꾸미다, 모의하다'라는 뜻으로도 쓰입니다.

1 The plot of the novel was so interesting that I read it all night.
나는 그 소설의 줄거리가 매우 흥미로워서 밤새 읽었다.

2 Jenny was arrested for plotting a crime.
Jenny는 범죄를 모의하다가 체포되었다.

Plus + so ~ that ... 매우 ~해서 …하다   arrest 동 체포하다

2768

passion

['pæʃn]

- 몡 열정, 열중[열광], 격노[울화통], 욕정[정욕]

passion은 주로 강렬한 감정이나 관심을 나타냅니다. 대개 '열정, 열중, 열광' 등으로 표현되지요. 물론 즐거움이나 사랑, 흥미와 같은 긍정적인 강한 감정들을 나타내기도 하지만 맥락에 따라 격렬한 분노나 욕정 등을 표현하기도 합니다.

1 Her passion for painting is evident in every brushstroke.
그림에 대한 그녀의 열정은 모든 붓질에서 분명히 드러난다.

2 Passion alone does not make someone good at something.
열정만으로는 누군가를 능숙하게 만들지 못한다.

Plus + evident 형 분명한, 눈에 띄는   brushstroke 몡 붓질, 붓놀림
alone 부 오직, 단독으로   good at ~을 잘하는

2769

doorknob

['dɔ:rnɑ:b]

- 몡 (문의) 손잡이

doorknob은 door(문)와 knob(손잡이)이 결합한 단어로 말 그대로 문을 여닫는 데 쓰이는 '손잡이'를 뜻합니다. 그런데 사실 doorknob이 가리키는 것은 둥근 손잡이입니다. 그래서 door handle이 모양과 관계없이 일반적인 문의 손잡이를 뜻하는 반면, doorknob은 둥근 모양의 손잡이만 나타냅니다.

1 Turn the doorknob to open the door.
문을 열려면 손잡이를 돌려라.

2 Cathy replaced the old doorknob with a new one.
Cathy는 낡은 문 손잡이를 새 것으로 교체했다.

Plus + replace A with B A를 B로 교체하다

2770

ramp
[ræmp]

명 경사로, (진입 또는 출구) 차선

동 화가 나서 덤비다

ramp는 보통 '경사로'를 뜻하는 명사입니다. 원래 의미는 '기울다'였는데 시간이 지나면서 '경사로'라는 뜻으로 변했습니다. 동사로는 '화가 나서 덤비다'를 뜻합니다. 이는 ramp에 올려놓은 것은 일단 멈추지 않고 이동한다는 점에서 유래한 것으로 보입니다.

1 **This building has a ramp for wheelchair access.**
이 건물에는 휠체어 접근을 위한 경사로가 있다.

2 **The woman ramped and raged around the room.**
그 여자는 방을 돌아다니며 난동을 부렸다.

Plus + access 명 (장소로의) 접근, 입장　　　rage 동 날뛰다, 발광하다

2771

bun
[bʌn]

명 동그란 작은 빵, 소형 롤빵, (번 모양의) 묶은 머리, (다람쥐 등의) 꼬리

bun은 주로 '동그란 작은 빵' 또는 '소형 롤빵'을 의미합니다. 이런 빵들의 동그란 모습에서 여러 가지 의미가 파생되었습니다. 오늘날 bun은 머리를 동그랗게 묶어 올린 모습이나 다람쥐의 동그랗게 말린 꼬리 등을 나타내기도 합니다.

1 **She ate a cinnamon bun and oatmeal for breakfast.**
그녀는 아침 식사로 시나몬 빵과 오트밀을 먹었다.

2 **Lily told her mother to tie her hair up in a bun.**
Lily는 엄마에게 머리를 번 모양으로 묶어 달라고 말했다.

Plus + cinnamon 명 계피, 시나몬　　　tie up 묶다

2772

packet
['pækɪt]

명 소포, 한 묶음[다발], (담배 등의) 갑, (데이터 전송 단위인) 패킷

packet은 여러 물건을 묶어 놓은 것, 즉 '다발, 소포' 등을 뜻합니다. 소포라는 게 딱히 없던 시절에는 그냥 '덩어리, 꾸러미'를 뜻하다가 시간이 지나면서 '소포' 외에도 정보 통신 분야에서 데이터 전송 단위인 '패킷'까지 뜻하게 되었습니다.

1 **Daniel sent a small packet to his friend.**
Daniel은 그의 친구에게 작은 소포를 보냈다.

2 **Ian bought a packet of cigarettes on his way home.**
Ian은 집에 오는 길에 담배 한 갑을 샀다.

Plus + cigarette 명 담배

2773

generous
['dʒɛnərəs]

형 관대한[마음이 넓은],
(돈 따위를) 아끼지 않는,
많은[넉넉한]

generous는 원래 '고귀한 출신의'라는 뜻이었습니다. 과거에는 출신이 고귀한 사람들이 관대하고 마음이 넓다고 생각했었나 봅니다. 바로 여기서 지금의 뜻이 파생되어 generous는 돈이나 다른 자원을 아끼지 않고 베푸는 성향이나 무언가 양이 많거나 넉넉한 것을 뜻하기도 합니다.

1 John has a reputation for being generous.
John은 관대하기로 정평이 나 있다.

2 Emily is generous with her money and often donates to charity.
Emily는 돈을 아끼지 않는 사람이며 종종 자선 단체에 기부 한다.

Plus + reputation 명 평판   donate 동 기부[기증]하다

2774

hobble
['hɑːbl]

동 (다리를) 절름거리다,
서투른 방법을 쓰다, 방해하다

명 절름거림

hobble은 걷는 것이 어려운 상태를 뜻합니다. 동사로는 '(다리를) 절름거리다' 등을 뜻하고, 명사로는 절름거리는 행동 자체를 나타냅니다. 비유적으로는 무언가에 서툴거나 어떠한 일이 원활하게 진행되지 못하게 방해하는 것을 나타냅니다. 이는 모두 '제대로 가지 못한다'라는 공통 개념에서 파생된 의미들입니다.

1 After spraining her ankle, Sue could only hobble around.
발목을 접질려서 Sue는 절름거리며 겨우 걸을 수 있었다.

2 The project was hobbled by a lack of resources.
그 프로젝트는 자금 부족으로 난관에 봉착했다.

Plus + sprain 동 (특히 발목을) 접지르다, 삐다   ankle 명 발목
lack 명 부족, 결핍   resource 명 자금, 재원, 자원

2775

patron
['peɪtrən]

명 (예술가 등의) 후원[지지]자,
고객[단골손님],
(조합 따위의) 지부장, 보호자

patron은 원래 '보호자, 지원자'를 뜻하다가 시간이 지나면서 의미가 확장되어 '고객, 단골 손님' 등을 나타내게 되었습니다. 생각해 보면 매출을 지원해 주고 사업을 보호해 주는 사람들이 바로 단골손님이겠군요. 또한 맥락에 따라 '(조합 따위의) 지부장'을 의미하기도 합니다.

1 William is a well-known patron of the arts.
William은 예술 분야의 잘 알려진 후원자다.

2 The restaurant has a lot of regular patrons, so it's hard to make a reservation.
그 식당은 단골 고객이 많아서 예약하기 힘들다.

Plus + well-known 잘 알려진   regular 형 정기적인
reservation 명 예약

2776

flatten

[ˈflætn]

동 평평하게 하다, 쓰러뜨리다,
시시하게 하다,
(음조를) 낮추다

flatten은 flat(평평한)과 -en(~하게 만들다)이 결합한 동사입니다. 말 그대로 '평평하게 하다, 납작하게 만들다'를 뜻하지요. 주로 물리적으로 어떤 물체를 압박하여 평평하게 만드는 것을 나타내지만, 은유적으로 '낮추다, 시시하게 하다' 등을 뜻하기도 합니다.

1 She used a rolling pin to flatten the dough.

그녀는 반죽을 평평하게 만들기 위해 밀대를 사용했다.

2 The warehouse was flattened by the explosion.

창고는 그 폭발로 인해 완전히 쓰러졌다.

Plus + rolling pin (밀가루 반죽을 미는 데 쓰는) 밀대　　　dough 명 반죽
warehouse 명 창고　　　explosion 명 폭발

2777

solve

[sɑːlv]

동 (문제 등을) 풀다,
해결[타결]하다

solve는 우리말의 '문제를 해결하다'라는 뜻과 가장 가까운 단어입니다. 보통 어떤 문제가 생겼을 때 이를 분석하고 이해하여 결과나 답을 도출해 내는 과정을 의미하지요. 해결하고자 하는 문제의 종류와 맥락에 따라 '풀다, 타결하다' 등 다양하게 표현할 수 있습니다.

1 We need to solve this issue before moving on.

우리는 다음 단계로 넘어가기 전에 이 문제를 해결해야 한다.

2 Although circumstantial, the evidence helped solve the case.

정황적이긴 하지만, 그 증거는 사건을 해결하는 데 도움이 되었다.

Plus + move on ~로 넘어가다　　　circumstantial 형 정황적인
evidence 명 증거

2778

leash

[liːʃ]

명 가죽끈[밧줄, 쇠사슬],
(개, 늑대 등의) 세 마리 한 조

동 가죽끈[밧줄, 쇠사슬]으로
매다, 속박[구속, 통제]하다

leash는 명사로는 '가죽끈, 밧줄, 쇠사슬' 등을 나타냅니다. 동사로는 '매다, 속박하다'라는 뜻이 되지요. 원래는 일반적인 줄이나 끈을 지칭하는 단어였는데 시간이 지나면서 의미의 범위가 좁아진 경우이죠. leash는 또한 개나 늑대 등이 세 마리씩 한 조를 이룬 것을 뜻하는데, 옛날에 개나 늑대를 세 마리씩 묶어 한 조를 꾸려 이동시켰던 것에서 유래한 것으로 보입니다.

1 The park requires dogs to be on a leash at all times.

그 공원에서는 개들이 항상 목줄을 매고 있어야 한다.

2 Hazel leashed her dog while the plumber fixed the toilet.

Hazel은 배관공이 화장실을 고치는 동안 반려견에게 목줄을 채웠다.

Plus + require 동 요구하다　　　plumber 명 배관공

2779

particle

[ˈpɑːrtɪkl]

명 (아주 작은) 입자, 극소량

particle은 '아주 작은 입자, 극소량' 등을 뜻하는 명사입니다. 자세히 보면 part(부분)가 보이시죠? part가 변형되어 파생된 단어이기 때문입니다. particle은 특히 물리학에서 원자나 이온, 전자, 쿼크와 같은 물질의 기본 구성 요소를 뜻하는 용어로 자주 쓰입니다.

1 Dust particles are floating in the air.
먼지 입자들이 공기 중에 떠 있다.

2 The researchers were studying the properties of subatomic particles.
연구원들은 소립자의 속성을 연구하고 있었다.

 Plus + float 동 (물 위나 공중에서) 떠다니다　　researcher 명 연구원
property 명 속성　　subatomic 형 소립자의

2780

bakery

[ˈbeɪkəri]

명 빵집, 제과점, 제빵소

bakery는 bake(빵을 굽다)와 -ery(~을 만드는 등의 장소)가 결합한 명사로 보통 빵, 케이크, 쿠키 등의 제품을 만드는 모든 장소를 일컫습니다. 즉, 제과와 제빵류를 만드는 장소를 나타내는 데 꼭 상업적 활동이 이루어지는 '가게'만을 의미하는 것은 아니니 이 점 함께 기억해두시면 좋겠습니다.

1 Luna bought a loaf of bread from the bakery for her daughter.
Luna는 딸을 위해 빵집에서 빵 한 덩이를 샀다.

2 Jake runs a successful bakery in the city center.
Jake는 도시 중심부에서 잘나가는 제빵소를 운영하고 있다.

 Plus + loaf 명 빵 한 덩이　　run 동 운영하다
center 명 (장소의) 중앙, 한가운데

2781

attract

[əˈtrækt]

동 끌어들이다[끌어 모으다],
끌다[불러일으키다],
유인하다

attract에는 tract(끌다)라는 단어가 들어 있습니다. 그러고 보니 '끌어들이다, 유인하다'라는 의미가 직관적으로 와닿네요. attract는 주로 무언가 매력적이거나 이롭게 보이는 것에 사람들을 끌어들이는 것을 나타냅니다.

1 Olivia clicked her tongue to attract her father's attention.
Olivia는 아빠의 관심을 끌기 위해 쯧 소리를 내었다.

2 The shop is having a sale to attract more customers.
그 가게는 더 많은 고객을 끌어들이기 위해 세일을 하고 있다.

Plus + click 동 (혀를 차서) 쯧 소리를 내다　　tongue 명 혀
attention 명 관심

2782

swivel

['swɪvl]

동 (가운데가 고정된 채) 돌다 [회전하다],
~을 회전 고리로 연결하다,
휙 돌리다

명 회전 고리[축받이]

swivel은 어떤 축을 중심으로 물체가 회전하는 모습을 나타냅니다. 동사로는 '돌다, 회전하다'를 의미하고, 명사로는 '회전 고리'라는 뜻을 나타냅니다. swivel 은 종종 다른 단어와 결합하여 새로운 단어를 만드는 경우가 많은데, 예를 들어 swivel chair라고 하면 '회전 의자'를 뜻합니다.

1 Ben swiveled his chair to face me.

Ben은 나를 마주 볼 수 있게 의자를 휙 돌렸다.

2 This camera is on a swivel mount so it can rotate 360 degrees.

이 카메라는 360도 회전할 수 있도록 회전 받침대에 장착되어 있다.

Plus + face 동 ~을 마주보다   mount 명 (물건을 세우거나 받치는 데 쓰는) 대
rotate 동 회전하다   degree 명 (각도, 온도 단위의) 도

2783

schedule

['skedʒuːl]

명 일정, 프로그램 편성표, 일람표

동 일정을 잡다

schedule은 명사로 '일정'을, 동사로는 '일정을 잡다'라는 의미를 나타냅니다. 일반적으로 시간이나 행사, 일정 등을 계획하거나 조직하는 행위 자체를 뜻합니다. 영어권에는 schedule을 활용한 표현이 많은데, 대표적으로 on schedule(예정대로), behind schedule(예정보다 늦게) 등이 있습니다.

1 Lucas is working on a pretty tight schedule.

Lucas는 꽤 빠듯한 일정에 맞춰서 일하고 있다.

2 We can schedule you for next Saturday.

우리는 다음 주 토요일로 일정을 잡을 수 있다.

Plus + tight 형 (여유가 없이) 빠듯한

2784

relative

['relətɪv]

형 비교상의, 상대적인, 관계있는

명 친척

relative는 형용사로는 '비교상의, 상대적인, 관계있는' 등을 뜻하고, 명사로는 '친척'을 의미합니다. 과거에는 오늘날과 달리 사회적 관계를 맺을 수 있는 범위가 친족 등으로 제한될 수밖에 없었기에, 이런 배경에서 relative의 다양한 의미들이 생겨난 것으로 보입니다.

1 Success is relative and has different meanings for many people.

성공은 상대적이고 많은 사람들에게 다른 의미를 가진다.

2 Jane met a distant relative at the family reunion.

Jane은 가족 모임에서 먼 친척을 만났다.

Plus + distant 형 먼, (멀리) 떨어져 있는   reunion 명 모임, 재회

2785

shy

[ʃaɪ]

형 수줍은[부끄러운, 내성적인], 꺼리는[두려워하는, 조심하는, 의심이 많은], ~이 없는[부족한]

동 피하다

shy는 일반 구어에서 매우 자주 쓰이는 단어입니다. 맥락에 따라 주로 '수줍은, 부끄러운, 내성적인' 등의 뜻을 나타내지요. shy는 원래 '두려워하다'라는 뜻에서 출발한 것으로 추정합니다. 그러다 시간이 지나면서 더 구체적이고 특수한 종류의 두려움, 즉 새로운 것에 대한 '불안감'을 의미하게 되었습니다. 그래서 '피하다'라는 뜻의 동사로 쓰이기도 합니다.

1 Sam was shy every time he talked to her.

Sam은 그녀와 이야기할 때마다 수줍어했다.

2 The dog shied away from the snake in the road.

개는 길 위의 뱀을 피해 물러섰다.

Plus + shy away from ~을 피하다

2786

contest

[ˈkɑːntest] [kənˈtest]

명 대회[시합], 다툼[싸움], 경쟁

동 경쟁을 벌이다[다투다]

contest는 원래 법정에서 증언을 가지고 논쟁하는 상황을 의미했습니다. 그러다 시간이 지나면서 이런 의미가 추상적으로 확장하여 '대회, 시합, 경쟁' 등을 뜻하게 되었습니다. 하지만 여전히 '경쟁을 벌이다, 다투다'라는 뜻을 나타내기도 합니다.

1 He won first place in the piano contest held in Seoul.

그는 서울에서 열린 피아노 대회에서 1등을 차지했다.

2 The two companies were contesting for the market share.

두 회사는 시장 점유율을 두고 경쟁을 벌이고 있었다.

Plus + win first place 일등을 하다, 우승하다   market share 시장 점유율

2787

index

[ˈɪndeks]

명 색인, 지수[지표]

동 색인을 달다, 지수에 연동시키다

index는 원래 '가리키는 것'을 뜻했습니다. 그러다 점차 시간이 지나면서 책의 내용을 가리키거나 특정 경제적 현상을 가리키는 것 등으로 의미가 구체화되었습니다. 그래서 지금은 명사로는 '색인, 지수, 지표' 등을 뜻하고, 동사로는 '색인을 달다, 지수에 연동시키다'라는 의미를 나타냅니다.

1 The inflation index is currently steadily rising.

인플레이션 지수가 현재 꾸준히 상승하고 있다.

2 We are indexing all the documents for easy retrieval.

우리는 정보를 쉽게 검색할 수 있도록 모든 문서에 색인을 달고 있다.

Plus + currently 부 현재, 지금   steadily 부 꾸준히
retrieval 명 (정보의) 검색

2788

option

[ˈɑːpʃn]

명 선택, 선택권

option은 '선택, 선택권'을 의미하는 명사입니다. 선택할 수 있는 대상 또는 권리를 나타냅니다. 비슷한 뜻을 가진 단어들이 여럿 있는데, choice는 개인의 주관적 선택을, alternative는 다른 가능성을, preference는 선호하는 대상을 나타냅니다.

1 Students have the option to choose between the red and the blue ones.

학생들은 빨간색과 파란색 중에서 선택할 수 있다.

2 He is considering what to choose from a variety of options.

그는 여러 선택권 중에서 무엇을 택할지 고려하는 중이다.

Plus+ consider 동 고려하다   a variety of 여러 가지의

2789

sprinkle

[ˈsprɪŋkl]

동 (물 등을) 뿌리다, 산재하다, 세례를 주다

명 (물 등을) 뿌리기

sprinkle은 원래 '뿌리다'라는 뜻으로 출발했습니다. 지금도 주로 '(물 등을) 뿌리다'라는 의미로 쓰이지요. 주로 적은 양의 물을 여러 곳에 균일하게 뿌리는 것을 의미합니다. 그래서 비가 세차게 내리지 않고 가볍게 떨어지는 경우를 나타내기도 합니다. 또한 기독교에서 수행하는 세례의 한 형식을 뜻하기도 하지요.

1 Melanie put a sprinkle of salt into the boiling pot.

Melanie는 끓는 냄비에 소금을 뿌렸다.

2 Sam sprinkled water on the plants while listening to music.

Sam은 음악을 들으며 화초에 물을 뿌렸다.

Plus+ boiling 형 끓는   while 접 (다른 일과 동시에) ~하는 동안에

2790

pupil

[ˈpjuːpl]

명 학생, 제자[문하생], 눈동자[동공]

pupil은 주로 '학생, 제자'를 뜻합니다. 또한, 사람의 눈동자를 나타내기도 합니다. 이는 아마도 눈동자가 학습을 수용하게 하는 중요한 부분이기 때문에 '학생'과 '눈동자'라는 두 개념이 연결된 것으로 보입니다.

1 Ezra is a diligent pupil who always completes his assignments on time.

Ezra는 항상 제시간에 숙제를 끝내는 성실한 학생이다.

2 We were impressed by the pupil's intelligent thoughts.

우리는 그 학생의 영리한 생각에 감명받았다.

Plus+ diligent 형 성실한   assignment 명 과제
on time 제시간에   impress 동 감명을 주다

우리말에 맞게 빈칸에 알맞은 단어를 쓰세요.

(정답은 본문을 확인하세요.)

1 I decided to look for opportunities _____.
나는 다른 곳에서 기회를 찾기로 결심했다.

2 Lily introduced him as her _____ to her friends.
Lily는 그를 자신의 연인으로 친구들에게 소개했다.

3 My baby was sleeping in the _____.
우리 아기는 요람에서 잠들어 있었다.

4 She made a _____ attempt to catch the ball.
그녀는 어설픈 시도로 공을 잡으려 했다.

5 The job is within the _____ of my abilities.
그 일은 내 능력 범위 안에 있다.

6 What _____ should I use to solve this problem?
이 문제를 해결하려면 내가 어떤 방법을 써야 할까?

7 Jenny was arrested for _____ a crime.
Jenny는 범죄를 모의하다가 체포되었다.

8 _____ alone does not make someone good at something.
열정만으로는 누군가를 능숙하게 만들지 못한다.

9 Turn the _____ to open the door.
문을 열려면 손잡이를 돌려라.

10 This building has a _____ for wheelchair access.
이 건물에는 휠체어 이용을 위한 경사로가 있다.

11 Lily told her mother to tie her hair up in a _____.
Lily는 엄마에게 머리를 번 모양으로 묶어 달라고 말했다.

12 Daniel sent a small _____ to his friend.
Daniel은 그의 친구에게 작은 소포를 보냈다.

13 John has a reputation for being _____.
John은 관대하기로 정평이 나 있다.

14 The project was _____ by a lack of resources.
그 프로젝트는 자금 부족으로 난관에 봉착했다.

15 William is a well-known _____ of the arts.
William은 예술 분야의 잘 알려진 후원자다.

16 The warehouse was _____ by the explosion.
창고는 그 폭발로 인해 완전히 쓰러졌다.

17 We need to _____ this issue before moving on.
우리는 다음 단계로 넘어가기 전에 이 문제를 해결해야 한다.

18 The park requires dogs to be on a _____ at all times.
그 공원에서는 개들이 항상 목줄을 매고 있어야 한다.

19 Dust _____ are floating in the air.
먼지 입자들이 공기 중에 떠 있다.

20 Jake runs a successful _____ in the city center.
Jake는 도시 중심부에서 잘나가는 제빵소를 운영하고 있다.

21 The shop is having a sale to _____ more customers.
그 가게는 더 많은 고객을 끌어들이기 위해 세일을 하고 있다.

22 Ben _____ his chair to face me.
Ben은 나를 마주 볼 수 있게 의자를 홱 돌렸다.

23 Lucas is working on a pretty tight _____.
Lucas는 꽤 빠듯한 일정에 맞춰서 일하고 있다.

24 Jane met a distant _____ at the family reunion.
Jane은 가족 모임에서 먼 친척을 만났다.

25 Sam was _____ every time he talked to her.
Sam은 그녀와 이야기할 때마다 수줍어했다.

26 The two companies were _____ for the market share.
두 회사는 시장 점유율을 두고 경쟁을 벌이고 있었다.

27 The inflation _____ is currently steadily rising.
인플레이션 지수가 현재 꾸준히 상승하고 있다.

28 He is considering what to choose from a variety of _____.
그는 여러 선택권 중에서 무엇을 택할지 고려하는 중이다.

29 Sam _____ water on the plants while listening to music.
Sam은 음악을 들으며 화초에 물을 뿌렸다.

30 We were impressed by the _____'s intelligent thoughts.
우리는 그 학생의 영리한 생각에 감명받았다.

Level 94

레벨별 단어 사용 빈도

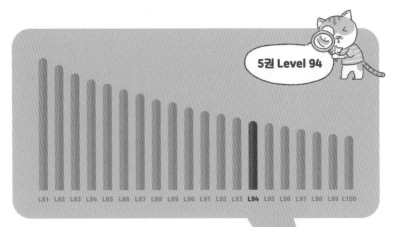

5권 Level 94

L81 L82 L83 L84 L85 L86 L87 L88 L89 L90 L91 L92 L93 **L94** L95 L96 L97 L98 L99 L100

LEVEL 1~20   LEVEL 21~40   LEVEL 41~60   LEVEL 61~80   **LEVEL 81~100**

2791

overwhelm

[ˌoʊvərˈwelm]

동 압도[제압]하다,
당황[난처]하게 하다,
전멸[궤멸]시키다,
가라앉히다[매몰시키다]

overwhelm은 '완전히'라는 뜻의 over와 '뒤집히다'를 의미하는 whelm이 결합한 동사입니다. '압도하다, 제압하다, 당황하게 하다, 난처하게 하다, 전멸시키다, 궤멸시키다, 매몰시키다' 등이 나타내는 공통점이 무엇일지 생각해 보세요. 이러한 의미들에는 모두 '완전히 뒤집히다'라는 핵심 개념이 있습니다. 단지 어떤 맥락에 적용되었는지의 차이만 있을 뿐이지요.

1 The team was overwhelmed by their opponent's tactics.
그 팀은 상대방의 전략에 압도되었다.

2 Emily felt overwhelmed by the amount of work she had to do.
Emily는 그녀가 해야 할 일의 분량에 압도되었다.

Plus + tactic 명 전략, 전술   amount 명 양

2792

peasant

[ˈpeznt]

명 소작농[농민], 촌뜨기
형 소작농[농민]의, 촌뜨기의

peasant는 농업에 종사하는 사람들을 가리키는 말로, 특히 고대나 중세 사회에서 땅의 소유권이 없던 사람들을 뜻합니다. 우리말로는 '소작농'으로 표현할 수 있지요. 맥락에 따라 종종 상대를 무시하거나 경멸하는 의미를 띠기도 하는데, 이때는 교육을 제대로 받지 못했거나 교양이 없는 사람들을 의미합니다.

1 The peasants worked from dawn till dusk in the fields.
그 소작농들은 새벽부터 해질녘까지 밭에서 일했다.

2 The new tax law is going to hit the peasants hardest.
새로운 세금법은 농민들에게 가장 큰 타격을 줄 것이다.

Plus + dawn 명 새벽   dusk 명 저녁때, 황혼(녘)
tax 명 세금   hit 동 타격을 주다

2793

waterfall

[ˈwɔːtərfɔːl]

명 폭포

waterfall은 water(물)와 fall(떨어지다)이 결합한 명사입니다. 말 그대로 물이 떨어지는 곳, 즉 '폭포'를 의미합니다. 영어권에는 waterfall effect라는 표현이 있습니다. 그대로 번역하면 '폭포 효과'라는 뜻인데, 이는 한 상황이 다른 상황에 연쇄적으로 영향을 미치는 경우를 나타냅니다.

1 We discovered a beautiful waterfall in the mountains.
우리는 산에서 아름다운 폭포를 발견했다.

2 She jumped off the top of the waterfall into the river below.
그녀는 폭포 꼭대기에서 아래의 강으로 뛰어들었다.

Plus + discover 동 발견하다   jump off ~에서 뛰어내리다

2794

festival

[ˈfestɪvl]

명 축제, 잔치[향연], 기념제

형 축제의

festival은 원래 '즐거움, 흥겹게' 등을 뜻하는 단어에서 유래했습니다. 그러고 보니 '축제, 잔치'라는 뜻과 별반 다르지 않네요. 오늘날 festival은 축제나 기념일, 행사 등을 나타내며, 다른 단어와 결합하여 music festival(음악 축제), film festival(영화제), Korean food festival(한국 음식 축제) 등으로 쓰이곤 하죠.

1 The city holds an annual strawberry festival.

그 도시는 매년 딸기 축제를 개최한다.

2 The film festival attracted movie buffs from all over the country.

그 영화제는 전국의 영화 애호가들을 끌어들였다.

Plus + hold 동 (회의, 시합 등을) 개최하다 　　　 annual 형 매년의
buff 명 애호가

2795

recess

[rɪˈses]

명 쉼[휴식], (법정의) 휴정, 구석진[후미진] 곳

동 휴회[휴정]하다

recess는 원래 '후퇴, 퇴각'을 뜻하는 단어에서 유래했으며, 오늘날은 주로 학교나 회의에서의 '쉬는 시간', 또는 법정에서의 '휴정 시간'을 의미합니다. 또한 맥락에 따라 구석진 곳을 뜻하기도 하는데 모든 뜻이 '후퇴'라는 의미와 관련이 있네요. 그 밖에도 동사로 '휴회[휴정]하다'를 뜻하기도 합니다.

1 Our school is considering increasing recess time from 10 to 20 minutes.

우리 학교는 쉬는 시간을 10분에서 20분으로 늘리는 것을 검토 중이다.

2 The judge declared a recess until the next day.

재판관은 다음 날까지 휴정을 선포했다.

Plus + consider 동 검토하다 　　　 declare 동 선포하다

2796

stout

[staʊt]

형 뚱뚱한, 튼튼한, 용감한, (바람 등이) 격렬한

stout은 원래 '강한, 용감한'이라는 뜻에서 유래했는데, 지금도 그러한 뜻이 남아 있기도 하지만 독특하게도 '뚱뚱한, 튼튼한'이라는 뜻을 나타내기도 합니다. 보통 용감하고 강한 사람이 몸도 튼튼한 경우가 많아서 지금의 의미가 파생된 것으로 추정됩니다.

1 The stout man pushed his way through the crowd in the park.

그 건장한 남자는 공원에 있는 사람들 사이를 밀치고 나아갔다.

2 My brother is a little stout for his age.

내 남동생은 나이에 비해 조금 뚱뚱하다.

Plus + push one's way 밀치고 나아가다 　　　 crowd 명 군중
a little 조금, 약간

2797

harbor

[háːrbər]

명 항구, 항만, 피난[은신]처,
(야생 동물의) 보금자리

harbor는 주로 '항구, 항만'을 뜻하는 명사입니다. 이런 의미가 확장되어 비유적으로 '피난처, 은신처' 또는 '(야생 동물의) 보금자리'라는 뜻까지 나타내게 되었습니다. 예를 들어, safe harbor라고 하면 은유적으로 안전한 '피난처'나 '보호를 제공하는 장소'를 뜻합니다.

1 The ancient city had a large harbor for maritime trade.
그 고대 도시에는 해상 무역을 위한 큰 항구가 있었다.

2 The forest acts as a harbor for the endangered species.
그 숲은 멸종 위기 종에게 보금자리의 역할을 한다.

Plus + maritime 형 해상의, 해상 무역의   trade 명 무역
act as ~으로서의 역할을 하다   endangered 형 멸종 위기에 처한

2798

major

[ˈmeɪʤə(r)]

형 주요한, 중대한, (음악) 장조의

명 전공

동 전공하다(in)

major는 원래 '더 큰'이라는 뜻이었습니다. 그러다 '주요한, 중대한'이라는 의미로 쓰이게 되어 오늘날에는 맥락에 따라 음악에서는 '장조의'를, 대학에서는 '전공'을 의미합니다. 음악에서 '장조'가 주된 화음 조성이고, 대학에서 배우는 여러 과목 중에서 더 중요한 것이 '전공'이니 나름 논리적인 의미 확장이군요.

1 Climate change is a major concern for people living in the 21st century.
기후 변화는 21세기를 살아가는 많은 이들에게 중대한 관심사다.

2 I decided to major in linguistics.
나는 언어학을 전공하기로 결정했다.

Plus + climate 명 기후   concern 명 관심사
linguistics 명 언어학

2799

composition

[ˌkɑmpəˈzɪʃən]

명 구성[요소, 성분],
(예술) 작품, 작곡,
(그림 등의) 구도

composition은 동사 compose(작곡하다)의 명사형입니다. compose는 본래 '함께 놓다'라는 뜻에서 유래했습니다. 즉, 어떤 것들을 모아서 하나로 만드는 것을 나타내지요. 그렇기 때문에 composition은 '작곡' 외에도 맥락에 따라 '구성 요소나 성분, (그림 등의) 구도' 등 다양한 의미를 나타냅니다.

1 The composition of a cell is complicated and needs further research.
세포의 구성은 복잡해서 추가 연구가 필요하다.

2 Ryan wrote a beautiful composition in his English class.
Ryan은 영어 수업에서 아름다운 작품을 썼다.

Plus + complicated 형 복잡한   further 형 추가의

2800

dedication

[ˌdedɪˈkeɪʃn]

명 봉헌(식), 헌신, 헌정(사),
개소[개관]

dedication은 주로 '헌신'을 뜻하며, 맥락에 따라 '봉헌, 헌정' 등으로도 표현할 수 있습니다. 또한 '개소, 개관'이라는 의미를 나타내기도 하는데, 이는 새로운 장소나 건물이 공개되고 사용될 때 그 장소나 건물을 특정 목적에 '헌정'하는 행사가 이루어지던 전통에서 기인한 것으로 보입니다.

1 Tim shows a lot of dedication to his work.

Tim은 그의 일에 많은 헌신을 보여준다.

2 The dedication ceremony for the new library will take place this week.

새로 생긴 도서관의 개관식이 이번 주에 열릴 예정이다.

Plus + take place 개최되다, 일어나다

2801

cheat

[tʃiːt]

동 속이다, 사기 치다,
부정행위를 하다,
바람을 피우다

cheat은 원래 '부정하게 빼앗다'를 뜻했습니다. 이러한 의미가 확장되어 '속이다, 사기 치다'라는 뜻을 나타내게 되었지요. 그 밖에 '바람을 피우다'라는 의미도 있는데, 이 역시 부정하게 연인을 속이는 행위라는 점에서 비슷한 맥락이네요.

1 Aria was caught cheating on the test.

Aria는 시험에서 부정행위를 하다가 걸렸다.

2 He felt cheated when he realized the product was not as advertised.

그는 그 제품이 광고처럼 되지 않는다는 것을 깨달았을 때 사기당한 기분이 들었다.

Plus + catch 동 (특히 나쁜 짓을 하고 있는 사람을) 발견하다   realize 동 깨닫다

2802

construction

[kənˈstrʌkʃn]

명 건설, 건축물,
(문장 등의) 구조, 해석[의미]

construction은 con-(함께)과 struct가 결합한 단어로, struct는 structure (구조)를 뜻합니다. 그래서 '함께 쌓은 것'을 나타내며, 이러한 뜻이 확장되어 재료와 재료, 단어와 단어 등이 함께 잘 쌓인 결과물들을 나타냅니다. 그 결과 오늘날 '건설, (문장 등의) 구조, 해석' 등을 뜻합니다.

1 The construction of the new building will be completed next month.

새 건물의 건설은 다음 달에 완료될 것이다.

2 This construction is a masterpiece of ancient architecture.

이 건축물은 고대 건축의 걸작이다.

Plus + masterpiece 명 걸작   architecture 명 건축

2803

ant

[ænt]

명 개미

ant는 '개미'를 뜻합니다. 원래는 무언가를 잘라서 던지는 것을 의미했는데, 개미가 먹이를 잘라서 실어 나르는 행동에서 이 같은 명칭이 유래된 것으로 추정됩니다. '개미'를 지칭하는 단어로는 termite도 있지만, ant는 일반적인 개미를 지칭하고 termite는 '흰개미'라는 특정 종만을 의미합니다.

1 Ants communicate using pheromones and sounds.

개미들은 페로몬과 소리를 사용하여 서로 소통한다.

2 There's an ant colony living under the paving stone in the garden.

정원의 포석 밑에는 개미 군집이 살고 있다.

> **Plus +** communicate 동 의사소통하다   pheromone 명 페로몬, 동종 유인 호르몬
> colony 명 (동·식물의) 군집   paving stone 포장용 돌

2804

data

['deɪtə]

명 자료[정보]

data는 '주어진 것'이라는 뜻의 라틴어 *datum*에서 유래했습니다. 무언가 필요한 사람에게 적절히 주어지면 이것을 '정보'라고 할 수 있고, 정보가 확장되면 '자료'라고 할 수 있겠지요? *datum*은 오늘날 영어에도 그대로 남아 있습니다. 전문용어로 '(하나의) 정보'라는 뜻이고, 이것의 복수형이 바로 data입니다.

1 The data collected by the research team is invaluable.

연구 팀이 수집한 정보는 매우 유용하다.

2 The data shows that the population of the town is increasing.

그 자료는 그 도시의 인구가 증가하고 있음을 보여준다.

> **Plus +** invaluable 형 매우 유용한, 귀중한   population 명 인구

2805

bound

[baʊnd]

명 경계, 한도[한계]

형 (열차 따위가) ~행의,
~을 목표로 하는

bound는 원래 '묶다'를 뜻하는 동사에서 파생되었습니다. 그래서 어딘가를 구역으로 묶는다는 의미가 있는데, 시간이 지남에 따라 여러 갈래로 의미가 확장하면서 지금의 다양한 뜻이 되었습니다. 그래서 오늘날 bound는 명사로 '경계, 한도, 한계'를 뜻하고, 형용사로는 '~행의, ~을 목표로 하는'이라는 의미를 나타내기도 합니다.

1 The forest is the natural bound of this village.

그 숲은 이 마을의 자연적인 경계다.

2 The next train is bound for Seoul.

다음 열차는 서울행이다.

> **Plus +** natural 형 자연적인

2806

variety

[vəˈraɪəti]

명 다양성, 가지각색, 종류, (인공적으로 만든) 품종

variety는 원래 '다른 것들 사이의 차이'를 의미했지만 시간이 지나면서 주로 '다양성, 종류'라는 의미의 명사로 자리 잡게 되었습니다. 맥락에 따라 '품종'을 뜻하기도 하는데, '품종'은 특정 종 내부에서 자연적이거나 인공적인 변이를 거쳐 만들어지는 것이죠. 이 또한 '다양성'이라는 기본 개념과 일맥 상통하는군요.

1 There were a variety of speculations about her resignation.
그녀의 사임에 대한 다양한 추측이 있었다.

2 A balanced diet includes a variety of nutrients.
균형 잡힌 식단은 다양한 영양소를 포함한다.

Plus + speculation 명 추측   resignation 명 사임
balanced 형 균형 잡힌, 안정된   nutrient 명 영양소

2807

slavery

[ˈsleɪvəri]

명 노예의 신분[처지], 노예 제도, 고역[몹시 고된 일]

slavery는 slave(노예)에서 파생된 단어로 원래 '슬라브인'을 뜻했습니다. 중세 시대에 슬라브인들이 노예로 팔려가는 경우가 많아서 '노예'를 뜻하게 된 것으로 추정됩니다. 맥락에 따라 노예의 신분이나 처지, 노예 제도 등 다양한 의미를 나타낼 수 있습니다. 또는 비유적으로 '고역', 즉 몹시 고되고 힘든 일을 뜻하기도 합니다.

1 Slavery was abolished in the 19th century in many countries.
노예 제도는 19세기에 많은 국가에서 폐지되었다.

2 She described her work as a form of slavery.
그녀는 자신의 일을 일종의 노예가 하는 일이라고 말했다.

Plus + abolish 동 (제도 등을) 폐지하다   describe 동 (~이 어떠한지를) 말하다

2808

runway

[ˈrʌnweɪ]

명 활주로, 무대와 관람석을 잇는 통로, 짐승이 다니는 길

runway는 run(달리다)과 way(길)가 결합한 단어로 '달리는 길'을 뜻합니다. 맥락에 따라 '활주로'를 나타내거나 '무대와 관람석을 잇는 통로'를 뜻하기도 합니다. 심지어 짐승들이 다니는 길을 의미하기도 하지요. 어떤 대상이 다니는지에 따라 의미가 매우 유연하게 바뀌는 단어입니다.

1 The snow needs to be cleared off the runway before the planes can take off.
비행기가 이륙하기 전에 활주로의 눈을 깨끗이 치워야 한다.

2 He dreams of walking the runway in Paris one day.
그는 언젠가 파리의 런웨이를 걷는 것을 꿈꾸고 있다.

Plus + clear off ~을 깨끗이 치우다   take off 이륙하다
dream of ~을 꿈꾸다

2809

meadow

['medoʊ]

명 초원, 목초지

meadow는 주로 동물들이 먹이를 찾거나 사람들이 농사를 지을 수 있는 풀밭, 즉 '초원, 목초지'를 의미합니다. meadow를 활용한 표현으로는 meadow land (초원 지역), meadow flowers(초원의 야생화), meadow grass(초원의 잔디) 등이 있습니다.

1 The meadow stretched out as far as the eye could see.
초원이 눈이 닿는 곳까지 펼쳐져 있었다.

2 Mike took a picture of a meadow filled with flowers.
Mike는 꽃으로 가득한 초원의 사진을 찍었다.

Plus + stretch out (경치·광경 등이) 펼쳐지다   take a picture 사진을 찍다
filled 형 (내용물이) 가득한

2810

essay

['eseɪ]

명 수필, 평론, 시도
동 시도[기도]하다

essay는 명사로 특정 주제에 대한 개인적인 의견, 또는 깊이 있는 연구를 제시하는 긴 글을 뜻하고, 동사로는 '시도하다' 등을 의미합니다. 특정 주제에 대해 새로운 이해를 '시도한다'는 맥락에서 지금의 의미가 파생된 것으로 보입니다.

1 The teacher assigned the students an essay on their favorite book.
선생님은 학생들에게 가장 좋아하는 책에 대한 수필을 쓰는 숙제를 냈다.

2 Billy's essay on the themes of the novel was insightful.
그 소설의 주제에 관한 Billy의 평론은 통찰력이 있었다.

Plus + assign 동 (일 등을) 부과하다   insightful 형 통찰력 있는

2811

approval

[əˈpruːvl]

명 승인, 동의[찬성], 인가

approval은 동사 approve(승인하다)의 명사형입니다. '승인, 동의' 등을 의미하며 주로 다른 사람들의 인정이나 동의를 얻는 상황에서 쓰입니다. get이나 give처럼 '받다, 주다'를 뜻하는 동사와 함께 쓰는 경우가 많습니다.

1 They were waiting for the approval of the director to proceed with the project.
그들은 감독의 승인을 받아 그 프로젝트를 계속 진행하려고 기다리고 있었다.

2 I finally received approval from the bank for my loan.
나는 마침내 은행으로부터 대출 승인을 받았다.

Plus + proceed 동 진행하다   receive 동 받다
loan 명 대출

2812

inhale

[ɪnˈheɪl]

동 들이마시다, 흡입하다

inhale은 주로 '들이마시다, 흡입하다'를 뜻하는 동사입니다. 앞에 있는 in-이 '안으로'를 의미하고, 이것의 반대말이 ex-(밖으로)지요? 그래서 inhale고 대비되는 의미를 나타내는 단어가 바로 exhale(숨을 내쉬다)입니다. 참고로 inhale과 exhale 모두 부사 deeply(깊게)와 함께 쓰이는 경우가 많습니다. 말 그대로 '깊게 숨을 들이마시다' 또는 '깊게 숨을 내쉬다'라는 뜻을 나타내지요.

1 **Jane inhaled deeply and exhaled slowly, trying to relax.**
Jane은 진정하려고 노력하면서 깊게 숨을 들이쉬고 천천히 내쉬었다.

2 **Max inhaled the fresh air of the countryside.**
Max는 시골의 신선한 공기를 깊게 들이마셨다.

Plus + relax 동 진정하다

2813

fashion

[ˈfæʃn]

명 유행, 방법[방식],
유행하는 사람[물건]

동 만들다[빚다]

fashion은 원래 '만들다'라는 뜻의 동사에서 파생되었습니다. 그래서 fashion의 기본 의미는 '만들어진 것'이며 맥락에 따라 '유행, 방법, 방식' 등 다양한 뜻을 나타낼 수 있습니다. 이는 모두 사람에 의해 '만들어진 것'이라는 개념을 내포하고 있습니다.

1 **He always keeps up with the latest fashion.**
그는 항상 최신 유행을 따라간다.

2 **The clerk recommended Leah the bootcut pants that are in fashion these days.**
점원은 Leah에게 요즘 유행하는 부츠컷 바지를 추천해 주었다.

Plus + keep up with (시류, 유행을) 따르다, ~에 뒤지지 않다
latest 형 최신의   in fashion 유행하고 있는

2814

sleepy

[ˈsliːpi]

형 졸린[졸음이 오는],
활기 없는[나태한], 조용한,
(배 등의 과일이) 썩기 시작한

sleepy는 sleep(잠)에 -y가 결합된 형용사입니다. 일반적으로 '졸린, 잠이 오는' 정도의 뜻을 나타냅니다. 또한 활기가 없거나 나태한 상태를 비유적으로 묘사하기도 합니다. 그리고 이런 추상적 의미가 확장되어 배나 사과와 같은 과일이 '썩기 시작한' 상태를 나타내기도 하지요.

1 **After studying all night, Linda felt very sleepy.**
밤새 공부한 후 Linda는 매우 졸린 상태였다.

2 **Her sleepy performance on stage disappointed her fans.**
그녀의 활기 없는 무대 퍼포먼스는 팬들을 실망시켰다.

Plus + disappoint 동 실망시키다

2815

brake

[breɪk]

명 제동 장치, 제동[억제]

동 브레이크를 걸다[밟다]

brake는 원래 '가지를 꺾다'라는 뜻이었다가 시간이 흐르면서 가지를 꺾어서 무언가의 이동을 제어하는 도구의 이름을 나타내게 되었습니다. 그래서 오늘날 brake는 명사로 '제동 장치, 제동, 억제' 등을 뜻하고, 동사로는 '브레이크를 걸다, 밟다' 등을 의미합니다.

1 The manager decided to press the brake on the project.

관리자는 그 프로젝트에 제동을 걸기로 결심했다.

2 He braked suddenly to avoid the dog.

그는 개를 피하려고 갑자기 브레이크를 밟았다.

Plus + press 동 (무엇을 하도록) 압력[압박]을 가하다

2816

tractor

['træktə(r)]

명 끄는 것[사람], 트랙터, 견인차

tractor는 원래 '끌다'를 뜻하는 동사 tract에서 파생되었습니다. 그래서 '끄는 것, 끄는 사람'이라는 뜻을 나타내게 되었지요. 그리고 시간이 흘러 기술이 발전됨에 따라 농업용 차량과 장비가 발명되면서 이를 지칭하는 단어가 되었습니다. 흔히 우리가 '트랙터'라고 부르는 기계가 바로 tractor입니다.

1 Our grandfather owns an old tractor which he still uses for farming.

우리 할아버지는 아직도 농사에 사용하는 오래된 트랙터를 소유하고 있다.

2 The tractor easily carried the heavy load.

트랙터는 무거운 짐을 쉽게 운반했다.

Plus + own 동 소유하다   farming 명 농업, 농사
carry 동 옮기다   load 명 (차량 등이 운반하는) 짐, 화물

2817

inspire

[ɪnˈspaɪə(r)]

동 고무[격려]하다, 영감을 주다, (감정을) 고취시키다

inspire는 in(안에)과 spire(붙다)가 결합한 동사로 '안에 숨을 불어 넣다'라는 뜻을 나타냅니다. 처음에는 신이 숨을 불어 넣어 생명을 만든다는 의미를 나타냈습니다. 그러다 시간이 흐르면서 뜻이 확장되어 오늘날에는 전반적으로 영감을 주고 감정을 고취시키는 행동을 일컫게 되었습니다.

1 Jackson's courage inspired his followers.

Jackson의 용기는 그의 추종자들에게 영감을 주었다.

2 Her speech inspired a sense of shared purpose.

그녀의 연설은 공동의 목적의식을 고취시켰다.

Plus + courage 명 용기   follower 명 추종자
shared 형 공동의   purpose 명 목적[목적의식]

2818

wary

['weri]

형 경계하는, 조심성 있는, 신중한

wary는 동사 ware(경계하다)의 형용사형으로 특정 사람이나 사건, 상황 등에 대해 경계하거나 신중을 기하는 태도를 나타냅니다. 무언가 경계하고 주의한 다는 맥락에서 wary는 여러 단어와 연관성을 가지고 있습니다. 비슷한 단어로 beware(주의하다), aware(알고 있는) 등이 있습니다.

1 She was wary of the risks involved in the investment.

그녀는 투자에 수반되는 위험을 경계했다.

2 Having been scammed before, James was wary of online shopping.

이전에 사기를 당했던 적이 있어서, James는 온라인 쇼핑에 신중했다.

Plus + risk 명 위험
investment 명 투자
involve 동 수반하다, 관련시키다
scam 동 사기 치다, 속이다

2819

nursery

['nɜːrsəri]

명 유치원, 탁아소, 아이들 방, 묘목장

nursery는 원래 동사 nurse(간호하다, 돌보다)에서 파생되었습니다. 어떤 대상 을 돌보는 장소를 뜻합니다. 오늘날은 아이들이 보호받고 배우고 놀 수 있는 공 간, 즉 '유치원, 탁아소' 등을 의미하지요. 또한 맥락에 따라 식물을 재배하고 보 호하는 곳인 '묘목장'을 뜻하기도 합니다.

1 He dropped his son off at the nursery before going to work.

그는 일하러 가기 전에 아들을 어린이집에 맡겼다.

2 The nursery provides care for children aged between ten months to five years.

이 어린이집은 10개월에서 5세까지의 아이들을 돌본다.

Plus + drop off (사람을) 내려주다

2820

chemical

['kemɪkl]

형 화학의, 화학적인

명 화학 물질[제품]

chemical은 형용사로는 '화학의, 화학적인'을 뜻하고 명사로는 '화학 물질'을 의 미합니다. 예를 들어, chemical reaction이라고 하면 '화학 반응'을 나타내고, chemical compound라고 하면 '화학 혼합물'을 의미합니다.

1 Chemical reactions occur when substances combine and form new substances.

물질들이 결합하여 새로운 물질들을 형성할 때 화학 반응이 일어난다.

2 The chemical symbol for water is H_2O.

물의 화학 기호는 H_2O이다.

Plus + occur 동 일어나다, 발생하다
combine 동 결합하다
substance 명 물질
symbol 명 (과학 등에서 쓰이는) 기호

우리말에 맞게 빈칸에 알맞은 단어를 쓰세요.

(정답은 본문을 확인하세요.)

1 The team was _____ by their opponent's tactics.
그 팀은 상대방의 전략에 압도되었다.

2 The _____ worked from dawn till dusk in the fields.
그 소작농들은 새벽부터 해질녘까지 밭에서 일했다.

3 We discovered a beautiful _____ in the mountains.
우리는 산에서 아름다운 폭포를 발견했다.

4 The city holds an annual strawberry _____.
그 도시는 매년 딸기 축제를 개최한다.

5 The judge declared a _____ until the next day.
재판관은 다음 날까지 휴정을 선포했다.

6 My brother is a little _____ for his age.
내 남동생은 나이에 비해 조금 뚱뚱하다.

7 The forest acts as a _____ for the endangered species.
그 숲은 멸종 위기 종에게 보금자리의 역할을 한다.

8 I decided to _____ in linguistics.
나는 언어학을 전공하기로 결정했다.

9 Ryan wrote a beautiful _____ in his English class.
Ryan은 영어 수업에서 아름다운 작품을 썼다.

10 Tim shows a lot of _____ to his work.
Tim은 그의 일에 많은 헌신을 보여준다.

11 Aria was caught _____ on the test.
Aria는 시험에서 부정행위를 하다가 걸렸다.

12 This _____ is a masterpiece of ancient architecture.
이 건축물은 고대 건축의 걸작이다.

13 _____ communicate using pheromones and sounds.
개미들은 페로몬과 소리를 사용하여 서로 소통한다.

14 The _____ collected by the research team is invaluable.
연구 팀이 수집한 정보는 매우 유용하다.

15 The next train is _____ for Seoul.
다음 열차는 서울행이다.

16 A balanced diet includes a _____ of nutrients.
균형 잡힌 식단은 다양한 영양소를 포함한다.

17 She described her work as a form of _____.
그녀는 자신의 일을 일종의 노예가 하는 일이라고 말했다.

18 He dreams of walking the _____ in Paris one day.
그는 언젠가 파리의 런웨이를 걷는 것을 꿈꾸고 있다.

19 Mike took a picture of a _____ filled with flowers.
Mike는 꽃으로 가득한 초원의 사진을 찍었다.

20 Billy's _____ on the themes of the novel was insightful.
그 소설의 주제에 관한 Billy의 평론은 통찰력이 있었다.

21 I finally received _____ from the bank for my loan.
나는 마침내 은행으로부터 대출 승인을 받았다.

22 Max _____ the fresh air of the countryside.
Max는 시골의 신선한 공기를 깊게 들이마셨다.

23 He always keeps up with the latest _____.
그는 항상 최신 유행을 따라간다.

24 After studying all night, Linda felt very _____.
밤새 공부한 후 Linda는 매우 졸린 상태였다.

25 He _____ suddenly to avoid the dog.
그는 개를 피하려고 갑자기 브레이크를 밟았다.

26 The _____ easily carried the heavy load.
트랙터가 무거운 짐을 쉽게 운반했다.

27 Jackson's courage _____ his followers.
Jackson의 용기는 추종자들에게 영감을 주었다.

28 She was _____ of the risks involved in the investment.
그녀는 투자에 수반되는 위험을 경계했다.

29 He dropped his son off at the _____ before going to work.
그는 일하러 가기 전에 아들을 어린이집에 맡겼다.

30 The _____ symbol for water is H_2O.
물의 화학 기호는 H_2O이다.

Level
95

레벨별 단어 사용 빈도

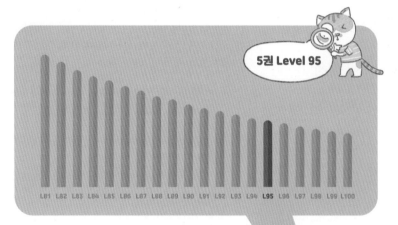

5권 Level 95

L81 L82 L83 L84 L85 L86 L87 L88 L89 L90 L91 L92 L93 L94 **L95** L96 L97 L98 L99 L100

LEVEL 1~20　　LEVEL 21~40　　LEVEL 41~60　　LEVEL 61~80　　**LEVEL 81~100**

2821

affair

[əˈfer]

📖 일[사건], (불륜의) 연애 사건, 추문

affair의 의미는 상당히 광범위합니다. 기본 의미는 '일, 사건'이며 어떤 사건이나 활동, 또는 관계를 나타냅니다. 일상 생활이나 사업, 정치 등 맥락에 따라 다양한 의미를 나타낼 수 있는데, 종종 '불륜'이나 '외도, 추문' 등을 뜻하기도 합니다.

1 The official ordered an inquiry into the affair.
정부 관계자는 그 사건에 대한 조사를 명했다.

2 The love affair between the two celebrities became a big scandal.
두 연예인의 연애 사건은 큰 스캔들이 되었다.

Plus + order 통 명령하다   inquiry 명 조사
celebrity 명 (유명) 연예인

2822

neat

[niːt]

📖 단정한[깔끔한], 훌륭한[요령 있는], 혼합물이 섞이지 않은

neat는 주로 '단정한, 깔끔한' 등을 뜻하는 형용사입니다. 보통 무언가 깔끔하고 정돈이 잘 된 상태를 나타냅니다. 물리적인 정리뿐 아니라 사람의 깔끔한 외관을 의미하기도 합니다. 또한 맥락에 따라 능숙함이나 효율성, 또는 무언가 멋진 대상을 표현하기도 합니다. 음료에 관해서는 어떠한 혼합물도 섞이지 않은 순수한 상태를 나타내기도 하지요.

1 Ann's room is always neat and tidy.
Ann의 방은 항상 깔끔하고 잘 정돈되어 있다.

2 Her neat appearance made a good impression on the interviewers.
그녀의 단정한 외모는 면접관들에게 좋은 인상을 남겼다.

Plus + tidy 형 잘 정돈된   impression 명 인상, 느낌

2823

cushion

[ˈkʊʃn]

📖 쿠션[방석], 완충물[장치]

📖 (충격 등을) 흡수하다, 보호하다[지키다]

cushion은 명사로는 주로 '방석, 쿠션' 등을 나타냅니다. 또한 추상적으로는 '완충물, 완충장치' 등을 뜻하면서 어떤 대상이 손상이나 불이익을 받지 않게 보호하거나 완화하는 역할을 하는 것을 나타내지요. 동사로는 '(충격 등을) 흡수하다, 보호하다' 등을 뜻합니다.

1 These shoes have a cushion in the heel, so it's comfortable to walk.
이 신발은 뒤꿈치 부분에 쿠션이 있어서 걷기에 편하다.

2 Airbags should cushion the driver during an accident.
에어백은 사고 시 운전자의 충격을 완화해야 한다.

Plus + heel 명 발뒤꿈치   comfortable 형 편안한
driver 명 운전자

2824

peak
[pi:k]

명 절정, 정점[최고조],
산꼭대기[봉우리], 뾰족한 끝

peak은 원래 '산봉우리'나 '뾰족한 끝'을 뜻하는 단어였습니다. 그러다 시간이 지나면서 '산꼭대기, 산봉우리'뿐만 아니라 '절정, 최고조'와 같은 추상적 의미도 나타내게 되었죠. 이렇듯 물리적 의미에서 추상 의미가 탄생하곤 합니다.

1 They reached the peak of the mountain after hours of hiking.
그들은 몇 시간의 등산 끝에 산 정상에 도달했다.

2 Suzy's career was at its peak when she won the award.
Suzy의 경력은 그녀가 그 상을 받았을 때 정점에 달했다.

Plus + reach 동 도달하다   award 명 상

2825

director
[də'rektə(r)]

명 책임자, 관리자[임원], 감독

director는 동사 direct(지시하다)에서 파생되었습니다. 주로 '책임자, 관리자, 감독' 등을 뜻합니다. 조직의 이름이나 직함에도 상당히 많이 쓰이는데, 대표적으로 board of directors(이사회), executive director(상무 이사) 등이 있습니다.

1 Hailey was appointed as the new director of the company.
Hailey는 그 회사의 새로운 이사로 임명되었다.

2 As a director of the company, she has significant influence on their business strategy.
회사의 임원으로서, 그녀는 회사의 사업 전략에 상당한 영향력을 가지고 있다.

Plus + appoint 동 임명하다   significant 형 상당한
influence 명 영향(력)   strategy 명 전략, 계획

2826

absence
['æbsəns]

명 결석[결근], 부재, 없음[결여]

absence는 '부재'를 의미하는 명사입니다. 맥락에 따라 학교에서는 '결석'을, 직장에서는 '결근'을 나타내지요. 또는 추상적으로 무언가 없거나 결여된 것을 뜻하기도 합니다. 예를 들어, leave of absence라고 하면 '휴가'라는 의미가 됩니다. 상황에 따라 여러 의미를 나타내지만 기본적으로 '부재'라는 공통 개념이 녹아 있다는 것을 잊지 마세요!

1 Jake was marked down for his absence in the class.
Jake는 수업에 결석해서 감점을 받았다.

2 Her absence was felt during the family gathering.
가족 모임에서 그녀의 부재가 느껴졌다.

Plus + mark down ~에게 감점을 주다   gathering 명 모임

2827

senior

[ˈsiːnjə(r)]

- 형 손위의, 선배의[선임의], 상위의
- 명 연장자[원로]

senior는 원래 '늙은, 오래된'을 뜻하는 단어에서 유래했습니다. 시간이 지나면서 의미가 확장되어 '나이가 많은, 경험이 많은'이라는 뜻이 파생되었습니다. 맥락에 따라 '손위의, 선임의, 상위의' 등의 뜻으로 쓰이며, 명사로는 '연장자, 원로'를 뜻하기도 합니다.

1 The policy was dismissed by senior officials.
그 정책은 고위 관리들에 의해 묵살되었다.

2 As a senior, she is respected by all members of the community.
원로로서, 그녀는 공동체의 모든 구성원들로부터 존경받고 있다.

Plus + dismiss 동 묵살하다   community 명 공동체

2828

dictionary

[ˈdɪkʃəneri]

- 명 사전

dictionary에서 dict는 '말하다'를 뜻합니다. 이런 의미에서 파생되어 dictionary는 말의 모음, 즉 '사전'을 뜻하게 되었습니다. 예를 들어, dictionary definition은 '사전적 정의'를 뜻합니다.

1 Dictionaries are indispensable tools for language learners.
사전은 언어 학습자에게 필수적인 도구다.

2 The dictionary definition of 'freedom' can't capture its true essence.
사전적 정의로는 '자유'의 진정한 본질을 담아낼 수 없다.

Plus + indispensable 형 필수적인, 없어서는 안 될   definition 명 정의
capture 동 담아내다   essence 명 본질

2829

imaginary

[ɪˈmædʒɪneri]

- 형 상상의, 가상의, 허수의
- 명 허수

imaginary는 주로 '상상의, 가상의'라는 뜻을 나타냅니다. image가 살짝 변형된 단어로 이해하시면 이런 뜻이 직관적으로 와닿으실 겁니다. imaginary는 또한 '허수의' 또는 '허수'라는 뜻을 나타내기도 합니다. '허수'라는 것이 결국 가상의 수이니 같은 맥락에서 의미만 확장된 것으로 볼 수 있겠네요.

1 Nick has an imaginary friend named 'Wilson'.
Nick에게는 'Wilson'이라는 가상의 친구가 있다.

2 In mathematics, the square root of negative one is an imaginary number.
수학에서, 음수 1의 제곱근은 허수다.

Plus + name 동 이름을 지어 주다   square root 제곱근
negative 명 음수

2830

cartoon

[kɑ:rˈtuːn]

명 만화, (실물 크기의) 밑그림

동 만화를[밑그림을] 그리다

cartoon은 '큰 종이'를 뜻하는 이탈리아어에서 유래했습니다. 원래는 밑그림을 그리거나 초안을 작성하는 종이를 의미했습니다. 영어로 넘어오면서 풍자적이거나 유머러스하게 그린 그림, 즉 '만화'를 뜻하게 되었고, 동사로는 '만화를 그리다'를 의미합니다.

1 My children love to watch cartoons on Sunday mornings.
내 아이들은 일요일 아침마다 만화를 보는 걸 좋아한다.

2 The artist drew cartoons satirizing some politicians and it became controversial.
그 예술가는 일부 정치인을 풍자하는 만화를 그렸고 이는 논란이 되었다.

Plus + satirize 동 풍자하다   controversial 형 논란이 많은

2831

shallow

[ˈʃæloʊ]

형 얕은[피상적인]

명 얕음[얕은 곳]

동 얕게 하다

shallow는 주로 물리적인 깊이나 정신적인 깊이가 '얕은' 것을 의미합니다. 예를 들어 shallow water는 '수심이 얕은 물'을 뜻하고, a shallow relationship은 '피상적인 관계'를 뜻합니다. 또한 비유적으로 어떤 주제나 아이디어에 대한 표면적인 이해나 접근을 나타내기도 합니다. 가령, shallow understanding은 어떤 주제에 대한 '피상적인 이해'를 뜻합니다.

1 The water in this pond is quite shallow.
이 연못은 수심이 꽤 얕다.

2 Jack's understanding of the subject is very shallow.
그 주제에 대한 Jack의 이해도는 매우 피상적이다.

Plus + understanding 명 이해(력)   subject 명 주제

2832

pebble

[ˈpɛbəl]

명 자갈[조약돌], 수정(특히 안경 렌즈에 사용되는 것), (광물) 마노, 자갈 무늬

pebble은 주로 손으로 잡을 수 있는 크기의 작은 돌을 의미합니다. 우리말로 '자갈, 조약돌' 등으로 표현할 수 있지요. 그런데 pebble은 보석이나 장식용 돌과 같은 특별히 다듬어진 돌을 의미하기도 합니다. 아마도 그런 돌의 크기가 작아서 이렇게 의미가 확장된 것은 아닐지 추정됩니다.

1 Annie tossed a pebble into the pond.
Annie는 연못에 조약돌을 던졌다.

2 Ian picked up a smooth pebble while taking a walk on the beach.
Ian은 해변에서 산책을 하던 중 매끄러운 조약돌을 주웠다.

Plus + toss 동 (가볍게) 던지다   smooth 형 매끄러운, 부드러운

2833

channel
[ˈtʃænl]

몡 경로[수단], 해협, 주파수대,
(TV 등의) 채널

channel의 주요 의미는 '물이 흐르는 통로'입니다. 맥락에 따라 '해협'을 나타내기도 하고, 추상적으로는 어떤 정보나 생각, 이해 등이 통과하거나 전달되는 '경로, 수단'을 의미하기도 합니다. 그 밖에도 우리가 잘 알고 있듯이 TV나 라디오의 '채널'을 지칭하기도 합니다.

1 The company was looking for new distribution channels.
그 회사는 새로운 유통 채널을 찾고 있었다.

2 The English Channel separates England from France.
영국 해협은 영국과 프랑스를 분리한다.

Plus+ distribution 몡 유통, 분배   separate A from B A와 B를 분리하다[구분하다]

2834

educate
[ˈedʒukeɪt]

통 교육하다, 가르치다,
훈육하다, 훈련시키다

educate는 원래 '밖으로 끌어내다'라는 뜻에서 출발했습니다. 즉, 원래 가지고 있던 재능을 밖으로 끌어내는 것이 '교육'이라고 생각한 것이지요. 일반적으로는 '교육하다, 가르치다'라는 뜻을 나타내지만, 맥락에 따라 '훈육하다' 또는 '훈련시키다'라는 의미를 나타내기도 합니다.

1 Teachers educated students about road safety.
선생님들은 학생들에게 도로 안전에 대해 가르쳤다.

2 We need to educate the public about the importance of diversity.
우리는 대중에게 다양성의 중요성에 대해 교육해야 한다.

Plus+ safety 몡 안전   public 몡 대중
diversity 몡 다양성

2835

wit
[wɪt]

몡 재치[지혜, 분별, 이해력],
재능(이 많은 사람),
제정신[감각, 의식]

wit는 '알다, 이해하다'라는 뜻에서 파생된 단어입니다. 옛 사람들은 어떤 사실이나 상황을 빨리 알고 이해하면 재치 있다고 여겼습니다. 이러한 맥락에서 의미가 확장되어 지금의 '재치'라는 뜻이 나온 것이라 추정합니다. 그 밖에도 '재능, 재능이 많은 사람', 그리고 '제정신'이라는 뜻까지 나타냅니다.

1 Eric charmed everyone with his quick wit.
Eric은 그의 예리한 기지로 모든 이를 매료시켰다.

2 The book is filled with the author's wit, wisdom, and insight.
그 책은 저자의 재치와 지혜, 그리고 통찰력으로 가득 차 있다.

Plus+ charm 통 매료시키다   quick wit (예리한) 기지
author 몡 저자   insight 몡 통찰력

Level 95

2836

select

[sɪˈlekt]

동 선택하다, 선발하다, 고르다

형 엄선된

select의 기본 의미는 '고르다'로 여러 개 중 하나를 따로 뽑아내는 것을 뜻합니다. 그래서 '선택하다, 선발하다, 고르다' 등으로 다양한 의미를 나타냅니다. 그 밖에 '고르다'라는 중심 의미에서 '엄선된'이라는 의미가 파생되기도 했습니다.

1 He has been selected to represent the company at the conference.

그는 회의에서 회사를 대표하도록 선발되었다.

2 Only a select few scholars attended the conference.

오직 엄선된 소수의 학자들만이 그 학회에 참석했다.

Plus + represent 동 대표하다　　　　conference 명 학회

2837

mat

[mæt]

명 매트[받침, 돗자리],
(털 등의) 엉클어짐[얽힘]

동 매트를 깔다, 엉클어지게 하다

우리에게 '매트'라는 외래어로 친숙한 mat는 '받침, 돗자리' 등을 뜻합니다. 원래 의미는 '풀로 만든 깔개'였다고 하는데, 시간이 지나면서 깔개를 만드는 재료가 바뀜에 따라 mat가 지칭하는 것도 달라지게 되었습니다. 받침이나 돗자리 외에도 털 등이 엉클어진 상태를 나타내기도 하고, '매트를 깔다, 엉클어지게 하다'라는 뜻을 나타내기도 합니다.

1 He unrolled the yoga mat and started his exercise.

그는 요가 매트를 펴고 운동을 시작했다.

2 The dog's hair was filthy and matted.

강아지의 털은 지저분하고 헝클어져 있었다.

Plus + unroll 동 펼치다, 펴다　　　　filthy 형 더러운

2838

crimson

[ˈkrɪmzn]

명 진홍[다홍]색

형 진홍[다홍]색의

동 진홍[다홍]색이 되다

crimson은 '진홍색'을 의미합니다. 동사로는 '진홍색이 되다'를, 형용사로는 '진홍색의'를 나타내지요. crimson과 유사한 뜻을 가진 단어로 scarlet이 있는데 두 단어 모두 붉은색을 나타내지만 crimson은 특히 '진한 빨강'을, scarlet은 보다 '밝은 빨강'을 뜻합니다. 채도에 따라 지칭하는 단어가 다른 셈이죠.

1 The sunset turned the sky into a beautiful crimson.

해질녘에 하늘이 아름다운 진홍색으로 변했다.

2 Owen came to the party wearing the same crimson shirt as me.

Owen은 나와 같은 진홍색 셔츠를 입고 파티에 왔다.

Plus + turn into ~으로 변하다　　　　the same ~ as ... …와 똑같은 ~

2839

nephew

['nefju:, 'nevju]

명 조카(아들)

nephew는 형제나 자매가 낳은 자식들 중 남자를 가리킬 때 사용하는 단어입니다. 우리말에서는 성별에 따라 '조카'를 지칭하는 말이 다르지 않지만, 영어에서 nephew는 '남자 조카'만을 가리키고, '여자 조카'는 niece라고 합니다.

1 Her nephew is studying computer science in university.
그녀의 조카는 대학에서 컴퓨터 과학을 공부하고 있다.

2 My nephew wants to be a pilot when he grows up.
내 조카는 자라서 조종사가 되고 싶어한다.

Plus + pilot 명 조종사, 비행사　　　　grow up 자라다, 성장하다

2840

sputter

['spʌtə(r)]

동 (음식 등이) 지글지글[탁탁] 소리를 내다, (흥분하여 말할 때) 침[음식]을 튀기다, (엔진, 불길 등이) 펑펑 하는 소리를 내다

명 지글지글[탁탁] 하는 소리

sputter는 주로 액체나 기체가 높은 온도에 노출되거나 압력이 변할 때 내는 특정한 소리를 표현합니다. 또한 말하면서 침을 튀기는 모습, 또는 기계나 엔진이 제대로 작동하지 않고 간헐적으로 격한 소리를 내는 상황을 묘사하기도 합니다.

1 Amy was so angry that she started to sputter.
Amy는 너무 화가 나서 침을 튀기며 말하기 시작했다.

2 The sudden sputter of water from the tap surprised the man.
갑자기 수도꼭지에서 물이 뿜어져 나오자 남자는 깜짝 놀랐다.

Plus + sudden 형 갑작스러운　　　　tap 명 수도꼭지

2841

confidence

['kɑ:nfɪdəns]

명 자신감, 확신, 신뢰[믿음], 비밀[속내]

confidence에서 con-은 '완전히'를 뜻하고 fide는 '믿다'를 의미합니다. 말 그대로 '완전히 믿다', 즉 '신뢰'를 나타내지요. 주로 '자신감, 확신' 등을 의미하며 맥락에 따라 '비밀, 속내' 등을 나타내기도 합니다.

1 I have complete confidence that Cooper will win the game.
나는 Cooper가 그 경기에서 이길 것을 전적으로 확신한다.

2 Confidence is a crucial factor in successful negotiations.
자신감은 성공적인 협상에서 결정적인 요소다.

Plus + complete 형 전적인　　　　crucial 형 결정적인
factor 명 요소　　　　negotiation 명 협상

2842

impressive

[ɪmˈpresɪv]

형 인상적인, 감명을 주는

impressive는 동사 impress(감명을 주다)에서 파생된 형용사입니다. 주로 '인상적인, 감명을 주는'이라는 의미를 나타내지요. 무언가 강한 인상이나 감동, 존경 등의 긍정적 반응을 불러일으키는 경우를 나타내며 '대단하다, 놀라울 만하다, 매우 훌륭하다' 등의 감정을 표현하기도 합니다.

1 Indeed, the Grand Canyon is an impressive sight.
정말 그랜드 캐니언의 경치는 인상적이다.

2 Ben delivered an impressive speech at the conference.
Ben은 회의에서 인상적인 연설을 펼쳤다.

Plus+ indeed 부 정말　　　　　　　　sight 명 (눈에 보이는) 광경, 모습
deliver a speech 연설하다

2843

itch

[ɪtʃ]

동 가렵다, (~을 하고 싶어서) 못 견디다[몸이 근질근질하다]
명 가려움, (견디기 힘들 정도의) 욕망[갈망]

itch는 동사로는 '가렵다'를, 명사로는 '가려움'을 의미합니다. 또한 맥락에 따라 가려운 느낌뿐만 아니라 '~을 하고 싶어서 못 견디다', '(견디기 힘들 정도의) 욕망' 등을 뜻하기도 합니다. 뭔가를 하고 싶어 '몸이 근질근질하다'라는 우리말 표현과 매우 유사한 은유적 표현으로 보시면 됩니다.

1 The mosquito bite made her skin itch terribly.
모기에 물려서 그녀는 피부가 너무 가려웠다.

2 After coming back to France, Peter had a constant itch to travel.
프랑스로 돌아온 뒤 Peter는 계속해서 여행하고 싶은 욕망이 들었다.

Plus+ bite 명 물기, 물린 상처　　　　　　constant 형 끊임없이 계속되는

2844

principle

[ˈprɪnsəpl]

명 원칙, 원리, 법칙, 신조[신념]

principle은 '초기, 시작'을 뜻하는 단어에서 파생되었습니다. 의미가 확장되면서 '첫 번째'를 뜻하게 되었습니다. 보통 첫 번째가 가장 중요하고 기본이 되기 마련이죠. 이러한 논리에서 '원칙'을 비롯하여 '법칙, 신조' 등의 의미가 파생되었습니다.

1 Nora always sticks to her principles.
Nora는 항상 자신의 원칙을 지킨다.

2 He's a man of principle and does not compromise his beliefs for personal gain.
그는 원칙을 지키는 사람이며 개인적 이익을 위해 자신의 신념을 타협하지 않는다.

Plus+ stick to ~을 지키다, 고수하다　　　　compromise 동 타협하다

2845

tricycle

['traɪsɪkl]

명 3륜 자전거[자동차, 장치]

tricycle은 '셋'을 의미하는 tri-와 '바퀴'를 뜻하는 cycle이 결합한 명사입니다. 그대로 직역하면 '세 개의 바퀴'입니다. 이런 흐름에서 tricycle은 바퀴가 세 개 달린 자전거, 즉 '3륜 자전거'를 의미합니다. 맥락에 따라서 세 개의 바퀴를 가진 작은 자동차를 나타내기도 합니다.

1 Ruby learned to ride a tricycle before she learned to walk.
Ruby는 걷기도 전에 세발자전거 타는 법을 배웠다.

2 Whenever I see a tricycle, it reminds me of my childhood.
나는 세발자전거를 볼 때마다 어린 시절이 떠오른다.

Plus + whenever 접 ~할 때마다   remind A of B A에게 B를 생각나게 하다
childhood 명 어린 시절

2846

tricky

['trɪki]

형 까다로운, 교활한[방심할 수 없는], 다루기 힘든, 교묘한

tricky는 trick(속임수)과 -y가 결합한 형용사입니다. 맥락에 따라 '까다로운, 교활한, 다루기 힘든, 교묘한' 등의 다양한 의미를 나타냅니다. 어떤 사람이나 상황 등이 복잡하거나 예측하기 어려울 때, 또는 누군가 남을 속이려고 하거나 기만하는 상황을 묘사합니다.

1 This is a tricky issue that requires careful thought.
이것은 신중한 생각을 요하는 까다로운 문제다.

2 The director is known for his tricky tactics in a baseball game.
그 감독은 야구 경기에서 교묘한 전략을 펼친다고 알려져 있다.

Plus + require 동 필요로 하다   be known for ~로 알려지다
tactic 명 전략

2847

performance

[pərˈfɔːrməns]

명 공연, 연주, 수행[실행], 성과

performance는 동사 perform(수행하다, 공연하다)의 명사형입니다. 맥락에 따라 '공연, 연주, 수행, 성과' 등 다양한 뜻을 나타냅니다. 그래서 예를 들어, live performance는 '라이브 공연'을 의미하고, high performance는 '고성과, 고성능'을 의미합니다.

1 We enjoyed the orchestra performance last night.
우리는 어젯밤에 오케스트라의 공연을 즐겼다.

2 Personnel evaluations are calculated based on employee performance.
인사 평가는 직원의 성과를 바탕으로 산출된다.

Plus + personnel 형 인사의, 직원의   evaluation 명 평가
calculate 동 산출하다   based on ~에 근거하여

2848

lack

[læk]

⑲ 부족[결핍]

⑧ 결핍되다[하다], 부족하다

lack은 무언가 부족한 상태를 나타냅니다. 명사로는 '부족, 결핍'을 뜻하고, 동사로는 '결핍되다, 부족하다'를 의미합니다. 예를 들어, a lack of essential nutrient 라고 하면 '필수 영양소 결핍'을 의미하고, lack courage는 '용기가 부족하다'를 뜻합니다.

1 The lack of communication between departments caused the misunderstandings.

부서 간의 의사소통 부족으로 인해 오해가 생겼다.

2 Kate lacks the skills necessary to complete the job.

Kate는 그 일을 완수하는 데 필요한 역량이 부족하다.

Plus + department ⑲ (기업체 등의) 부서   misunderstanding ⑲ 오해, 착오

2849

sacred

['seɪkrɪd]

⑱ 성스러운, 신성한,
신에게 바친, 바쳐진[헌정된]

sacred는 주로 종교적 맥락에서 '성스러운, 신성한'을 뜻하는 형용사로, 무언가를 신에게 바치는 경우를 나타냅니다. 그리고 이런 의미가 확장되어 종종 절대적인 존경 또는 경외심을 불러일으키는 사람, 사물, 장소 등을 묘사하기도 합니다.

1 This church is considered a sacred place for many people.

이 교회는 많은 이들에게 신성한 장소로 여겨진다.

2 These sacred rituals are performed by the priests on special occasions.

이 신성한 의식들은 특별한 날에 사제들에 의해 진행된다.

Plus + ritual ⑲ (종교적) 의식   priest ⑲ 사제, 신부
occasion ⑲ (특정한) 때

2850

knob

[nɑːb]

⑲ 손잡이, 마디[혹, 옹이],
(설탕 등의) 덩어리

knob은 보통 돌리거나 잡을 수 있는 작고 둥근 물체나 불룩한 부분을 의미합니다. 주로 '손잡이, 마디, 덩어리' 등으로 표현할 수 있습니다. 예를 들어, 앞에서 학습한 doorknob은 대략 어떤 모양의 손잡이인지 짐작이 가실 겁니다. 또한 knob은 라디오나 TV의 조절 버튼이나 통나무 등의 불룩한 부분 등을 표현하기도 합니다.

1 The old dresser has beautiful antique knobs.

그 오래된 서랍장에는 아름다운 골동품 손잡이가 달려있다.

2 Harry pulled the broken knob by mistake.

Harry는 실수로 부러진 손잡이를 당겼다.

Plus + antique ⑱ 골동(품)의 ⑲ 골동품, 고미술품   by mistake 실수로

우리말에 맞게 빈칸에 알맞은 단어를 쓰세요.　　　　　　(정답은 본문을 확인하세요.)

1　The official ordered an inquiry into the _____.　　　정부 관계자는 그 사건에 대한 조사를 명했다.

2　Ann's room is always _____ and tidy.　　　Ann의 방은 항상 깔끔하고 잘 정돈되어 있다.

3　Airbags should _____ the driver during an accident.　　　에어백은 사고 시 운전자의 충격을 완화해야 한다.

4　They reached the _____ of the mountain after hours of hiking.　　　그들은 몇 시간의 등산 끝에 산 정상에 도달했다.

5　Hailey was appointed as the new _____ of the company.　　　Hailey는 그 회사의 새로운 이사로 임명되었다.

6　Her _____ was felt during the family gathering.　　　가족 모임에서 그녀의 부재가 느껴졌다.

7　The policy was dismissed by _____ officials.　　　그 정책은 고위 관리들에 의해 묵살되었다.

8　_____ are indispensable tools for language learners.　　　사전은 언어 학습자에게 필수적인 도구다.

9　Nick has an _____ friend named 'Wilson'.　　　Nick에게는 'Wilson'이라는 가상의 친구가 있다.

10　My children love to watch _____ on Sunday mornings.　　　내 아이들은 일요일 아침마다 만화를 보는 걸 좋아한다.

11　The water in this pond is quite _____.　　　이 연못은 수심이 꽤 얕다.

12　Annie tossed a _____ into the pond.　　　Annie는 연못에 조약돌을 던졌다.

13　The English _____ separates England from France.　　　영국 해협은 영국과 프랑스를 분리한다.

14　Teachers _____ students about road safety.　　　선생님들은 학생들에게 도로 안전에 대해 가르쳤다.

15　Eric charmed everyone with his quick _____.　　　Eric은 그의 예리한 기지로 모든 이를 매료시켰다.

16　Only a _____ few scholars attended to the conference.　　　오직 엄선된 소수의 학자들만이 그 학회에 참석했다.

17　The dog's hair was filthy and _____.　　　강아지의 털은 지저분하고 헝클어져 있었다.

18　The sunset turned the sky into a beautiful _____.　　　해질녘에 하늘이 아름다운 진홍색으로 변했다.

19　My _____ wants to be a pilot when he grows up.　　　내 조카는 자라서 조종사가 되고 싶어한다.

20　Amy was so angry that she started to _____.　　　Amy는 너무 화가 나서 침을 튀기며 말하기 시작했다.

21　_____ is a crucial factor in successful negotiations.　　　자신감은 성공적인 협상에서 결정적인 요소다.

22　Ben delivered an _____ speech at the conference.　　　Ben은 회의에서 인상적인 연설을 펼쳤다.

23　The mosquito bite made her skin _____ terribly.　　　모기에 물려서 그녀는 피부가 너무 가려웠다.

24　Nora always sticks to her _____.　　　Nora는 항상 자신의 원칙을 지킨다.

25　Whenever I see a _____, it reminds me of my childhood.　　　나는 세발자전거를 볼 때마다 어린 시절이 떠오른다.

26　This is a _____ issue that requires careful thought.　　　이것은 신중한 생각을 요하는 까다로운 문제다.

27　We enjoyed the orchestra _____ last night.　　　우리는 어젯밤에 오케스트라의 공연을 즐겼다.

28　Kate _____ the skills necessary to complete the job.　　　Kate는 그 일을 완수하는 데 필요한 역량이 부족하다.

29　This church is considered a _____ place for many people.　　　이 교회는 많은 이들에게 신성한 장소로 여겨진다.

30　Harry pulled the broken _____ by mistake.　　　Harry는 실수로 부러진 손잡이를 당겼다.

Level 96

레벨별 단어 사용 빈도

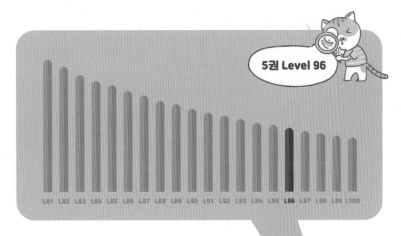

5권 Level 96

L81 L82 L83 L84 L85 L86 L87 L88 L89 L90 L91 L92 L93 L94 L95 **L96** L97 L98 L99 L100

LEVEL 1~20   LEVEL 21~40   LEVEL 41~60   LEVEL 61~80   **LEVEL 81~100**

2851

postcard

[ˈpoʊstkɑːrd]

몡 엽서

postcard는 post(우편)와 card(카드)가 결합된 단어로 19세기 중반에 등장했습니다. 당시에는 '빠르고 효율적인 소통 수단'을 의미했습니다. 원래는 도장만 찍힌 빈 카드였지만, 이후 각종 그림과 사진을 붙이기 시작하면서 지금 우리가 알고 있는 '엽서'를 뜻하게 되었습니다.

1 We received a postcard from our friend who is traveling in Europe.

우리는 유럽 여행 중인 친구에게서 엽서를 받았다.

2 Paul collects postcards from all the places he visits.

Paul은 그가 방문하는 모든 곳에서 엽서를 수집한다.

Plus + receive 동 받다   collect 동 수집하다, 모으다

2852

mansion

[ˈmænʃn]

몡 대저택, 아파트

mansion은 일반적으로 크고 멋진 집을 나타내는 명사입니다. 이런 곳은 보통 부자들이나 유명 인사들이 사는 곳으로 인식되곤 합니다. 그래서인지 mansion은 부와 권력을 상징하기도 합니다. 이를 보여 주는 표현으로는 '고급 아파트'를 의미하는 mansion block과 고가의 주택에 부과되는 세금을 뜻하는 mansion tax 등이 있습니다.

1 Mary lives in a massive mansion on the hill.

Mary는 언덕 위에 있는 거대한 저택에 살고 있다.

2 The mansion has over twenty bedrooms.

그 대저택에는 20개가 넘는 침실이 있다.

Plus + massive 형 거대한   over 부 ~이 넘는, ~ 이상

2853

launch

[lɔːntʃ]

동 시작[개시]하다, 발사하다, 출시하다

몡 개시

launch는 무언가 시작되는 것을 나타냅니다. 기본적으로 동사로는 '시작하다, 개시하다' 등을 뜻하고, 명사로는 '개시'를 의미합니다. launch의 대상은 제품, 프로젝트, 우주선 등 다양하기 때문에 맥락에 따라 '발사하다, 출시하다' 등의 뜻을 나타냅니다.

1 They are keeping the official launch date of the new product a secret.

그들은 신제품의 공식 출시일을 비밀로 하고 있다.

2 The rocket failed to launch due to a connection error.

그 로켓은 연결 오류로 인해 발사되지 못했다.

Plus + official 형 공식의   due to ~ 때문에
connection 몡 연결   error 몡 오류

2854

mere

[mɪr]

형 겨우 ~의, 단지 ~에 불과한, 단순[순전]한

mere의 원래 의미는 '유명한, 훌륭한'이었습니다. 그러다 '훌륭한 것은 순수한 것'이라는 논리에서 '순수한, 단순한'을 뜻했다가 '겨우, 단지 ~에 불과한'이라는 다소 부정적인 의미를 나타내게 되었습니다. 예를 들어, mere mortals라고 하면 특별한 능력이나 지위가 없는 '일반인들'을 의미하지요.

1 It was a mere coincidence that we met again after so many years.

우리가 그렇게 오랜 시간이 지난 후에 다시 만난 것은 그저 우연의 일치였다.

2 He gave a mere smile in response to the compliment.

그는 칭찬에 그저 미소만 지었다.

Plus + coincidence **명** 우연의 일치   in response to ~에 대응하여
compliment **명** 칭찬(의 말)

2855

elegant

[ˈelɪɡənt]

형 우아한, 품위 있는, 기품 있는, 훌륭한

elegant는 보통 '우아한, 품위 있는' 등의 뜻을 나타냅니다. 사람이나 옷, 디자인, 해결책 등 맥락에 따라 다양한 대상에 대해 쓸 수 있습니다. 예를 들어, elegant solution은 '복잡한 문제를 깔끔하게 해결하는 것'을 의미하고, elegant design은 '단순하면서도 매력적인 디자인'을 뜻합니다.

1 The ballroom is decorated with elegant chandeliers.

그 무도회장은 빛나는 샹들리에로 장식되어 있다.

2 Alice always maintains an elegant attitude even in uncomfortable situations.

Alice는 불편한 상황에서도 항상 기품 있는 태도를 유지한다.

Plus + ballroom **명** 무도회장   attitude **명** 태도

2856

tremendous

[trəˈmendəs]

형 엄청난, 대단한, 무시무시한, 거대한

tremendous는 양이 엄청나게 많거나 극도로 심한 정도를 뜻합니다. 맥락에 따라 '엄청난, 대단한, 무시무시한, 거대한' 등 다양한 의미를 나타냅니다. 예를 들어, tremendous effort는 '엄청난 노력'을 의미하고, tremendous impact는 '큰 영향'을 뜻합니다.

1 When Peter appeared on the stage, there was tremendous applause.

Peter가 무대에 오르자 엄청난 박수가 터져 나왔다.

2 Family support made a tremendous difference to my life.

가족의 지원은 내 인생에 중대한 변화를 가져왔다.

Plus + applause **명** 박수(갈채)   make a difference 변화를 가져오다

2857

mausoleum

[ˌmɔːsəˈliːəm]

명 웅장한 무덤[능, 영묘]

mausoleum은 '크고 웅장한 무덤'을 의미합니다. 주로 중요한 사람이나 유명 인사의 무덤을 나타내는데, 우리말로는 '능'이라고 표현하는 경우가 많습니다. mausoleum은 원래 고대 그리스의 특정 지역을 다스리던 *Maussollos*(마우솔로스) 총독을 위해 만든 무덤의 이름에서 유래했습니다. 얼마나 무덤이 컸으면 아예 일반 명사가 되었을까요?

1 The royal mausoleum is a popular tourist attraction.
그 왕릉은 인기 있는 관광 명소다.

2 The king was buried in a grand mausoleum.
그 왕은 웅장한 무덤에 묻혔다.

Plus + royal 형 국왕[여왕]의   attraction 명 명소
bury 동 묻다   grand 형 웅장한

2858

kite

[kaɪt]

명 연, 솔개, 융통 어음, 사기꾼[욕심쟁이]

kite는 원래 '솔개'라는 뜻이 먼저였다가 연이 나는 모습이 마치 솔개가 날아다니는 모습과 같다 하여 '연'도 kite라고 지칭하게 되었습니다. kite는 또한 금융에서는 '융통 어음'을 뜻하는데, 이는 융통 어음을 쓰는 것이 돈이 날아다니며 이동하는 것과 같다 하여 파생된 것으로 추정합니다.

1 The kite flew over the trees looking for food.
솔개가 먹이를 찾아 나무 위를 날아 다녔다.

2 My children ran to the park to fly their kites on a windy day.
우리 아이들은 바람 부는 날 공원으로 뛰어가서 연을 날렸다.

Plus + look for ~을 찾다

2859

alike

[əˈlaɪk]

형 비슷한

부 비슷하게, 마찬가지로

alike는 주로 비슷하거나 유사한 상태를 나타냅니다. 형용사로는 '비슷한'을 뜻하고, 부사로는 '비슷하게, 마찬가지로'를 의미합니다. 보통 두 가지 이상의 사물이나 사람이 동일하거나 비슷한 특징을 공유하는 경우에 쓰입니다. 예를 들어, look alike라고 하면 '외모가 비슷하다'를 뜻하고, think alike라고 하면 '생각이 비슷하다'를 의미합니다.

1 Mia thought the children all looked alike.
Mia는 아이들이 모두 비슷하게 생겼다고 생각했다.

2 The sisters are so alike, I usually get them muddled up.
그 자매는 서로 너무 닮아서 나는 보통 그들을 혼동하곤 한다.

Plus + get muddled up 혼동되다

2860

fragile

['frædʒɪl]

형 부서지기[깨지기] 쉬운,
취약한, 허약한

fragile은 물리적으로나 정서적으로 부서지기 쉽거나 허약한 상태를 묘사합니다.
또한 변화에 취약하거나 불안정한 상황 또는 체제에 대해 설명할 수도 있습니다.
맥락에 따라 '부서지기 쉬운, 취약한, 허약한' 등 다양한 뜻으로 쓰입니다.

1 Please handle with care, it's fragile.
조심해서 다뤄 주십시오, 깨질 수 있습니다.

2 These delicate glass ornaments are too fragile to be
shipped without proper packaging.
이 섬세한 유리 장식품들은 너무 깨지기 쉬워 적절한 포장 없이 운송할 수 없다.

Plus + handle 동 다루다   delicate 형 부서지기 쉬운, 섬세한
ornament 명 장식품   ship 동 운송하다

2861

trim

[trɪm]

동 (끝부분을) 다듬다[손질하다],
(불필요한 부분을) 잘라 내다,
(예산 등을) 깎다[삭감하다],
장식하다[가장자리를 달다]

trim은 물리적 의미로는 특정 물체의 일부를 제거하여 그 형태나 크기를 조정하
는 것을 뜻합니다. 추상적으로는 예산을 줄이거나 비용을 절감하는 것을 나타냅
니다. 또한 불필요한 부분을 제거하여 보기 좋게 만든다는 뜻에서 '장식하다'라
는 뜻을 나타내기도 합니다.

1 He decided to trim his hair for the summer.
그는 여름을 맞아 머리를 다듬기로 마음먹었다.

2 We should trim the research budget by 20% and invest
the money in marketing.
우리는 연구비 예산을 20% 삭감하고 그 돈을 마케팅에 투자해야 한다.

Plus + budget 명 예산   invest 동 투자하다

2862

lash

[læʃ]

동 후려치다, 휘갈기다,
(화가 나서 마구) 몰아대다,
채찍질하다

lash는 주로 '후려치다, 휘갈기다' 등의 뜻을 나타내는 동사입니다. 원래 의미는
'채찍'이었는데, 시간이 지나면서 지금의 뜻으로 의미가 확장 되었습니다. 그밖
에 비유적으로는 누군가를 맹렬하게 비판하는 것을 의미하기도 합니다.

1 John lashed out at his critics.
John은 자신을 비판한 사람들에게 화를 내며 몰아세웠다.

2 Samantha lashed the horse with a whip.
Samantha는 말에게 채찍을 휘둘렀다.

Plus + critic 명 (무엇의 나쁜 점을) 비판하는 사람   whip 명 채찍

2863

shepherd

[ˈʃepərd]

몡 양치는 사람

통 인도하다

shepherd의 원래 의미는 '양을 지키는 사람'이었습니다. 그래서 오늘날에도 명사로 '양치는 사람'이라는 뜻을 나타냅니다. 동사로는 '인도하다'를 의미하는데, 이는 양치기의 주요 업무인 양을 모는 모습에서 비유적으로 파생된 뜻입니다. shepherd는 때때로 종교적 맥락에서 쓰이기도 합니다.

1 The shepherd stood under the tree and saw a squirrel wandering around.

양치기는 나무 아래에 서서 돌아다니는 다람쥐 한 마리를 보았다.

2 Sean has been shepherding the team since 2023.

Sean은 2023년부터 그 팀을 이끌고 있다.

Plus + squirrel 몡 다람쥐　　　wander 통 (이리저리) 돌아다니다

2864

chick

[tʃɪk]

몡 병아리, 어린아이,
(모욕적) 젊은 아가씨[영계]

chick의 기본 의미는 '병아리'입니다. 그리고 어린 닭을 병아리라고 하는 맥락에서 의미가 확장되어 '어린아이'를 나타내기도 합니다. chick은 때때로 조금 비꼬는 의미로 '젊은 여성'을 의미하기도 합니다. 어딘가 병아리같이 작고 귀엽다는 이미지가 내포된 뜻으로 여겨집니다.

1 The chick has just hatched from the egg.

병아리가 막 알을 깨고 나왔다.

2 Don't worry, chick. Everything is going to be alright.

걱정하지 마, 꼬마야. 모든 것이 잘 될 거야.

Plus + hatch 통 부화하다

2865

farther

[ˈfɑːrðə(r)]

틘 더 멀리, 더 나아가서, 게다가

톙 더 뒤[앞]의

farther는 부사로는 ' 더 멀리, 더 나아가서' 등을 뜻하고, 형용사로는 '더 뒤의, 더 앞의'를 의미합니다. 예를 들어, farther along이라고 하면 거리상으로 더 멀리 떨어져 있거나 무언가를 앞으로 더 진행하는 상황을 의미합니다. 참고로 The farther, the better.라는 말은 '더 멀리 갈수록 더 좋다.'라는 뜻입니다.

1 The farther they traveled, the colder it got.

그들이 더 멀리 갈수록 날씨는 더 추워졌다.

2 I need to think farther ahead to solve this problem.

내가 이 문제를 해결하기 위해서는 더 앞서 생각해야 한다.

Plus + travel 통 가다, 이동하다　　　ahead 틘 앞으로, 앞에

2866

gallery

['gæləri]

명 미술관, 화랑,
(골프 등의) 관객,
(건물의 안벽에서 튀어나온)
관람[방청]석

gallery의 원래 의미는 '긴 통로, 건물의 측면'이었다가 이 공간에 주로 미술 작품을 전시했기 때문에 시간이 지나면서 '미술관, 화랑' 등을 뜻하게 되었습니다. gallery는 맥락에 따라 '관객, 관람석'을 뜻하기도 하는데, 이는 모두 '사람들이 모여서 무언가를 보거나 참여하는 공간'이라는 공통 개념에서 비롯되었습니다.

1 Yuri visited an art gallery to see the new exhibition.
Yuri는 새로 시작한 전시를 보기 위해 미술관을 방문했다.

2 They sat in the gallery to watch the play.
그들은 연극을 보기 위해 관람석에 앉았다.

Plus + exhibition 명 전시(회)　　　play 명 연극

2867

firefly

['faɪərflaɪ]

명 반딧불이, 개똥벌레

firefly는 '반딧불이, 개똥벌레'를 뜻하는 명사입니다. 우리말의 '반딧불이'가 '반딧불'과 그것을 가진 곤충을 뜻하는 '이'가 결합된 단어인 것처럼 firefly도 fire(불)와 fly(날다)가 결합된 단어입니다. 참 직관적이죠?

1 We saw fireflies for the first time when we went on a school trip.
우리는 수학 여행 갔을 때 반딧불이를 처음 보았다.

2 The field was lit up by hundreds of fireflies.
수백 마리의 반딧불이로 들판이 환하게 밝았다.

Plus + light up (빛으로) 환하게 만들다　　　hundreds of 수백의

2868

ivy

['aɪvi]

형 아이비 리그의

명 담쟁이 덩굴

ivy의 원래 의미는 '독이 있는 나무'였는데, 시간이 지나면서 '담쟁이 덩굴'을 뜻하게 되었지요. 오늘날에는 ivy 하면 미국의 Ivy League(아이비리그)를 떠올리는 분들도 많으실 겁니다. 사실 Ivy League에 속하는 대학들의 캠퍼스에 바로 이 '담쟁이 덩굴'이 많았기 때문에 붙여진 이름이라고 합니다.

1 The ivy has covered the old brick wall.
담쟁이 덩굴이 오래된 벽돌 벽을 뒤덮었다.

2 He was accepted into an Ivy League university, fulfilling his dream.
그는 아이비 리그 대학에 합격하여 자신의 꿈을 이루었다.

Plus + brick 명 벽돌　　　accept 통 (기관 등에서) 받아 주다
fulfill 통 달성하다, 성취시키다

2869

parse

[pɑːrs]

동 (문장을 문법적으로) 분석하다,
면밀히 조사하다

parse를 자세히 보면 part(부분)와 비슷하게 생겼죠? parse는 실제로 '부분'을 뜻했는데, 시간이 지나면서 '부분으로 나누다'라는 뜻이 되었다가 지금의 의미에 이르렀습니다. 오늘날 parse는 문장이나 문법을 분석하거나 어떤 대상을 면밀히 조사하는 것을 의미합니다.

1 Our teacher taught us how to parse a sentence into its grammatical components.

우리 선생님은 문장을 문법적 구성 요소로 분석하는 방법을 가르쳐 주셨다.

2 I can parse the text file using this program.

나는 이 프로그램을 활용해서 그 텍스트 파일을 분석할 수 있다.

Plus + grammatical 형 문법의   component 명 (구성) 요소

2870

airplane

['erpleɪn]

명 비행기

동 비행기로 가다

airplane은 air(공기)와 plane(평면)이 결합한 단어로 1970년 미국에서 처음 쓰였습니다. 명사로는 '비행기'를 의미하고, 동사로는 '비행기로 가다'를 뜻합니다. 비슷한 단어로는 aircraft(항공기), aeroplane(비행기) 등이 있습니다.

1 Jin felt excited as she boarded the airplane.

Jin은 비행기에 탑승하며 설렘을 느꼈다.

2 As the weather got better, they could airplane to the conference.

날씨가 좋아져서 그들은 비행기로 회의에 갈 수 있었다.

Plus + board 동 탑승하다   as 접 ~ 때문에, ~함에 따라

2871

decent

['diːsnt]

형 (수준이) 괜찮은[제대로 된],
점잖은[예절 바른],
적당한[기준에 맞는]

decent는 '(수준이) 괜찮은, 적당한'을 뜻합니다. 주로 어떤 대상이 기대에 부합하여 적절한 정도를 나타냅니다. 또한 '점잖은, 품위 있는' 등을 의미하기도 하는데, 이 또한 어떤 사람의 품행이 기대에 부합하는 경우에 해당합니다.

1 She always dresses in a decent manner, never too formal but never sloppy either.

그녀는 항상 옷을 점잖게 입는데, 너무 격식을 차리지 않으면서도 대충 입은 차림은 아니다.

2 Jamie hasn't been able to find a decent job for 2 years.

Jamie는 2년 동안 제대로 된 일자리를 구하지 못하고 있다.

Plus + manner 명 방식, 태도   formal 형 격식을 차린, 정중한
sloppy 형 대충 하는, 엉성한

2872

rinse

[rɪns]

통 씻어 내다[헹구다],
(음식을 액체 등으로) 위에
흘려보내다

명 씻어 내기[헹구기],
(머리 감기용) 린스

rinse는 원래 '씻다'를 의미하는 동사에서 출발했습니다. 그래서 지금도 더러워진 물건을 물 등으로 깨끗하게 씻어 내는 것을 의미합니다. 이와 비슷한 맥락에서 머리를 감을 때 쓰는 제품인 '린스'를 나타내기도 합니다.

1 Margaret rinsed the blueberries in water.
Margaret은 블루베리를 물에 헹궜다.

2 The chef rinses the fish with lemon juice to enhance its flavor.
주방장은 생선에 레몬즙을 뿌려 풍미를 더한다.

Plus + enhance 통 강화하다   flavor 명 풍미, 맛

2873

disbelief

[ˌdɪsbɪˈliːf]

명 불신, 불신앙

disbelief는 '반대'나 '부정'의 뜻을 나타내는 dis-와 '믿음'을 의미하는 belief가 결합한 명사입니다. 주로 어떤 사실이나 주장에 대해 의심을 품고 믿지 않는 것을 나타냅니다. 그래서 disbelief는 우리말로 '불신, 불신앙' 등으로 표현할 수 있습니다.

1 Lisa stared at him in disbelief.
Lisa는 그를 믿을 수 없다는 표정으로 바라보았다.

2 Harry shook his head in disbelief after listening to the news.
Harry는 그 소식을 듣고 믿을 수 없어 고개를 저었다.

Plus + stare at ~을 응시하다   shake 통 흔들다

2874

comic

[ˈkɑːmɪk]

형 웃기는, 재미있는, 희극의,
익살맞은

comic은 주로 '웃기는, 재미있는'을 뜻하는 형용사입니다. 그리고 문맥에 따라서 '희극의' 또는 '익살맞은'을 뜻하거나 그런 감성이나 관련 장르를 표현하기도 합니다. comedy(희극)와 comedian(희극인)도 같은 뿌리에서 파생된 단어입니다.

1 The comedian delivered a comic performance.
그 코미디언은 웃음을 자아내는 공연을 선보였다.

2 The comic strips I enjoy reading are in the back of the newspaper.
내가 즐겨 보는 연재 만화는 신문 뒷면에 실려 있다.

Plus + deliver a performance 공연[연주]하다   comic strip (신문 등의) 연재 만화

2875

individual

[ˌɪndɪˈvɪdʒuəl]

혱 각각[개개]의, 독특한

몡 개인, (독립된) 개체

individual은 in-(~이 아닌)과 divide(나누다)가 결합하여 생긴 단어입니다. 형용사로는 '각각의, 개개의'를 뜻하고, 명사로는 '개인, 개체'를 의미합니다. 예를 들어, individual rights라고 하면 '개인의 권리'를, individual responsibility는 '개인의 책임'을 뜻하지요.

1 It is self-evident that every individual is unique.
모든 개인이 제각기 독특하다는 것은 자명하다.

2 The rights of the individual must be protected at all times.
개인의 권리는 항상 보호되어야 한다.

Plus + self-evident 자명한, 따로 설명할 필요가 없는   protect 몡 보호하다

2876

solution

[səˈluːʃn]

몡 해결책, 해답, 용액, 용해[녹음]

solution은 동사 solve(풀다)의 명사형으로, 맥락에 따라 '해결책, 해답, 용액, 용해' 등 다양한 의미로 쓰입니다. '해결책, 해답'은 어떤 문제를 풀어 내는 것을 의미하고, '용액, 용해'는 기본적으로 물질이 다른 물질에 풀리는 과정을 나타내죠. 결국 하나의 논리에서 다양한 뜻이 파생된 셈입니다.

1 We finally found a solution to the complex math problem.
마침내 우리는 그 복잡한 수학 문제의 해답을 찾았다.

2 The company is currently working on finding a solution to improve customer satisfaction.
그 회사는 현재 고객 만족도를 향상시킬 해결책을 찾는 작업 중이다.

Plus + currently 閠 현재   satisfaction 몡 만족(도)

2877

relationship

[rɪˈleɪʃnʃɪp]

몡 관계, 관련

relationship은 relation(관계)과 -ship(상태)이 결합한 명사로, 사람들 사이의 상호작용이나 관련성 등을 나타냅니다. 친구나 가족, 동료, 연인 등 사람들 사이의 감정적 또는 사회적 연대를 의미하기도 하고, 개념이나 아이디어, 사물 간의 상호작용이나 연관성을 나타내기도 합니다.

1 I learned that trust is the bedrock of any relationship.
나는 신뢰가 모든 관계의 기반이라는 것을 배웠다.

2 The researchers are studying the relationship between diet and cancer.
연구진은 식습관과 암 사이의 관계를 연구하고 있다.

Plus + bedrock 몡 기반   study 몡 연구하다
cancer 몡 암

2878

selfish

[ˈselfɪʃ]

형 이기적인

selfish는 self(자신)와 -ish가 결합한 형용사입니다. 자신의 이익이나 욕구에만 집중하고 다른 사람을 중요시 하지 않는 경우를 나타내는 표현이지요. 종종 맥락에 따라 부정적인 의미를 띠기도 합니다. 예를 들어, selfish desire라고 하면 '이기적인 욕망'을 뜻하고, selfish motives는 '이기적인 동기'를 의미합니다.

1 She is too selfish to consider other people's needs.

그녀는 너무 이기적이어서 다른 사람들이 필요로 하는 것은 고려하지 않는다.

2 Selfish behavior can damage your relationships.

이기적인 행동은 관계를 손상시킬 수 있다.

Plus + consider 동 고려하다　　　　behavior 명 행동

2879

practical

[ˈpræktɪkl]

형 실용적인, 실제[실질]적인, 현실성 있는

명 실기 시험

practical은 '실용적인'을 뜻합니다. 특정 아이디어나 방법 등이 실제로 쓰이거나 실행되는 상황을 나타냅니다. 또한 '실제적인, 실질적인'을 뜻하기도 하는데요, 주로 이론이나 추상적인 개념보다 실제 환경이나 상황과 더 밀접하게 관련되어 있는 경우를 나타냅니다.

1 The publicity campaign was very practical.

그 홍보 캠페인은 매우 실용적이었다.

2 Leah said my disadvantage was my lack of practical experience.

Leah는 내 단점이 실무 경험이 부족한 점이라고 말했다.

Plus + publicity 명 홍보　　　　disadvantage 명 단점, 불리한 점
lack 명 부족

2880

goddess

[ˈgɑːdəs]

명 여신 (같은 존재)

goddess는 원래부터 '여신'이나 '여신 같은 존재'를 의미하던 단어로, 여성에게 존경을 표할 때 주로 쓰였습니다. 예를 들어, She is a goddess in her field. 라고 하면 '그녀는 그 분야의 여신이다.'라는 뜻으로 누군가가 그 분야에서 탁월한 존재임을 나타내는 표현이 됩니다.

1 Aphrodite is the goddess of love in Greek mythology.

아프로디테는 그리스 신화에서 사랑의 여신이다.

2 Our team lost the game, and I thought the goddess of victory shunned us.

우리 팀은 경기에서 졌고, 나는 승리의 여신이 우리를 외면했다고 생각했다.

Plus + mythology 명 신화　　　　shun 동 피하다, 멀리하다

우리말에 맞게 빈칸에 알맞은 단어를 쓰세요.　　　　　　　　　(정답은 본문을 확인하세요.)

1　Paul collects _____ from all the places he visits.　　　Paul은 그가 방문하는 모든 곳에서 엽서를 수집한다.

2　The _____ has over twenty bedrooms.　　　그 대저택에는 20개가 넘는 침실이 있다.

3　The rocket failed to _____ due to a connection error.　　　그 로켓은 연결 오류로 인해 발사되지 못했다.

4　He gave a _____ smile in response to the compliment.　　　그는 칭찬에 그저 미소만 지었다.

5　The ballroom is decorated with _____ chandeliers.　　　그 무도회장은 빛나는 샹들리에로 장식되어 있다.

6　Family support made a _____ difference to my life.　　　가족의 지원은 내 인생에 중대한 변화를 가져다주었다.

7　The royal _____ is a popular tourist attraction.　　　그 왕릉은 인기 있는 관광 명소다.

8　The _____ flew over the trees looking for food.　　　솔개가 먹이를 찾아 나무 위를 날아 다녔다.

9　Mia thought the children all looked _____.　　　Mia는 아이들이 모두 비슷하게 생겼다고 생각했다.

10　Please handle with care, it's _____.　　　조심해서 다뤄 주십시오, 깨질 수 있습니다.

11　He decided to _____ his hair for the summer.　　　그는 여름을 맞아 머리를 다듬기로 마음먹었다.

12　John _____ out at his critics.　　　John은 자신을 비판한 사람들에게 화를 내며 몰아세웠다.

13　Sean has been _____ the team since 2023.　　　Sean은 2023년부터 그 팀을 이끌고 있다.

14　The _____ has just hatched from the egg.　　　병아리가 막 알을 깨고 나왔다.

15　The _____ they traveled, the colder it got.　　　그들이 더 멀리 갈수록 날씨는 더 추워졌다.

16　They sat in the _____ to watch the play.　　　그들은 연극을 보기 위해 관람석에 앉았다.

17　The field was lit up by hundreds of _____.　　　수백 마리의 반딧불이로 들판이 환하게 밝았다.

18　The _____ has covered the old brick wall.　　　담쟁이 덩굴이 오래된 벽돌 벽을 뒤덮었다.

19　I can _____ the text file using this program.　　　나는 이 프로그램을 활용해서 그 텍스트 파일을 분석할 수 있다.

20　Jin felt excited as she board the _____.　　　Jin은 비행기에 탑승하며 설렘을 느꼈다.

21　Jamie hasn't been able to find a _____ job for 2 years.　　　Jamie는 2년 동안 제대로 된 일자리를 구하지 못하고 있다.

22　Margaret _____ the blueberries in water.　　　Margaret은 블루베리를 물에 헹궜다.

23　Lisa stared at him in _____.　　　Lisa는 그를 믿을 수 없다는 표정으로 바라보았다.

24　The comedian delivered a _____ performance.　　　그 코미디언은 웃음을 자아내는 공연을 선보였다.

25　It is self-evident that every _____ is unique.　　　모든 개인이 제각기 독특하다는 것은 자명하다.

26　We finally found a _____ to the complex math problem.　　　마침내 우리는 그 복잡한 수학 문제의 해답을 찾았다.

27　I learned that trust is the bedrock of any _____.　　　나는 신뢰가 모든 관계의 기반이라는 것을 배웠다.

28　_____ behavior can damage your relationships.　　　이기적인 행동은 관계를 손상시킬 수 있다.

29　The publicity campaign was very _____.　　　그 홍보 캠페인은 매우 실용적이었다.

30　Aphrodite is the _____ of love in Greek mythology.　　　아프로디테는 그리스 신화에서 사랑의 여신이다.

Level 97

레벨별 단어 사용 빈도

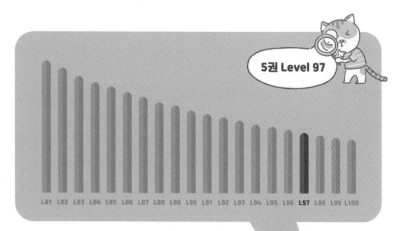

5권 Level 97

L81 L82 L83 L84 L85 L86 L87 L88 L89 L90 L91 L92 L93 L94 L95 L96 **L97** L98 L99 L100

LEVEL 1~20　　LEVEL 21~40　　LEVEL 41~60　　LEVEL 61~80　　**LEVEL 81~100**

2881

whack

[wæk]

동 (세게) 후려치다, 패배시키다, 분담[분배]하다, 베다

whack은 일반적으로 물체를 강력하게 치는 것을 나타냅니다. 주로 '(세게) 후려 치다'라는 뜻으로 쓰이지요. 또한 맥락에 따라 비격식적으로는 강력한 타격이 나 큰 영향을 준다는 표현으로 쓰이기도 합니다. 예를 들어, That news really whacked me.라고 하면 '그 소식이 내게 큰 충격을 주었다.'라는 뜻이 됩니다.

1 **She whacked the ball with all her strength and scored a goal.**
그녀는 모든 힘을 다해 공을 쳐서 골을 넣었다.

2 **The failure of the project whacked the whole team.**
프로젝트의 실패는 그 팀 전체에 큰 충격을 주었다.

Plus + with all one's strength 전력으로, 힘껏   failure **명** 실패

2882

peculiar

[pɪˈkjuːliə(r)]

형 특별한, 독특한, 기이한, 개인의

peculiar는 원래 '개인의 재산'을 뜻하는 단어에서 유래했는데, 시간이 지나면서 의미가 확장되어 '특별한, 독특한, 기이한, 개인의' 등 다양한 뜻을 나타내게 되었 습니다. 생각해 보면 모두 어떤 한 사람에게 해당하는 것을 묘사하는 표현이네 요. 주로 어떤 사람, 사물, 상황이 평범하거나 일반적이지 않다는 점을 강조할 때 쓰입니다.

1 **Daniel has a peculiar way of dressing.**
Daniel은 옷을 입는 방식이 특이하다.

2 **It's peculiar that Cooper didn't show up for the meeting.**
Cooper가 회의에 나타나지 않은 것은 이상하다.

Plus + dress **동** 옷을 입다   show up 나타나다

2883

teenager

[ˈtiːneɪdʒə(r)]

명 10대의 청소년

teenager는 보통 10대 청소년을 의미합니다. teenage(십대의)와 -er(사람) 이 결합한 형태입니다. 청소년기를 나타내는 단어로 adolescent(청소년) 등이 있지만 teenage나 teenagers는 이보다 더 대중적이고 구어체에서 많이 쓰입 니다.

1 **Teenagers face various challenges during their high school years.**
청소년들은 고등학교 시절에 여러 가지 도전을 마주한다.

2 **Teenagers often struggle with self-esteem problems.**
10대 청소년들은 자존감 문제로 자주 힘들어한다.

Plus + challenge **명** (사람의 능력·기술을 시험하는) 도전
struggle with ~로 고심하다   self-esteem 자존감

2884

ditch

[dɪtʃ]

명 배수구, 수로[도랑]

동 도랑을 파다, (비행기 등을) 물에 불시착시키다

ditch는 명사로는 '배수구'를 뜻하고, 동사로는 '도랑을 파다'를 의미합니다. 그리고 의외로 '(비행기 등을) 물에 불시착시키다'도 뜻하는데, 보통 물을 흐르게 하기 위해 도랑을 파죠? 이렇게 무언가를 어디로 보낸다는 개념이 비행기를 하늘에서 어딘가로 착륙시킨다는 뜻으로 확장되었습니다.

1 The farmer dug a ditch to drain the water from her field.
농부는 밭에서 물을 빼기 위해 도랑을 팠다.

2 The pilot had no choice but to ditch the airplane in the ocean.
조종사는 비행기를 바다에 불시착시킬 수밖에 없었다.

Plus + drain 동 (물 등을) 빼다   have no choice but to V ~할 수밖에 없다

2885

graceful

['greɪsfl]

형 우아한, (특히 곤란한 상황에서) 품위를 지키는

graceful은 grace(은혜, 즐거움)와 -ful(꽉 찬)이 결합된 형용사입니다. 직역하면 '은혜와 즐거움 따위로 꽉 찬'이라는 뜻이 됩니다. 그래서 맥락에 따라 '우아한, 품위를 지키는' 등으로 표현할 수 있습니다. 이와 비슷한 의미를 지닌 단어로 elegant(우아한), dignified(품위 있는) 등이 있습니다.

1 His graceful response to the criticism was admired by many.
비판에 대한 그의 품위 있는 대응은 많은 이들에게 칭찬받았다.

2 Even in a challenging situation, John remained graceful.
곤란한 상황에서도 John은 품위를 유지했다.

Plus + response 명 반응, 대응   criticism 명 비판, 비평
admire 동 칭찬하다, 존경하다   challenging 형 힘든, 능력을 시험하는 것 같은

2886

skid

[skɪd]

동 미끄러지다, 미끄럼 방지를 하다

명 미끄러짐, (비행기) 활주부

skid는 주로 물체가 저항 없이 미끄러져 가는 상황을 묘사하는 동사입니다. 자동차나 비행기 등이 제어력을 잃고 미끄러지는 상황을 주로 나타냅니다. 그리고 이렇게 비행기가 마치 미끄러지듯 달리는 모습에서 '활주부'라는 뜻이 파생되었습니다.

1 The truck skidded on the icy road and rolled down the hill.
트럭은 빙판길에서 미끄러져서 언덕 아래로 굴러 떨어졌다.

2 The plane made a skid landing due to an engine failure.
엔진 고장으로 비행기가 미끄러지며 착륙했다.

Plus + roll down 굴러 떨어뜨리다   landing 명 착륙
due to ~ 때문에   failure 명 고장

2887

shimmer

[ˈʃɪmə(r)]

동 희미하게 빛나다,
(반사하여) 아른아른 빛나다

명 희미한 빛

shimmer의 원래 의미는 '빛나다'였다가 점차 의미가 바뀌면서 '희미하게 빛나다' 정도를 뜻하게 되었지요. 주로 무언가 희미하게 또는 불규칙하게 반짝이는 것을 나타냅니다. 또한 빛나는 물체, 특히 빛을 반사하는 물이나 금속의 표면이나 희미한 빛을 투영하는 물체 등을 묘사합니다.

1 The moonlight shimmered on the surface of the water.
달빛이 물 위에 희미하게 반짝였다.

2 The shimmer of the candle light created a cozy atmosphere in the room.
촛불의 희미한 빛이 방 안에 아늑한 분위기를 자아냈다.

Plus + surface 명 표면   cozy 형 아늑한
atmosphere 명 분위기

2888

reward

[rɪˈwɔːrd]

명 보상[보수], 상, 현[사례]상금

동 보답[보상]하다

reward는 행동이나 노력에 대한 보상을 나타냅니다. 명사로는 '보상, 상, 사례금' 등 다양한 의미를 나타내고, 동사로는 '보답하다, 보상하다'를 뜻합니다. reward를 활용한 표현으로는 Virtue is its own reward.가 있는데, 이는 '선행은 그것을 했다는 것 자체로 보상이다.'라는 의미입니다.

1 Nate received a reward for his contribution to our recent project.
Nate는 우리의 최근 프로젝트에 대한 공헌으로 보상을 받았다.

2 The reward for catching the criminal increases daily.
그 범인에 대한 현상금은 나날이 오르고 있다.

Plus + contribution 명 공헌   criminal 명 범인, 범죄자

2889

humor

[ˈhjuːmə(r)]

명 유머[익살], 기질[성미],
기분[마음]

동 비위[장단]를 맞추다

우리에게 외래어 '유머'로 익숙한 humor는 기본적으로 웃음이나 즐거움을 유발하는 능력 또는 상황을 나타냅니다. 명사로는 '유머, 익살' 등을 뜻하고, 동사로는 비위나 장단을 맞추는 것을 의미합니다. 조금 더 넓은 의미로는 사람의 '성격'이나 '기질', '마음 상태'를 나타내기도 합니다.

1 Her humor always makes everyone laugh.
그녀의 유머는 항상 모두를 웃게 한다.

2 Humor can be an effective defense mechanism.
유머는 효과적인 방어 기제가 될 수 있다.

Plus + effective 형 효과적인   defense 명 방어
mechanism 명 기제

2890

conceal

[kənˈsiːl]

통 감추다, 숨기다, 비밀로 하다

conceal의 기본 의미는 '숨기다'입니다. 주로 무언가를 가리거나 숨기는 행동을 나타냅니다. 맥락에 따라 단순히 어떤 물건을 숨기는 것부터 특별한 정보나 사실을 감추는 것에 이르기까지 상황에 맞춰 다양한 의미로 쓸 수 있습니다.

1 Cindy tried to conceal her guilt.

Cindy는 자신의 죄를 숨기려 했다.

2 The government has been accused of concealing the truth about the disaster.

정부는 그 재난에 대한 진실을 숨긴 것으로 비난받았다.

Plus+ guilt 명 죄   accuse 통 비난하다
disaster 명 재난

2891

chaos

[ˈkeɪɑːs]

명 혼돈, 혼란, 무질서

chaos는 원래 바닥이 없는 텅 빈 공간을 의미했습니다. 고대 그리스에는 세상이 생성되기 이전의 상태를 chaos라고 했지요. 그러다 시간이 지나면서 점차 의미가 확장되어 '혼돈, 혼란, 무질서' 등을 의미하게 되었습니다. 오늘날에는 주로 예측이나 제어가 어려운 상황을 묘사합니다.

1 The city is in chaos after the earthquake.

지진이 일어난 후 그 도시는 혼란에 빠졌다.

2 The sudden resignation of the CEO caused chaos in the company.

CEO의 갑작스런 사임으로 인해 그 회사는 혼란에 빠졌다.

Plus+ earthquake 명 지진   resignation 명 사임

2892

importance

[ɪmˈpɔːrtns]

명 중요[중대]성, 중요한 지위[입장]

importance는 '중요성, 중대성' 등을 나타내는 명사입니다. 주로 사람이나 사물, 행사, 아이디어 등이 가진 가치나 영향력, 또는 그 의미에 대해 묘사합니다. importance의 원래 의미는 '가치 있는 것'이었습니다. 가치 있는 것이 곧 중요한 것이니 뜻이 거의 변하지 않은 셈이네요.

1 The importance of education can never be overstated.

교육의 중요성은 절대 과장될 수 없다.

2 Olivia suddenly realized the importance of her decision.

Olivia는 갑자기 자신이 내린 결정의 중요성을 깨달았다.

Plus+ overstate 통 (실제보다 더 중요한 것처럼) 과장하다   realize 통 깨닫다
decision 명 결정

2893

mouthful

[ˈmaʊθfʊl]

명 (음식) 한 입, 한 입 가득,
(발음하기 어려운) 긴 말,
조금[소량]

mouthful은 mouth(입)와 -ful(꽉 찬)이 결합한 명사입니다. 직역하면 '입이 꽉 찬' 상태를 나타냅니다. 음식에 대해 말하는 상황에서 '한 입에 넣을 수 있는 양'을 의미합니다. 또한 비유적으로 발음하기 어려운 긴 단어를 뜻하기도 합니다.

1 After a few mouthfuls of the stew, she declared it was the best she'd ever tasted.
스튜를 몇 입 먹은 후, 그녀는 그것이 지금까지 먹어 본 것 중 최고라고 단언했다.

2 The name of the organization was quite a mouthful.
그 조직의 이름은 길어서 발음하기 꽤 어려웠다.

Plus+ declare 동 단언하다   organization 명 조직, 단체

2894

badge

[bædʒ]

명 배지[휘장, 증표]
동 배지[휘장]를 달다

badge는 신분이나 직위, 소속, 또는 특정한 권한 등을 표시하는 휘장이나 증표를 나타냅니다. 흔히 우리가 '배지'라고 칭하는 것들이지요. 동사로는 이러한 휘장이나 증표를 다는 것을 의미합니다. 이러한 휘장을 뜻하는 그 밖의 단어로는 emblem, insignia 등이 있습니다.

1 Helen wore a badge to show she was a police officer.
Helen은 자신이 경찰임을 보이기 위해 배지를 달았다.

2 New members of our club should wear a badge on their chests.
우리 동호회의 신규 회원들은 가슴에 배지를 달고 있어야 한다.

Plus+ show 동 보여 주다   chest 명 가슴

2895

operator

[ˈɑːpəreɪtə(r)]

명 (기계 등을) 조작[운전]하는 사람, 경영자[관리인],
(전화국의) 교환원,
(수학) 연산자

operator는 동사 operate(작업하다)와 -or(사람)이 결합한 명사입니다. 직역하면 '작업하는 사람'이 되는데, 일반적으로는 무언가를 조작하는 사람이나 운전하는 사람을 나타냅니다. 또한 맥락에 따라 사업을 '경영 또는 관리하는 사람'이나 전화국의 '교환원'을 뜻하고 수학에서는 '연산자'를 나타내기도 합니다.

1 The operator told me to press 0 and stay on the line.
교환원은 0번을 누르고 잠시 기다리라고 말했다.

2 The operator of the amusement park ride ensures the safety of the passengers.
놀이공원 놀이기구의 운영자는 탑승객의 안전을 보장한다.

Plus+ stay on the line 수화기를 들고 기다리다
amusement park 놀이공원   ensure 동 보장하다

2896

gravel
[ˈɡrævl]

명 자갈, 결석

동 당혹하게 하다, 짜증나게 하다

gravel은 '자갈'을 뜻합니다. 그 외에 병리학적으로 '결석'을 의미하기도 하고, 비격식적 맥락에서는 누군가를 당혹하게 하거나 짜증이 나게 하는 상황을 나타낼 수 있습니다.

1 We needed more gravel to fill the holes in the driveway.
우리는 진입로의 구멍을 메우기 위해 더 많은 자갈이 필요했다.

2 His sarcastic comments really graveled Gabriel.
그의 비꼬는 말은 Gabriel을 정말로 당황하게 만들었다.

Plus + driveway 명 진입로, 사유 차도   sarcastic 형 비꼬는, 빈정대는

2897

cabbage
[ˈkæbɪdʒ]

명 양배추, 무기력한 사람

cabbage는 원래 '머리'를 뜻하는 프랑스어 *caboce*에서 유래했습니다. 그런데 당시 사람들이 보기에 사람의 머리가 마치 양배추처럼 생겼다 하여 '양배추'를 뜻하게 된 것으로 여겨집니다. cabbage는 비유적으로는 '무기력한 사람'을 뜻하기도 합니다.

1 Billy likes the texture of cabbage, so he often adds it to his salad.
Billy는 양배추의 식감을 좋아해서 종종 샐러드에 추가하곤 한다.

2 I chopped up some cabbage to add to the soup.
나는 수프에 추가하기 위해 약간의 양배추를 썰었다.

Plus + texture 명 (음식의) 씹히는 느낌

2898

literature
[ˈlɪtərətʃə(r)]

명 문학, 문헌

literature를 자세히 보면 letter(글자)가 떠오르지 않나요? 실제로 literature는 '글자, 문자'라는 단어에서 유래했습니다. 일반적으로 창작된 작품, 특히 그 중에서도 문학적 가치가 있는 작품을 뜻합니다. 또한 더 넓은 의미에서 어떤 주제나 분야에 대한 학술적 글이나 공식적인 보고서를 의미하기도 합니다.

1 I always have a deep appreciation for literature.
나는 언제나 문학에 대한 깊은 감사의 마음을 품고 있다.

2 Mindy read the literature on the disease in the waiting room.
Mindy는 대기실에서 그 질병에 관한 문헌을 읽었다.

Plus + appreciation 명 감사   disease 명 질병

2899

await
[ə'weɪt]

동 기다리다, 대기하다

await는 보통 '기다리다'를 의미합니다. 주로 특정 사건이나 상황이 발생할 때까지 기다리는 것을 나타냅니다. 흔히 '기다리다'를 뜻하는 단어로 wait를 떠올리실 텐데요. await는 주로 미래에 어떤 일이 반드시 일어날 것이라는 확신을 내포하고 있다는 점에서 차이가 있습니다.

1 **Wendy was sitting by the window, awaiting her husband's return.**
   Wendy는 창가에 앉아 남편이 돌아오기만을 기다리고 있었다.

2 **They are currently awaiting the laptop repairman.**
   그들은 현재 노트북 수리기사를 기다리는 중이다.

Plus + return 명 돌아옴 동 돌아오다   currently 부 현재, 지금
repairman 명 수리공

2900

wobble
['wɑːbl]

동 (불안정하게) 흔들리다
[떨리다], 비틀거리다,
(목소리 등이) 떨리다,
(정책 등이) 동요하다

wobble은 동사로 '흔들리다, 떨리다' 등을 의미합니다. 일반적으로 물리적인 불안전성이나 불규칙한 움직임을 나타내지요. 비유적으로는 어떤 상황이나 결정에 대한 불확실성을 의미하기도 합니다. 맥락에 따라 목소리가 떨리거나 어떤 정책들이 외부 상황에 의해 동요하는 모습을 묘사하기도 합니다.

1 **The dining table wobbled due to its uneven legs.**
   그 식탁은 균형이 맞지 않는 다리 때문에 흔들렸다.

2 **As Kim gave the speech, her voice wobbled with nervousness.**
   Kim이 연설 할 때 그녀의 목소리는 초조함으로 떨렸다.

Plus + uneven 형 균형이 맞지 않는   nervousness 명 초조함

2901

stock
[stɑːk]

명 주식, 재고품[재고], 비축물,
가축

stock의 원래 의미는 '나무 기둥, 나무 줄기'였는데, 이후 시간이 지나면서 '재고, 비축'을 뜻하다가 지금은 의미가 확장되어 '주식'을 뜻하게 되었습니다. 이는 주식이 가지고 있는 '기업 소유의 일부'라는 개념이 '나무 줄기'나 '기본'이라는 개념과 연결되어 있기 때문으로 추정됩니다.

1 **Tony invested his money in the stock market.**
   Tony는 그의 돈을 주식 시장에 투자했다.

2 **Please check the stock in the warehouse before placing the order.**
   주문하기 전에 창고의 재고를 확인해 주십시오.

Plus + invest 동 투자하다   market 명 (특정한 상품의) 거래 시장
check 동 확인하다   warehouse 명 창고

2902

commit

[kə'mɪt]

동 저지르다[범하다],
위탁[인도]하다,
전념[충실]하다,
의견을[태도를] 명백히하다

commit은 주로 '저지르다, 범하다'를 뜻하는 동사로 범죄를 저지르는 것과 같은 부정적인 맥락에 쓰입니다. 그 밖에 책임이나 임무를 다른 사람에게 부여하는 상황에서는 '위탁하다, 인도하다'라는 뜻을 나타내기도 하고, 조금 더 넓은 의미로는 무언가에 전념하거나 의견을 명백히 한다는 뜻으로도 쓰입니다.

1 She committed a serious crime and was sentenced to prison.
그녀는 심각한 범죄를 저질렀고, 그 결과 감옥에 투옥되었다.

2 Jackson committed the task to his assistant.
Jackson은 그 일을 자신의 조수에게 맡겼다.

Plus+ be sentenced to 형을 받다

2903

forbid

[fər'bɪd]

forbade - forbidden

동 금지하다,
허락[용납]하지 않다,
~을 어렵게[못 하게] 하다

forbid의 기본 의미는 '금지하다'입니다. 주로 어떤 행동이나 활동을 하지 못하게 막는 것을 의미합니다. 또한, 어떤 상황이나 조건 때문에 특정 행동이나 활동을 하기 어려운 경우를 나타내기도 합니다. 예를 들어, The weather forbids us from going hiking.이라고 하면 '날씨 때문에 우리는 등산을 가기 어렵다.'라는 뜻이 됩니다.

1 Smoking in the dining area is forbidden by law.
식사 장소에서 흡연하는 것은 법으로 금지되어 있다.

2 Her religion forbids eating meat.
그녀의 종교는 고기를 먹는 것을 허락하지 않는다.

Plus+ smoke 동 흡연하다   religion 명 종교

2904

peanut

['pi:nʌt]

명 땅콩, 하찮은 것,
아주 적은 액수

형 시시한

peanut의 기본 의미는 '땅콩'이지만 다른 여러 뜻을 나타낼 수 있습니다. 예를 들어, This is a peanut amount.라는 문장에서 peanut은 '하찮은 것, 아주 적은 액수'를 뜻합니다. 또한 peanut issue는 '시시한 문제'를 나타내지요. 이런 의미들은 모두 땅콩의 크기가 작은 것에서 파생된 것으로 보입니다.

1 She has been diagnosed with a severe allergy to peanuts.
그녀는 땅콩에 대한 심각한 알레르기가 있다는 진단을 받았다.

2 Compared to Jenny's wealth, that amount is peanuts.
Jenny의 재산과 비교하면, 그 액수는 아주 하찮다.

Plus+ be diagnosed with ~로 진단받다   severe 형 심각한
compared to ~와 비교하여   wealth 명 (많은) 재산, 부(富)

2905

grove

[ɡroʊv]

명 작은 숲, (소규모의) 과수원

grove는 원래 '나무가 있는 곳'을 뜻했습니다. 생각해 보면 그게 곧 '숲'이겠죠? 보통 숲이라 하면 forest를 떠올리실 텐데요, grove는 forest와 달리 주로 작은 규모의 숲을 의미합니다. 그래서 '과수원'을 뜻하기도 하고 비교적 크지 않은 나무나 관목 그룹을 나타내기도 합니다.

1 The apple grove was full of blossoming trees.

사과나무 과수원은 꽃이 만발한 나무로 가득했다.

2 We usually take a walk in the grove behind our house.

우리는 종종 집 뒤에 있는 작은 숲에서 산책한다.

Plus + blossom 통 꽃이 피다, 꽃을 피우다   take a walk 산책하다

2906

scalp

[skælp]

명 두피, (동물) 머리 가죽, 전리품, (금융) 작은 이득

scalp는 주로 '두피'나 동물의 '머리 가죽'을 의미합니다. 또한 적의 머리 가죽을 잘라낸 '전리품'을 뜻하기도 합니다. 이는 북미 원주민의 전통에서 유래된 것으로 당시에 전쟁의 승리를 나타내는 일종의 상징이었습니다. 그밖에 scalp는 금융에서는 '작은 이득'을 뜻하기도 합니다.

1 Eric recommended that I receive scalp treatments.

Eric은 내게 두피 치료를 받을 것을 권했다.

2 The warriors took enemy scalps as trophies.

전사들은 전리품으로 적의 머리 가죽을 가져갔다.

Plus + treatment 명 치료   warrior 명 전사
trophy 명 전리품

2907

crackle

['krækl]

통 (장작 따위가 불타며) 탁탁[바지직] 소리 내다, 표면에 잔금이 지다

명 탁탁 소리

crackle은 주로 특정 물체가 압력이나 열 등의 영향을 받아 튀는 소리를 나타냅니다. 실제로 그런 소리를 본떠서 만든 의성어에서 유래했습니다. 우리말로는 '탁탁, 바지직 소리를 내다' 정도로 표현할 수 있겠군요. crackle은 명사로는 그렇게 튀는 소리 자체를 나타냅니다.

1 The fire crackled in the fireplace.

벽난로에서 불씨가 탁탁 소리를 내며 탔다.

2 His old vinyl records have a distinctive crackle.

그의 낡은 레코드 판에서는 독특한 탁탁 소리가 난다.

Plus + vinyl record (축음기에 트는) 레코드판, 음반   distinctive 형 독특한

2908

snot

[snɑːt]

명 콧물, 건방진 사람

snot은 주로 코에서 나오는 점액, 즉 '콧물'을 뜻합니다. 그리고 다른 사람을 불쾌하게 만들거나 버릇이 없는 사람을 가리키는 속어로 쓰이기도 합니다. 이런 맥락에서 snot은 상대방을 크게 비난하는 뉘앙스를 띨 수 있으므로 사용할 때 주의해야 합니다.

1　Paul wiped the snot from his son's nose.

　Paul은 아들의 코에서 콧물을 닦아 주었다.

2　Don't be such a snot.

　그렇게 건방지게 굴지 마라.

Plus + wipe 동 닦다

2909

bold

[bould]

형 대담한, 용감한, 뻔뻔스러운,
(선 등이) 선명한[굵은]

bold는 주로 '대담한, 용감한'을 뜻하는 형용사입니다. 맥락에 따라 '뻔뻔스러운'과 같이 부정적인 의미를 나타내기도 합니다. 또한 그래픽 디자인이나 인쇄 출판 등에서는 '선명한, 굵은'을 뜻하기도 합니다. 아마도 '대담한, 용감한, 뻔뻔스러운'이라는 의미가 '큰, 잘 보이는'과 같은 맥락이기 때문이 아닌가 추정합니다.

1　Joe made a bold decision to quit his job and start his own business.

　Joe는 직장을 그만두고 자기 사업을 시작하겠다는 대담한 결정을 내렸다.

2　Make sure to use bold letters for the title.

　제목에는 반드시 굵은 글씨를 사용해 주십시오.

Plus + quit 동 그만두다　　　　　letter 명 글자

2910

infant

[ˈɪnfənt]

명 유아

형 유아의, 초기의

infant는 유래가 참 재미있는 단어입니다. 원래는 '말할 수 없는'이라는 뜻에서 출발했는데, infant가 실제로 출생 후 초기를 의미하는 것을 생각해 보면 아주 적절한 의미 확장인 것 같습니다. 맥락에 따라 '유아, 유아의'를 뜻하기도 하지만 비유적으로는 '초기의'라는 뜻을 나타내기도 합니다.

1　Infant care is important for healthy growth.

　영유아 보육은 건강한 성장에 중요하다.

2　The government considered providing infant care funds to raise the birth rate.

　정부는 출산율을 높이기 위해 영유아 보육 기금을 지급하는 것을 고려했다.

Plus + growth 명 성장　　　　　provide 동 지급하다
　　　　　raise 동 올리다　　　　　birth rate 출산율

우리말에 맞게 빈칸에 알맞은 단어를 쓰세요.

(정답은 본문을 확인하세요.)

1 The failure of the project _____ the whole team.
프로젝트의 실패는 그 팀 전체에 큰 충격을 주었다.

2 Daniel has a _____ way of dressing.
Daniel은 옷을 입는 방식이 특이하다.

3 _____ often struggle with self-esteem problems.
10대 청소년들은 자존감 문제로 자주 힘들어한다.

4 The farmer dug a _____ to drain the water from her field.
농부는 밭에서 물을 빼기 위해 도랑을 팠다.

5 Even in a challenging situation, John remained _____.
곤란한 상황에서도 John은 품위를 유지했다.

6 The plane made a _____ landing due to an engine failure.
엔진 고장으로 비행기가 미끄러지며 착륙했다.

7 The moonlight _____ on the surface of the water.
달빛이 물 위에 희미하게 반짝였다.

8 The _____ catching the criminal increases daily.
그 범인에 대한 현상금은 나날이 오르고 있다.

9 Her _____ always makes everyone laugh.
그녀의 유머는 항상 모두를 웃게 한다.

10 Cindy tried to _____ her guilt.
Cindy는 자신의 죄를 숨기려 했다.

11 The city is in _____ after the earthquake.
지진이 일어난 후 그 도시는 혼란에 빠졌다.

12 The _____ of education can never be overstated.
교육의 중요성은 절대 과장될 수 없다.

13 The name of the organization was quite a _____.
그 조직의 이름은 길어서 발음하기 꽤 어려웠다.

14 Helen wore a _____ to show she was a police officer.
Helen은 자신이 경찰임을 보이기 위해 배지를 달았다.

15 The _____ told me to press 0 and stay on the line.
교환원은 0번을 누르고 잠시 기다리라고 말했다.

16 His sarcastic comments really _____ Gabriel.
그의 비꼬는 말은 Gabriel을 정말로 당황하게 만들었다.

17 I chopped up some _____ to add to the soup.
나는 수프에 추가하기 위해 약간의 양배추를 썰었다.

18 I always have a deep appreciation for _____.
나는 언제나 문학에 대한 깊은 감사의 마음을 품고 있다.

19 They are currently _____ the laptop repairman.
그들은 현재 노트북 수리기사를 기다리는 중이다.

20 The dining table _____ due to its uneven legs.
그 식탁은 균형이 맞지 않는 다리 때문에 흔들렸다.

21 Tony invested his money in the _____ market.
Tony는 그의 돈을 주식 시장에 투자했다.

22 Jackson _____ the task to his assistant.
Jackson은 그 일을 자신의 조수에게 맡겼다.

23 Her religion _____ eating meat.
그녀의 종교는 고기를 먹는 것을 허락하지 않는다.

24 Compared to Jenny's wealth, that amount is _____.
Jenny의 재산과 비교하면, 그 액수는 아주 하찮다.

25 The apple _____ was full of blossoming trees.
사과나무 과수원은 꽃이 만발한 나무로 가득했다.

26 Eric recommended that I receive _____ treatments.
Eric은 내게 두피 치료를 받을 것을 권했다.

27 The fire _____ in the fireplace.
벽난로에서 불씨가 탁탁 소리를 내며 타고 있다.

28 Paul wiped the _____ from his son's nose.
Paul은 아들의 코에서 콧물을 닦아 주었다.

29 Make sure to use _____ letters for the title.
제목에는 반드시 굵은 글씨를 사용해 주십시오.

30 _____ care is important for healthy growth.
영유아 보육은 건강한 성장에 중요하다.

Level
98

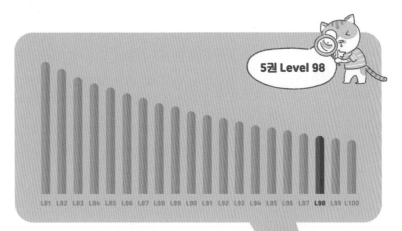

5권 Level 98

L81 L82 L83 L84 L85 L86 L87 L88 L89 L90 L91 L92 L93 L94 L95 L96 L97 **L98** L99 L100

LEVEL 1~20   LEVEL 21~40   LEVEL 41~60   LEVEL 61~80   **LEVEL 81~100**

2911

enthusiasm

[ɪnˈθuːziæzəm]

📖 열광[열중], 열중시키는 것,
열심[열광]의 대상

enthusiasm은 무언가에 열광하거나 열중하는 것을 나타내는 명사입니다. 개인이 특정 활동, 아이디어, 주제에 대해 느끼는 강한 감정을 주로 의미합니다. 예를 들어, have enthusiasm for라고 하면 '~에 열심이다'를 뜻하고, full of enthusiasm은 '열정으로 가득한' 상태를 나타내지요.

1 Her enthusiasm for the project was contagious.

그 프로젝트에 대한 그녀의 열정은 전염성이 있었다.

2 Despite the setbacks, Kai never lost his enthusiasm.

어려움에도 불구하고, Kai는 절대로 열정을 잃지 않았다.

Plus + contagious 📖 전염성의　　　　　setback 📖 차질, 방해
lose 📖 잃다

2912

falter

[ˈfɔːltər]

📖 비틀거리다, 말을 더듬다,
쇠퇴하다

falter는 주로 물리적인 비틀거림이나 힘없이 넘어지는 모습을 나타내는 동사입니다. 그리고 이러한 모습에서 말을 더듬거나 어떤 대상이 약해져서 쇠퇴하는 상태도 나타내게 되었습니다. 예를 들어, falter in one's determination이라고 하면 누군가의 결심이 흔들리는 상황을 나타냅니다.

1 Jane started to falter as she walked towards the stage.

Jane은 무대 쪽으로 걸어가면서 비틀거리기 시작했다.

2 Nervous, Noah faltered in his presentation.

Noah는 긴장한 나머지 발표 중에 말을 더듬었다.

Plus + toward(s) 📖 ~ 쪽으로, ~을 향하여　　　presentation 📖 발표

2913

plump

[plʌmp]

📖 통통한, (식용육이) 살이 많은,
충분한[많은]

📖 포동포동하게 살찌다

plump는 형용사로는 '통통한, 살이 많은'을 의미하고, 동사로는 '포동포동하게 살찌다'라는 뜻을 나타냅니다. 그리고 이러한 의미가 확장되어 무언가 충분히 많은 상태를 의미하기도 합니다. 일반적으로 사람이나 동물의 살찐 상태를 설명하거나 무언가 풍부하고 충분한 상태를 묘사합니다.

1 My puppy has grown plump because he ate a lot of sweet potatoes.

내 강아지는 고구마를 많이 먹어서 통통해졌다.

2 He has a plump supply of notebooks.

그는 충분한 수의 노트를 가지고 있다.

Plus + sweet potato 고구마　　　　　supply 📖 공급[비축](량)

2914

wasteland

[ˈweɪstlænd]

명 황무지[불모지],
(자연재해, 전쟁 등으로)
황폐해진 지역,
(사상적, 문화적으로)
황폐한 사회[시대]

wasteland는 '버리다'라는 뜻의 waste와 '땅'을 의미하는 land가 결합한 명사입니다. 말 그대로 버려진 땅, 즉 '황무지, 불모지' 등을 의미합니다. 맥락에 따라 자연재해나 전쟁 등으로 폐허가 된 지역을 뜻하기도 하며 비유적으로는 사상이나 문화적으로 침체되거나 황폐해진 사회나 시대를 의미하기도 합니다.

1 After the forest fire, the region became a wasteland.
산불이 난 후에 그 지역은 황무지가 되었다.

2 The abandoned industrial site became a wasteland over the years.
버려진 산업 부지는 수년에 걸쳐 황무지가 되었다.

Plus + region 명 지역　　　　　　　　　　abandoned 형 버려진, 유기된
industrial 형 산업[공업]의

2915

dislike

[dɪsˈlaɪk]

동 싫어하다

명 싫음[반감]

dislike는 dis-(아닌)와 like(좋아하다)가 결합한 단어입니다. 무언가를 싫어하는 것을 의미하는데, 주로 사람을 포함한 다른 대상, 상황, 사건 등이 마음에 들지 않는 경우를 나타냅니다. '싫어하다'를 의미하는 비슷한 단어로는 hate, detest 등이 있습니다.

1 She dislikes anything that involves physical effort.
그녀는 신체적 노력을 필요로 하는 것이면 무엇이든 싫어한다.

2 Matt's strong dislike for carrots is rather surprising.
Matt가 당근을 매우 싫어하는 것은 약간 의외이다.

Plus + involve 동 수반하다, 관련시키다
rather 부 (놀람 등을 나타내는 표현에서) 약간, 꽤

2916

explosive

[ɪkˈsploʊsɪv]

형 폭발성의, 폭발을 일으키는,
격정적인, 일촉즉발의

explosive는 동사 explode(폭발하다)의 형용사형입니다. 즉, '폭발성의, 폭발을 일으키는' 등을 뜻합니다. 물리적 폭발을 일으키는 물질이나 장치를 뜻하기도 하지만 맥락에 따라 감정이나 행동이 강렬하고 갑작스럽게 표출되는 것도 나타냅니다. 이럴 때는 '격정적인, 일촉즉발의'라는 뜻으로 쓰입니다.

1 The bomb squad carefully removed the explosive devices.
폭발물 처리반은 폭발 장치들을 조심스럽게 제거했다.

2 Her explosive anger surprised everyone.
그녀의 폭발적인 분노는 모두를 놀라게 했다.

Plus + bomb squad 폭발물 처리반　　　　　remove 동 제거하다
device 명 장치

2917

suspicion

[səˈspɪʃn]

명 혐의[의혹], 수상쩍음,
(막연한) 느낌, 소량[기미]

suspicion은 '혐의, 의혹, 수상쩍은 무언가'를 의미하는 명사입니다. 주로 사람이나 상황이 미심쩍거나 의심스러운 것을 나타내지만 맥락에 따라 음식이나 음료의 양이 적을 때나 어떤 맛이나 향이 가볍게 날 때도 쓸 수 있습니다.

1 I have a suspicion that Lily is not telling the truth.
나는 Lily가 진실을 말하고 있지 않다는 의혹이 들었다.

2 Tony eyed me with suspicion when I offered to pay for the meal.
내가 식사비를 내겠다고 제안했을 때, Tony는 의심스러운 눈으로 나를 바라보았다.

Plus+ eye 동 (무엇이 탐나거나 의심스러워서) 쳐다보다   offer 동 제안하다
pay for ~에 대한 값을 치르다

2918

fridge

[frɪdʒ]

명 냉장고

fridge는 '냉장고'를 뜻하는데, 사실 냉장고의 정식 명칭은 refrigerator입니다. 그런데 이 단어가 너무 길고 발음하기 어려워 1920년대에 fridge라는 줄임말이 생겼습니다. 지금도 일반 구어에서는 냉장고를 주로 fridge라고 부릅니다.

1 I was hungry but there was nothing to eat in the fridge.
배가 고팠지만 냉장고에 먹을 게 없었다.

2 She left a note on the fridge to remind her roommate to pay the rent.
그녀는 룸메이트에게 집세를 내라고 알려주기 위해 냉장고에 쪽지를 남겼다.

Plus+ leave a note 쪽지를 남기다   remind 동 알려 주다, 상기시키다
rent 명 집세, 임대료

2919

guilt

[gɪlt]

명 죄책감, 유죄[죄가 있음],
범죄 행위

guilt는 원래 '범죄, 과실'을 뜻하는 단어에서 유래했습니다. 그러다 의미가 확장되어 '죄책감'도 나타내게 되었지요. guilt를 활용한 재미있는 표현이 있는데, 누군가에게 죄책감을 느끼게 하여 나의 의도대로 행동하게 하는 것을 guilt trip이라고 합니다.

1 A strong sense of guilt weighed on Sue.
강한 죄책감이 Sue를 짓눌렀다.

2 Jack regretted missing the opportunity to confess his guilt.
Jack은 자신의 죄를 자백할 기회를 놓친 것을 후회했다.

Plus+ weigh 동 (책임, 걱정 등이) 압박하다, 짓누르다   regret 동 후회하다
opportunity 명 기회   confess 동 자백하다

2920

express

[ɪk'spres]

동 표현[표명]하다,
표시[상징]하다,
(기체나 액체를) 짜내다,
속달[급송]로 보내다

express는 '명확히 나타내다'라는 뜻에 가장 가까운 단어로 맥락에 따라 '표현하다, 표명하다, 표시하다, 상징하다' 등 다양한 의미를 나타낼 수 있습니다. 또한 무언가를 밖으로 내보낸다는 맥락에서 기체나 액체 등을 짜내거나 우편 등을 속달로 보내는 것을 의미하기도 합니다.

1 The boy expressed his feelings through his painting.
그 소년은 그림을 통해 자신의 감정을 표현했다.

2 The sculpture seems to express a sense of loneliness and despair.
그 조각은 외로움과 절망을 표현하는 것처럼 보인다.

Plus + sculpture **명** 조각(품)　　　　loneliness **명** 외로움, 고독
despair **명** 절망

2921

nap

[næp]

명 낮잠

동 낮잠 자다

nap은 명사로는 '낮잠'을, 동사로는 '낮잠 자다'를 뜻합니다. 주로 짧은 낮잠을 의미하는데, take a nap(낮잠을 자다)이라는 표현으로 많이 쓰입니다. 가끔 잠깐 자려고 했는데 깊이 잠이 드는 경우가 있지요? 이런 상황을 powernap이라 표현하기도 합니다.

1 John decided to nap for 20 minutes before continuing with his work.
John은 작업을 계속하기 전에 20분간 낮잠을 자기로 했다.

2 You had better grab a quick nap before reviewing this.
너는 이 글을 검토하기 전에 잠깐 낮잠을 자는 게 좋겠다.

Plus + grab **동** (특히 바빠서) 잠깐 ~하다　　　　review **동** 검토하다

2922

gossip

['gɑːsɪp]

명 잡담, 소문, 험담, 수다쟁이

동 수다를 떨다

gossip은 명사로는 '잡담'을 뜻하고, 동사로는 '수다를 떨다'를 의미합니다. 맥락에 따라 부정적인 뉘앙스를 갖기도 하는데, 남의 험담을 하는 것을 나타내기 때문입니다. 예를 들어 gossipmonger라는 말이 있습니다. 직역하면 '험담 몽상가'이죠. 주로 '험담을 퍼트리는 사람' 등을 뜻합니다.

1 Employees were abuzz with gossip about the new CEO.
직원들은 새로운 CEO에 대한 소문으로 떠들썩했다.

2 Suzy tends to gossip a lot, which gets her into trouble.
Suzy는 수다를 많이 떠는 편이어서 곤란한 상황에 빠지곤 한다.

Plus + abuzz **형** 떠들썩한　　　　tend **동** (~하는) 경향이 있다
get into trouble 곤란에 부딪치다

2923

summon

[ˈsʌmən]

동 소환[호출, 소집]하다,
요구하다, (용기, 결의 등을)
불러일으키다

summon은 누군가를 부르거나 요청하는 것을 나타냅니다. 맥락에 따라 '소환하다, 호출하다, 소집하다' 등의 다양한 의미를 나타내지요. 또한 추상적으로 감정이나 기억 또는 용기나 결의 등을 불러일으키는 것을 뜻합니다.

1 The manager summoned every team member to the conference room.

매니저는 모든 팀원을 회의실로 소집했다.

2 It took all the courage Tom could summon to ask Jamie out.

Tom은 Jamie에게 데이트 신청을 하기 위해 모든 용기를 끌어 모았다.

Plus + conference 명 회의   courage 명 용기
ask out ~에게 데이트를 신청하다

2924

nestle

[ˈnesl]

동 아늑하게 자리 잡다,
정착시키다, 비벼 대다

nestle을 자세히 보면 nest(둥지)가 보이죠? 실제로 nestle은 '둥지를 틀다, 둥지에 앉다'라는 뜻에서 출발한 단어입니다. 그래서 맥락에 따라 어딘가에 아늑하게 자리를 잡거나 정착한 것을 나타내기도 하고 무언가에 비벼 대는 행동을 뜻하기도 합니다.

1 He nestled into the soft cushions on the sofa.

그는 소파의 푹신한 쿠션 속에 아늑하게 앉아 있었다.

2 The cabin is nestled in the middle of a dense forest.

그 오두막은 울창한 숲속 한가운데 아늑하게 자리 잡고 있다.

Plus + in the middle of ~의 한가운데에   dense 형 빽빽한, 밀집한

2925

buck

[bʌk]

명 수사슴, 달러

형 수컷의

동 단호히 반대하다

buck의 원래 의미는 '수염을 기른 남자'였는데, 시간이 지나면서 의미가 확장되어 '수사슴'을 뜻하다가 18세기 미국에서는 '달러'를 뜻하게 되었습니다. 이는 당시 사슴 가죽을 화폐로 사용하여 교역을 했던 점에서 파생된 것으로 추정합니다. 그밖에 '단호히 반대하다'라는 뜻을 나타내기도 합니다.

1 The buck carries magnificent antlers.

수사슴은 웅장한 뿔을 지니고 있다.

2 I wanted to treat Susan to a meal but only had a few bucks in my pocket.

Susan에게 식사라도 대접하고 싶었지만 내 주머니에는 달러 몇 장뿐이었다.

Plus + magnificent 형 웅장한, 장대한   antler 명 (사슴의) 가지 진 뿔

2926

venture

[ˈventʃə(r)]

- 몡 모험, 모험적 사업
- 동 위험을 무릅쓰고 나서다, 과감히 해 보다

venture의 기본 의미는 '모험'입니다. 주로 위험을 무릅쓰고 무언가를 시도하는 행동이나 상황을 묘사합니다. 그리고 이런 맥락에서 의미가 확장되어 '모험적 사업'을 뜻하기도 합니다. 동사로는 '위험을 무릅쓰고 나서다, 과감히 해 보다'라는 의미를 나타내기도 합니다.

1 Julie decided to venture into the real estate business.
   Julie는 부동산 사업에 뛰어들기로 결정했다.

2 I wouldn't venture to make such a bold statement without evidence.
   나는 증거 없이 그렇게 대담한 진술을 하지 않을 것이다.

Plus + real estate 부동산　　　make a statement 진술하다, 성명하다
bold 형 대담한　　　evidence 몡 증거

2927

engage

[ɪnˈɡeɪdʒ]

- 동 종사시키다, 관여하다, 약혼시키다, 협상하다

engage는 원래 '보증하다'라는 뜻에서 출발한 단어로 이후 '담보를 제공하다'를 뜻하게 되었습니다. 여기에서 결혼을 약속하거나 어떤 활동에 참여하는 것을 나타내는 의미가 파생되었습니다. 맥락에 따라 '종사시키다, 관여하다, 약혼하다, 협상하다' 등 다양한 의미를 나타냅니다.

1 Joe was engaged, but he didn't want to get married.
   Joe는 약혼했지만 결혼은 하고 싶지 않았다.

2 The company was engaging in negotiations to acquire a new business.
   그 회사는 새로운 사업을 인수하기 위해 협상에 참여하고 있었다.

Plus + get married 결혼하다　　　negotiation 몡 협상, 교섭
acquire 동 획득하다, 얻다

2928

tutor

[ˈtuːtə(r)]

- 몡 가정[개인] 교사, (대학) 개인 지도 교수[강사], (미성년자의 법적인) 후견인
- 동 가정[개인] 교사로서 가르치다

tutor의 원래 의미는 '보호자, 수호자'였다가 의미가 확장되어 '가정 교사, 개인 교사' 등을 뜻하게 되었고, 미성년자의 법적 후견인은 보통 교육까지 책임졌기 때문에 '후견인'을 나타내기도 합니다. 그밖에 동사로는 '가정 교사로서 가르치다'를 뜻합니다.

1 He tutored children in English to earn some extra money.
   그는 부수입을 벌기 위해 아이들에게 영어를 가르쳤다.

2 Mr. Jones, my tutor, is going to examine my thesis.
   지도 교수이신 Jones 선생님께서 내 논문을 심사하실 것이다.

Plus + earn 동 (돈을) 벌다, (수익을) 올리다　　　extra 형 추가의
examine 동 심사하다, 조사하다　　　thesis 몡 학위 논문

2929

possess

[pəˈzes]

통 소유하다, 점유하다,
(능력 등을) 가지다,
(감정 등이) 사로잡다

possess는 주로 '소유하다'를 뜻하는 동사입니다. 일반적으로 물리적인 소유에서 추상적인 소유까지 넓은 범위를 나타낼 수 있습니다. 또한 강한 감정이나 욕구에 의해 '사로잡힌' 상태를 나타내기도 하는데, 이는 그런 감정이 사람을 지배한 상태를 비유적으로 표현한 것으로 보입니다.

1 Bella possesses a rare collection of vintage cars.
   Bella는 희귀한 빈티지 자동차 컬렉션을 소유하고 있다.

2 Paul possesses the ability to communicate complex ideas clearly.
   Paul은 복잡한 아이디어를 알기 쉽게 전달하는 능력이 있다.

Plus+ rare 형 희귀한 　　　　　　　　 ability 명 능력
clearly 부 알기 쉽게

2930

addition

[əˈdɪʃn]

명 덧셈, 추가, 추가[첨가]물

addition의 기본 의미는 '덧셈'입니다. 물론 이는 수학에서 말하는 덧셈을 의미하지만 우리가 일상에서 무언가를 더하는 것, 즉 '추가'를 뜻하기도 합니다. 그리고 맥락에 따라 무언가를 더하는 것을 넘어 '추가물, 첨가물' 등을 의미하기도 합니다.

1 Addition is one of the basic operations in mathematics.
   덧셈은 수학의 기본 연산 중 하나다.

2 We built an addition to our house to accommodate our growing family.
   우리는 늘어나는 가족을 수용하기 위해 집에 새로운 부분을 추가로 지었다.

Plus+ operation 명 연산 　　　　　　 accommodate 동 수용하다

2931

tick

[tɪk]

동 째깍[똑딱]거리다,
(시간이) 째깍째깍 지나가다

명 째깍[똑딱]거리는 소리

tick은 동사로는 '째깍거리다'를 뜻하고, 명사로는 째깍거리는 소리 자체를 의미합니다. 무언가 가볍게 툭 치는 소리를 본떠 만들어진 의성어입니다. 그러고 보니 시계 바늘이 움직이는 소리와 발음이 상당히 비슷하군요. 이러한 맥락에서 시간이 빠르게 지나가는 것을 나타내기도 합니다.

1 The clock on the wall is ticking loudly.
   벽에 걸린 시계가 큰 소리로 째깍거리고 있다.

2 James listened to the tick of the wall clock, waiting for midnight to come.
   James는 벽시계가 째깍거리는 소리를 들으며 자정이 오기를 기다렸다.

Plus+ loudly 부 큰 소리로 　　　　　　 midnight 명 자정

2932

foreign

[ˈfɔːrən]

형 외국의, 외래의, 이질적인, 이물질

foreign은 원래 '밖에, 외부에'라는 뜻의 단어에서 유래했습니다. 그래서 맥락에 따라 '외국의, 외래의, 이질적인' 등의 뜻을 나타낼 수 있습니다. 묘사하는 대상이 무엇인지에 따라 다양하게 의미가 확장되는 경향이 있는 것이지요. 이 외에도 object, body 등과 함께 쓰여 '이물질'을 뜻하기도 합니다.

1 Actually, the concept of individualism can be foreign to some cultures.

사실, 개인주의라는 개념은 일부 문화에는 이질적일 수 있다.

2 The surgeon removed a foreign object from her body.

그 (외과) 의사는 그녀의 몸에서 이물질을 제거했다.

Plus + individualism 명 개인주의　　　　surgeon 명 외과 의사
remove 동 제거하다

2933

barge

[bɑːrdʒ]

명 (바닥이 편편한) 바지선, 유람선

동 바지선으로 나르다, 헤치고 나아가다

barge는 명사로는 '바지선, 유람선'을 의미하고, 동사로는 '바지선으로 나르다' 등을 뜻합니다. 무거운 화물을 운반하는 데 사용되는 바닥이 편편한 큰 선박을 '바지선'이라고 부르지요. 이런 바지선이 이동하는 모습에서 '헤치고 나아가다'라는 뜻이 나오기도 했습니다.

1 The barge has been loaded with grain.

그 바지선은 곡물을 가득 싣고 있었다.

2 Lisa barged through the crowd.

Lisa는 군중을 헤치고 나아갔다.

Plus + load 동 (~에 많은 짐을) 싣다

2934

bunker

[ˈbʌŋkə(r)]

명 벙커[엄폐호], (석탄) 궤

bunker의 원래 의미는 '의자'였으나 18세기에 들어오면서 큰 저장고를 뜻하게 되었습니다. 그러다 20세기에 들어 현대전이 발발하면서 지금의 뜻인 '벙커, 엄폐호'를 나타내게 되었지요. 2차 세계대전 이후 bunker는 거의 지하에 위치한 방어 시설을 의미합니다. 또한 석탄 등을 넣는 큰 용기(궤)를 나타내기도 합니다.

1 The general ordered the soldiers to retreat to the bunker.

장군은 병사들에게 벙커로 후퇴할 것을 명령했다.

2 The bunker is filled with coal for the ship.

그 궤는 선박을 위한 석탄으로 가득 차 있다.

Plus + general 명 장군　　　　　　　　retreat 동 후퇴하다
be filled with ~로 가득 차다　　coal 명 석탄

2935

slit

[slɪt]

slit - slit

명 (좁고 기다란) 구멍[틈], 길다랗게 베인 상처

동 (선을 따라) 째어 가르다, (좁고) 길게 자르다 [구멍을 내다]

slit은 명사로는 '(좁고 기다란) 구멍, 틈'을 의미하고, 동사로는 좁은 구멍을 내는 행위를 뜻합니다. slit을 자세히 보면 split(찢다)과 모양이 매우 닮았는데, 실제로 두 단어의 어원이 같습니다. 그렇게 보니 silt의 뜻이 쉽게 이해되는군요.

1 The puppy slipped through the slit in the curtain.

강아지가 커튼의 틈새로 미끄러져 들어갔다.

2 Smith slit the envelope open with a knife.

Smith는 칼로 봉투를 길게 자르며 열었다.

Plus + slip 동 미끄러지다　　　　　envelope 명 봉투

2936

access

['ækses]

명 접근, 접근 권리, 증대

동 접속[접근]하다

access는 명사로는 '접근'을 뜻하고, 동사로는 '접근하다'를 나타냅니다. 주로 물리적인 접근 권한을 의미하지만 추상적으로 어딘가에 가까워지는 것을 나타내기도 합니다. 현대에 들어서는 컴퓨터와 관련된 맥락에서 '접속하다'라는 뜻을 나타내기도 합니다.

1 We had limited access to the facility.

우리는 그 시설에 대한 접근이 제한되어 있었다.

2 You cannot access this room without security clearance.

보안 승인 없이는 이 방에 출입할 수 없다.

Plus + limited 형 제한된　　　　　facility 명 시설
security 명 보안　　　　　clearance 명 승인

2937

civil

['sɪvl]

형 시민의, 민간의, 문명의, 정중한

civil은 형용사로 '시민의, 민간의'라는 뜻을 나타냅니다. '시민'이라 하면 보통 문명사회의 교양 있는 사람들을 의미하죠. 그래서 civil은 맥락에 따라 '문명의, 정중한' 등의 의미를 나타내기도 합니다.

1 Civil laws protect the rights of citizens in our society.

시민법은 우리 사회의 시민의 권리를 보호한다.

2 Despite our disagreement, we managed to have a civil conversation.

의견 차이에도 불구하고, 우리는 정중한 대화를 나누기 위해 애썼다.

Plus + right 명 권리　　　　　disagreement 명 불일치
conversation 명 대화

2938

rehearse

[rɪˈhɜːrs]

동 예행연습[리허설]을 하다,
반복[암송]하다,
자세히 말하다

rehearse는 주로 '예행연습을 하다'를 뜻하며 일반적으로 공연이나 발표 등에 대비하여 연습하는 과정을 의미합니다. 이 같은 맥락에서 다양한 의미가 파생되었는데, 대표적으로 '반복하다'와 '자세히 말하다'가 있습니다. 모두 예행연습 과정에서 행해지는 것들로 볼 수 있겠네요.

1 Sam dedicated every spare moment to rehearsing his speech.

Sam은 모든 여유 시간을 연설을 반복 연습하는 데 쏟았다.

2 We rehearsed our presentation several times to make sure we were ready.

우리는 준비가 잘 되었는지 확인하기 위해 여러 번 발표 연습을 했다.

Plus + dedicate A to B A를 B에 바치다, 헌신하다   make sure (~임을) 확인하다

2939

epidemic

[ˌepɪˈdemɪk]

명 유행병, 전염병,
급속한 확산[유행]

형 유행[전염]성의

epidemic은 명사로는 '유행병, 전염병'을 의미하고, 형용사로는 '유행성의, 전염성의'를 뜻합니다. 일반적으로 특정 지역 내에서 급속하게 확산되는 질병을 나타냅니다. 또한 비유적으로 어떤 현상이 급속하게 퍼지거나 확산되는 것을 묘사하기도 합니다.

1 There has been an flu epidemic in the region.

그 지역에 독감이 유행하고 있다.

2 The new strain of the virus was highly epidemic.

그 새로운 바이러스 변이는 전염성이 높았다.

Plus + flu 명 독감   region 명 지역
strain 명 변종, 변이

2940

wreck

[rek]

명 난파(선), 파멸, 폐인

동 난파시키다

wreck은 명사로는 '난파, 난파선' 등을 나타내고, 동사로는 '난파시키다'를 뜻합니다. 주로 선박이나 차량 등이 파괴되거나 망가진 상태를 나타냅니다. 비유적으로는 사람의 경력이나 명성이 망가진 상태를 의미하기도 하는데, 예를 들어 the wreck of one's life라고 하면 '인생의 파멸'을 뜻합니다.

1 The wreck contained pottery and coins from the Greek city.

난파선에는 그리스 도시에서 나온 도자기와 동전이 들어있었다.

2 The storm wrecked almost all the houses.

그 폭풍으로 거의 모든 집들이 파괴되었다.

Plus + contain 동 (~이) 들어 있다   pottery 명 도자기

우리말에 맞게 빈칸에 알맞은 단어를 쓰세요.　　　　　　(정답은 본문을 확인하세요.)

1 Her _____ for the project was contagious.　그 프로젝트에 대한 그녀의 열정은 전염성이 있었다.

2 Jane started to _____ as she walked towards the stage.　Jane은 무대 쪽으로 걸어가면서 비틀거리기 시작했다.

3 He has a _____ supply of notebooks.　그는 충분한 수의 노트를 가지고 있다.

4 After the forest fire, the region became a _____.　산불이 난 후에 그 지역은 황무지가 되었다.

5 Matt's strong _____ for carrots is rather surprising.　Matt가 당근을 매우 싫어하는 것은 약간 의외이다.

6 Her _____ anger surprised everyone.　그녀의 폭발적인 분노는 모두를 놀라게 했다.

7 I have a _____ that Lily is not telling the truth.　나는 Lily가 진실을 말하고 있지 않다는 의혹이 들었다.

8 I was hungry but there was nothing to eat in the _____.　배가 고팠지만 냉장고에 먹을 게 없었다.

9 A strong sense of _____ weighed on Sue.　강한 죄책감이 Sue를 짓눌렀다.

10 The boy _____ his feelings through his painting.　그 소년은 그림을 통해 자신의 감정을 표현했다.

11 You had better grab a quick _____ before reviewing this.　너는 이 글을 검토하기 전에 잠깐 낮잠을 자는 게 좋겠다.

12 Employees were abuzz with _____ about the new CEO.　직원들은 새로운 CEO에 대한 소문으로 떠들썩했다.

13 The manager _____ every team member to the conference room.　매니저는 모든 팀원을 회의실로 소집했다.

14 He _____ into the soft cushions on the sofa.　그는 소파의 푹신한 쿠션 속에 아늑하게 앉아 있었다.

15 The _____ carries magnificent antlers.　수사슴은 웅장한 뿔을 지니고 있다.

16 Julie decided to _____ into the real estate business.　Julie는 부동산 사업에 뛰어들기로 결정했다.

17 Joe was _____, but he didn't want to get married.　Joe는 약혼했지만 결혼은 하고 싶지 않았다.

18 Mr. Jones, my _____, is going to examine my thesis.　지도 교수이신 Jones 선생님께서 내 논문을 심사하실 것이다.

19 Bella _____ a rare collection of vintage cars.　Bella는 희귀한 빈티지 자동차 컬렉션을 소유하고 있다.

20 _____ is one of the basic operations in mathematics.　덧셈은 수학의 기본 연산 중 하나다.

21 The clock on the wall is _____ loudly.　벽에 걸린 시계가 큰 소리로 째깍거리고 있다.

22 The surgeon removed a _____ object from her body.　그 (외과) 의사는 그녀의 몸에서 이물질을 제거했다.

23 The _____ has been loaded with grain.　그 바지선은 곡물을 가득 싣고 있었다.

24 The _____ is filled with coal for the ship.　그 궤는 선박을 위한 석탄으로 가득 차 있다.

25 The puppy slipped through the _____ in the curtain.　강아지가 커튼의 틈새로 미끄러져 들어갔다.

26 We had limited _____ to the facility.　우리는 그 시설에 대한 접근이 제한되어 있었다.

27 _____ laws protect the rights of citizens in our society.　시민법은 우리 사회 시민의 권리를 보호한다.

28 Sam dedicated every spare moment to _____ his speech.　Sam은 모든 여유 시간을 연설을 반복 연습하는 데 쏟았다.

29 The new strain of the virus was highly _____.　그 새로운 바이러스 변이는 전염성이 높았다.

30 The storm _____ almost all the houses.　그 폭풍으로 거의 모든 집들이 파괴되었다.

Level 99

레벨별 단어 사용 빈도

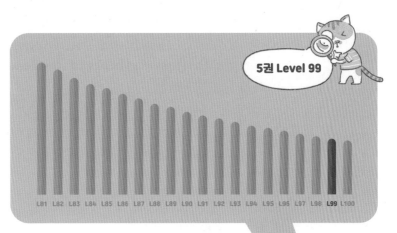

5권 Level 99

L81 L82 L83 L84 L85 L86 L87 L88 L89 L90 L91 L92 L93 L94 L95 L96 L97 L98 **L99** L100

LEVEL 1~20　　LEVEL 21~40　　LEVEL 41~60　　LEVEL 61~80　　**LEVEL 81~100**

2941

warrior

[ˈwɔːriə(r)]

명 전사, 군인

형 전사의

warrior는 '전사'를 뜻하는 고대 프랑스어 *werreier*에서 유래되었습니다. 그 뜻이 이어져 여전히 '전사, 군인' 등을 나타냅니다. warrior에 war(전쟁)라는 단어가 들어 있는 게 보이시나요? '전쟁을 치르는 사람들'이라는 뜻이 더 분명하게 와 닿는군요.

1 The warriors fought bravely on the battlefield.
그 전사들은 전장에서 용감하게 싸웠다.

2 They displayed a warrior spirit in the face of adversity.
그들은 역경에도 불구하고 전사의 정신을 보여 주었다.

Plus + spirit 명 정신   in the face of (문제, 어려움 같은) ~에도 불구하고
adversity 명 역경

2942

toddler

[ˈtɒdlər]

명 아장아장 걷는 아이,
비틀비틀 걷는 사람

toddler의 기본 의미는 '아장아장 걷는 아이'입니다. 아직 어려서 제대로 걷지 못하는 아이들을 나타내지요. 이런 아이의 모습에서 의미가 확장되어 미끄러지듯 '비틀비틀 걷는 사람'을 나타내기도 합니다.

1 Everyone was happy to see the toddler take his first steps.
모두가 그 아이가 첫 걸음을 내딛는 것을 보고 행복해했다.

2 Sue was like a toddler, learning to walk again.
Sue는 걷는 법을 다시 배우는 어린아이 같았다.

Plus + step 명 (발)걸음

2943

limit

[ˈlɪmɪt]

명 한계, 제한, 경계

동 제한하다

limit은 기본적으로 제한적인 범위나 한계를 나타냅니다. 그래서 명사로는 '한계, 제한' 등을 뜻하고, 동사로는 '제한하다'를 의미합니다. limit을 활용한 다양한 영어 표현이 있습니다. 대표적으로 push the limits라고 하면 한계점을 계속 밀어붙인다는 맥락에서 '한계를 넘어서다'를 뜻합니다.

1 The speed limit on this road is 70 kilometers per hour.
이 도로의 속도 제한은 시속 70킬로미터다.

2 We limited the number of participants to twenty.
우리는 참가자 수를 스무 명으로 제한했다.

Plus + per 전 ~당, ~마다   the number of ~의 수
participant 명 참가자

2944

agony

[ˈæɡəni]

명 극심한 고통[괴로움],
(감정의) 격발[격정],
죽음의 고통[단말마],
사투[분투]

agony는 원래 '싸움'을 뜻했습니다. 누군가와 싸우는 것은 괴로운 일이겠죠? 그래서 오늘날 agony의 기본 의미는 '극심한 고통, 괴로움'입니다. 그리고 맥락에 따라 다양한 의미를 나타낼 수 있습니다. 갑작스러운 '감정의 폭발'이나 '죽음의 고통, 사투' 등을 의미하기도 합니다.

1 I suffered agony at the news of Mike's death.
나는 Mike의 사망 소식에 괴로웠다.

2 After a sudden roar, some people were writhing around on the floor in agony.
갑작스런 굉음이 난 후 몇몇 사람들이 바닥에 누워 고통에 겨워 몸부림치고 있었다.

Plus + suffer 통 (고통·슬픔 등에) 시달리다, 고통받다   roar 명 굉음
writhe 통 (극심한 고통으로) 온몸을 비틀다

2945

mental

[ˈmentl]

형 정신의, 마음의,
정신병의[에 관한],
지적인[지능의]

mental은 주로 '정신의, 마음의'를 뜻하는 형용사입니다. 주로 사람의 정신과 마음에 관련한 상태를 나타냅니다. 그래서 맥락에 따라 '정신병의, 지적인, 지능의' 등 다양한 뜻으로 쓰입니다. 예를 들어, mental health는 '정신 건강'을 의미하고, mental capacity는 '인지[정신] 능력'을 나타냅니다.

1 Mental health is as important as physical health.
정신 건강은 신체 건강만큼 중요하다.

2 Leah has a strong mental capacity and can handle complex tasks.
Leah는 정신력이 강해서 복잡한 업무를 처리할 수 있다.

Plus + physical 형 신체의   capacity 명 능력
handle 통 처리하다, 다루다   complex 형 복잡한

2946

modern

[ˈmɑːdərn]

형 현대의, 현대적인, 최신의,
근대의

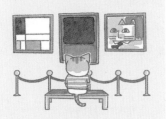

modern은 '현대의, 현대적인'이라는 뜻을 나타내는 형용사입니다. 맥락에 따라 '최신의, 근대의'를 의미하기도 합니다. 예를 들어, modern approach는 주로 '현대적인 접근 방식'을 뜻하고, modern technology는 '최신 기술'을 의미하지요. 이와 비슷한 뜻을 지닌 단어로 advanced를 함께 외워 두셔도 좋겠습니다.

1 Tim loves modern art and often visits art galleries.
Tim은 현대 미술을 좋아해서 화랑을 자주 방문한다.

2 This museum displays a collection of modern art from the 20th century.
이 박물관은 20세기의 근대 미술 작품을 전시한다.

Plus + display 통 전시하다   century 명 세기

2947

expedition

[ˌekspəˈdɪʃn]

명 탐험[원정], 탐험대,
급속[신속]

expedition은 원래 군사적인 여행이나 탐사를 의미했습니다. 그러다 일반적인 의미로 확장되어 '탐험, 원정' 등을 뜻하게 되었습니다. 과학 조사나 사업적 모험 등이 모두 여기에 포함되지요. 참고로 '급속, 신속'이라는 의미도 있습니다.

1 The explorers embarked on an expedition to the uncharted area.
탐험가들은 미지의 지역으로 탐험을 나섰다.

2 The rescue expedition arrived at the disaster-stricken area.
구조 원정대가 재난 지역에 도착했다.

Plus + embark on ~에 나서다   uncharted 형 미지의
rescue 명 구조   disaster-stricken 재해를 입은

2948

bid

[bɪd]

bid - bid

명 입찰

동 입찰하다, 값을 매기다,
명령[지시]하다

bid는 원래 '제안하다, 요청하다'를 뜻하는 동사에서 유래했습니다. 이 의미가 확장되어 오늘날에는 명사로는 '입찰'을, 동사로는 '입찰하다, 값을 매기다' 등을 뜻하게 되었습니다. 생각해 보면 어떤 가격을 제시하거나 제안하는 것이 곧 '입찰'입니다. 맥락에 따라 명령이나 지시를 내리는 행위를 나타내기도 하는데 이는 옛 의미가 그대로 이어진 것으로 보입니다.

1 Our company submitted a bid for the construction project.
우리 회사는 그 건설 프로젝트 입찰에 응했다.

2 My uncle bid $100 for the antique vase.
삼촌은 그 골동품 화병을 100달러에 입찰했다.

Plus + submit 동 제출하다   antique 명 골동품 형 골동품인

2949

pallet

[ˈpælət]

명 화물 운반대, (도공의) 주걱,
(오르간의) 조절판

pallet은 화가가 쓰는 팔레트를 의미합니다. 팔레트는 대부분 평평한 '판' 모양입니다. 바로 여기서 다양한 의미가 파생했습니다. 대표적으로는 '화물 운반대'와 도공 작업에서 쓰이는 평평하고 폭이 넓은 나무나 금속 등을 가리킵니다. 이들은 모두 '판' 모양이라는 공통점이 있습니다.

1 Workers loaded pallets with boxes of merchandise for shipment.
작업자들은 수송을 위해 상품 상자를 화물 운반대에 실었다.

2 They used a forklift to move the pallets.
그들은 화물 운반대를 옮기기 위해 지게차를 사용했다.

Plus + merchandise 명 상품, 제품   forklift 명 지게차

2950

detention

[dɪˈtenʃn]

명 구금[구류], 억류,
(벌로써) 방과 후 남게 하기

detention은 법적 맥락에서 '감금, 억류, 구류' 등을 의미하고, 학교에서는 학생들에 대한 징계나 행동 교정을 위해 방과 후에 남기는 것을 가리킵니다. 이 둘은 공통점이 있는데, 바로 이동의 자유를 제한한다는 것입니다. 그래서 맥락에 따라서는 '억류'를 뜻하기도 합니다.

1 Sarah was placed in detention for breaking the rules.
Sarah는 규칙을 어긴 대가로 구류되었다.

2 The teacher gave the students detention for talking in class.
선생님은 수업 중 떠든 학생들을 방과 후에 남게 했다.

Plus + break a rule 규칙을 어기다   give 통 (특정한 처벌을) 내리다, 가하다

2951

existence

[ɪɡˈzɪstəns]

명 존재[실재], 현존, 생존[생활],
실존

existence는 동사 exist(존재하다)의 명사형입니다. 직역하면 '존재하는 것'인데 존재하는 개체를 의미할 수도 있고 존재하는 상태를 뜻할 수도 있습니다. 그래서 맥락에 따라 '존재, 실재, 현존, 생존, 실존' 등 다양한 의미를 나타냅니다.

1 The existence of ghosts is always a topic of debate.
귀신의 존재 여부는 항상 논쟁의 주제다.

2 The existence of life on other planets is a mystery.
다른 행성에 생명체가 존재한다는 것은 미스터리다.

Plus + debate 명 논쟁

2952

equal

[ˈiːkwəl]

형 동일한[같은], 평등한,
감당하는[견디는]

명 동등한 사람[것]

equal은 형용사로는 '동일한, 평등한' 등을 뜻하고, 명사로는 동등한 대상을 나타냅니다. 예를 들어, All men are created equal.이라는 문구는 '만인은 평등하게 창조되었다.'라는 뜻입니다. 또한 equal right은 '평등한 권리'를 의미합니다.

1 The protesters were demanding equal rights and justice.
시위대는 동등한 권리와 공평성을 요구하고 있었다.

2 Every citizen should be treated equal before the law.
모든 시민은 법 앞에서 평등하게 대우받아야 한다.

Plus + protester 명 시위대   demand 통 요구하다
justice 명 공평성   treat 통 대우하다

2953

prey

[preɪ]

명 먹이, 포획

동 잡아먹다, 약탈하다

prey는 명사로 '먹이, 포획' 등을, 동사로는 '잡아먹다, 약탈하다' 등을 의미합니다. 과거에 prey는 주로 '약탈하다'라는 뜻으로 쓰였는데, 동물의 세계에서 강자가 약자를 잡아먹는 것도 어찌 보면 '약탈'이라는 행위와 닮은 것 같습니다.

1 The lions chased their prey in the grassland.
사자들은 초원에서 먹잇감을 쫓았다.

2 Birds often prey on insects for their meals.
사새들은 종종 먹이로 곤충을 잡아먹는다.

Plus + chase 동 쫓다, 추적하다   insect 명 곤충, 벌레
meal 명 식사, 음식

2954

cafeteria

[ˌkæfəˈtɪəriə]

명 카페테리아[구내 식당]

cafeteria는 우리에게도 많이 친숙한 단어로, 주로 '구내 식당'을 의미합니다. cafeteria는 보시다시피 cafe라는 단어에서 유래되었고, 원래 의미는 '커피를 파는 곳'이었습니다. 이후 의미가 확장되면서 대학교나 회사 등에서 학생이나 직원들이 음식을 선택하고 구매할 수 있는 공용 식당을 나타내게 되었습니다.

1 The office building has a cafeteria on the second floor.
그 사무실 건물은 2층에 카페테리아가 있다.

2 The school cafeteria always serves a variety of dishes for students.
학교 구내 식당은 학생들을 위해 늘 다양한 요리를 제공한다.

Plus + serve 동 (식당 등에서 음식을) 제공하다   a variety of 여러 가지의

2955

stifle

[ˈstaɪfl]

동 숨 막히게 하다[질식시키다],
억압하다[억누르다],
(불을) 끄다

stifle은 주로 '숨 막히게 하다, 질식시키다'를 뜻하는 동사입니다. 물리적으로 목을 졸라서 질식시키는 것을 뜻하기도 하지만 감정이나 의견을 억압하는 행위도 나타낼 수 있습니다. 또한, '숨 막히게 하다'라는 뜻에서 '불을 끄다'라는 의미도 파생되었습니다.

1 Jessica tried to stifle a laugh but failed.
Jessica는 웃음을 억누르려고 했지만 실패했다.

2 The government tried to stifle dissenting voices.
정부는 반대 의견을 억압하려고 노력했다.

Plus + laugh 명 웃음 동 웃다   dissenting 형 반대 의견의
voice 명 의견

2956

unwrap

[ʌnˈræp]

동 (포장지 등을) 풀다[뜯다]

unwrap은 un-(아닌)과 wrap(감싸다)이 결합한 단어로 직역하면 '감싸는 것이 아닌'이라는 뜻이 됩니다. 즉, 무언가를 '풀다, 뜯다'라는 의미를 나타내지요. 이후 시간이 지나면서 오늘날 wrap은 주로 '(포장지 등을) 풀다'라는 뜻을 나타냅니다. 상자 안에 들어 있는 물건을 꺼내거나 포장된 제품을 개봉하는 동작을 모두 표현할 수 있습니다.

1 Annie carefully unwrapped the gift to reveal its contents.
Annie는 내용물을 꺼내기 위해 선물을 조심스럽게 풀었다.

2 Unwrap the plastic cover before using the product.
제품을 사용하기 전에 플라스틱 덮개를 뜯어라.

Plus + reveal 동 (숨겨져 있던 것을) 보이다   content 명 (어떤 것의) 속에 든 것들

2957

tidy

[ˈtaɪdi]

형 (깨끗이) 잘 정돈된,
(생각, 의견 등이) 논리 정연한
[정확한, 깔끔한],
(양 등이) 상당한,
(사람 등이) 좋은[괜찮은]

tidy는 주로 '잘 정돈된'을 의미하는 형용사입니다. 물건이 잘 정돈되어 있는 모습에서 다양한 의미가 파생되었습니다. 추상적으로는 '(생각, 의견 등이) 논리 정연한'이라는 뜻을 나타내고, 양이나 크기가 상당하거나 충분한 상태, 사람이나 상황이 좋거나 괜찮은 상태를 의미하기도 합니다.

1 Harry always keeps his desk tidy and organized.
Harry는 항상 책상을 깔끔하게 정리된 상태로 유지한다.

2 Emily presented her ideas in a tidy and coherent manner.
Emily는 자기 생각을 깔끔하고 일관성 있게 제시했다.

Plus + organized 형 정리된   present 동 제시하다
coherent 형 일관성 있는

2958

crumble

[ˈkrʌmbl]

동 부스러지다[뜨리다],
가루를 만들다, (희망 등이)
허무하게 사라지다,
(건물 등이) 허물어지다
[무너지다]

crumble의 기본 의미는 '부수어 가루로 만들다'입니다. 사전적 의미들을 살펴보면 '부스러지다, 가루를 만들다, (희망 등이) 허무하게 사라지다, (건물 등이) 허물어지다, 무너지다'입니다. 어떤가요? 쓰이는 맥락만 다를 뿐 무언가를 부수어 가루로 만들어 버리는 뉘앙스는 똑같죠?

1 The old building crumbled to the ground after the flood.
홍수 이후 그 오래된 건물은 무너졌다.

2 His dreams crumbled as he faced repeated failures.
반복되는 실패를 겪으면서 그의 꿈은 허무하게 사라졌다.

Plus + repeated 형 반복되는   failure 명 실패

2959

ripple

[ˈrɪpl]

명 잔물결, 파문[영향]

동 잔물결이 일다, 파문을 일으키다

ripple은 명사로는 '잔물결, 파문[영향]' 등을, 동사로는 '잔물결이 일다' 정도를 뜻합니다. 물론 실제 물 표면에 물결이 번져 가는 모습을 나타내기도 하지만 어떤 사건이나 행동이 넓은 범위에 영향을 미치는 상황을 표현할 수도 있습니다.

1 The ripples in the water created a peaceful atmosphere.
잔잔한 물결이 평화로운 분위기를 조성했다.

2 The effects of the new law rippled through the economy.
새로운 법의 영향은 경제 전반에 파문을 일으켰다.

Plus + atmosphere 명 분위기   effect 명 영향
law 명 법   economy 명 경제

2960

fiddle

[ˈfɪdl]

동 바이올린을 켜다,
(어색함, 초조함, 무료감 등 때문에) 만지작거리다,
(숫자 등을) 속이다[조작하다],
(시간을 허비하며) 빈둥거리다

fiddle은 주로 '바이올린을 켜다'를 의미하는 동사입니다. 그러나 비유적 맥락에서 어색하거나 초조한 상태에서 나오는 불안한 몸짓이나 손짓을 묘사할 수도 있습니다. 또한 '(숫자 등) 속이다'라는 뜻을 나타내기도 하는데, 이는 손으로 무언가를 고의로 다르게 세거나 숨기는 행위에서 유래한 것으로 보입니다.

1 Kate fiddled with the strings, producing a beautiful melody.
Kate는 아름다운 멜로디를 연주하며 줄을 튕겼다.

2 Nervously, Ian fiddled with his tie while waiting for the interview.
면접을 기다리며 Ian은 초조하게 넥타이를 만지작거렸다.

Plus + string 명 줄, 끈   nervously 부 초조하게

2961

cute

[kjuːt]

형 귀여운, 영리한

일반적으로 '귀여운'을 뜻하는 cute는 '날카로운, 영리한'을 뜻하는 acute에서 파생되었습니다. '날카로움'이나 '귀여움' 모두 사람의 감성을 자극한다는 면에서는 비슷한 점이 있는 것도 같군요. 물론 지금도 원래 뜻인 '영리한'을 의미하기도 합니다.

1 The puppy's big eyes make it incredibly cute.
강아지의 큰 눈이 그 강아지를 매우 귀엽게 만든다.

2 Eric had a cute way of convincing people to agree with his opinions.
Eric은 사람들이 자신의 의견에 동의하도록 설득하는 영리한 방법을 갖고 있었다.

Plus + incredibly 부 매우, 믿을 수 없을 정도로   convince 동 설득하다

2962

judgment

[ʤʌʤmənt]

명 판단[심판], 재판,
판단[분별]력

judgment는 judge에서 파생된 단어입니다. judge는 동사로는 '판단하다', 명사로는 '판사'를 의미하지요. 그래서 judgment는 주로 '판단, 심판, 재판' 등을 뜻합니다. 그리고 맥락에 따라 의미가 확장되어 '판단력, 분별력' 등을 나타낼 수도 있습니다.

1 The judgment was not in favor of the plaintiff.

재판 결과는 원고에게 유리하지 않았다.

2 Ann showed poor judgment in trusting them.

Ann은 그들을 믿는 형편없는 판단력을 보였다.

Plus + in favor of ~을 위하여   plaintiff 명 (민사 소송의) 원고
trust 동 믿다

2963

hamper

['hæmpə(r)]

동 방해하다

명 방해(물), (큰) 바구니

hamper는 동사로는 주로 '방해하다'를 뜻하고, 명사로는 '방해(물)'을 의미합니다. 원래 의미는 '큰 바구니'였다고 하는데, 이것이 이동이나 작업을 자꾸 방해하는 바람에 '장애물'로 여긴 데서 지금의 뜻이 파생된 것으로 추정합니다. 하지만 여전히 '큰 바구니'라는 뜻도 나타냅니다.

1 Don't let your fear hamper your growth.

두려움이 당신의 성장을 방해하지 않게 하라.

2 Nick packed a picnic hamper for his girlfriend.

Nick은 여자 친구를 위해 소풍 바구니를 쌌다.

Plus + growth 명 성장   pack 동 싸다, 꾸리다

2964

stake

[steɪk]

명 말뚝, 지분(持分),
이해관계[관련],
(도박 등에) 건 돈

stake의 기본 의미는 '말뚝'입니다. 말뚝이 땅에 무언가를 표시하는 도구라는 점에서 '지분'이나 '이해관계'라는 뜻이 파생되었습니다. 그러다 시간이 지나면서 의미가 확장되어 오늘날에는 '(도박 등에) 건 돈'까지 의미하게 되었습니다.

1 Mike drove a stake into the frozen ground.

Mike는 꽁꽁 언 땅에 말뚝을 박았다.

2 He sold his stake in the company for a significant profit.

그는 그 회사의 지분을 상당한 이익을 남기고 팔았다.

Plus + drive a stake 말뚝을 박다   frozen 형 (특히 지면이) 언
significant 형 상당한, 중요한   profit 명 이익, 수익

2965 occupy

['a:kjupaɪ]

occupied - occupied

동 차지하다, 점령[점거]하다,
전념[종사]하다,
(마음을) 사로잡다

occupy는 주로 '차지하다, 점령하다, 점거하다' 등의 뜻을 나타내는 동사입니다. 공간을 차지하는 것뿐만 아니라 시간이나 마음, 관심 등을 차지하는 것도 묘사할 수 있습니다. 그래서 '전념하다, 마음을 사로잡다'라는 뜻을 나타내기도 합니다.

1 The soldiers occupied the entire building.
그 군인들은 건물 전체를 점령했다.

2 His work occupies most of his time.
그의 일이 그의 대부분의 시간을 차지하고 있다.

Plus + entire 형 전체의

2966 gust

[gʌst]

명 돌풍[질풍], (갑작스러운)
분출[폭발], 큰 기쁨

동 (바람 등이) 갑작스럽게 불다

gust는 명사로는 '돌풍, 질풍' 등을 나타내고, 동사로는 (바람 등이) 갑작스럽게 불다'를 뜻합니다. 그리고 이러한 뜻이 추상적인 맥락에서 확장되면서 물리적 바람뿐만 아니라 감정이나 행동의 갑작스러운 변화를 나타내게 되었습니다. 바로 '(감정 등의) 분출, 폭발' 또는 '큰 기쁨'과 같은 개념입니다.

1 A gust of wind blew all the documents off the table.
돌풍이 테이블 위의 서류들을 다 날려 버렸다.

2 Jack felt a gust of joy to hear that he passed.
Jack은 합격했다는 소식을 듣고 크게 기뻤다.

Plus + document 명 서류, 문서   pass 동 합격하다

2967 engineer

[ˌendʒɪˈnɪr]

명 기술자, 공학자, 기관사

동 수작을 부리다[꾀하다]

engineer는 명사로 '기술자, 공학자' 등을 나타내고, 동사로는 '수작을 부리다'를 의미합니다. '기술자, 공학자'는 특별한 기술을 가지고 있는 사람인데, 여기서 의미가 다소 부정적으로 파생되어 '수작을 부리다'라는 뜻이 생겨난 것으로 보입니다.

1 Olivia is a software engineer at a large tech company.
Olivia는 큰 기술 회사에서 소프트웨어 공학자로 일하고 있다.

2 They engineered a coup to overthrow the current government.
그들은 현 정부를 전복시키기 위해 쿠데타를 꾀했다.

Plus + coup 명 쿠데타   overthrow 동 (정부 등을) 전복시키다
current 형 현재의

2968

witness

['wɪtnəs]

명 목격자, 증인,
(계약 등의) 입회인

동 목격하다

witness는 원래 '알고 있다, 보다'라는 뜻의 동사에서 파생되었습니다. 그러다 시간이 지나면서 의미가 확장되어 오늘날에는 명사로는 '목격자'를, 동사로는 '목격하다'를 뜻하게 되었습니다. witness를 활용한 영어 표현이 많은데, 대표적으로 eyewitness evidence(목격자의 증언), witness stand(증인석) 등이 있습니다.

1 The police are questioning the witness to the crime.
경찰은 그 범죄의 목격자를 조사하고 있다.

2 She witnessed a robbery on her way home.
그녀는 집에 가는 길에 강도를 목격했다.

Plus + question 동 조사하다, 질문하다   robbery 명 강도 (사건)

2969

tradition

[trə'dɪʃn]

명 전통, 관례

tradition은 '전통, 관례'를 뜻하는 명사로 사회나 문화 내에서 세대에서 세대로 전달되는 습관, 신념, 정보, 또는 예술 등을 의미합니다. 주로 긍정적인 의미로 쓰이지만 때때로 '고정관념'이나 '구시대적 관행'과 같이 부정적인 어감을 나타내기도 합니다.

1 It's a tradition in my family to exchange gifts on Christmas Eve.
크리스마스 이브에 선물을 주고받는 것은 우리 가족의 전통이다.

2 We must respect the traditions of other cultures.
우리는 다른 문화의 전통을 존중해야 한다.

Plus + exchange 동 주고받다

2970

relation

[rɪ'leɪʃn]

명 관계, 관련[연관], 친족관계

relation은 주로 사람이나 사물, 생각, 아이디어 등의 연결성이나 관련성을 나타냅니다. 그리고 이러한 '연결, 관련'이라는 개념에서 의미가 파생되어 '친족'이나 '친족 관계'를 뜻하기도 합니다.

1 The company maintains good relations with their clients.
그 회사는 고객들과 좋은 관계를 유지한다.

2 The relation between diet and health is well known.
식습관과 건강의 연관성은 잘 알려져 있다.

Plus + maintain 동 유지하다   client 명 고객
diet 명 식습관

우리말에 맞게 빈칸에 알맞은 단어를 쓰세요.　　　　　　　(정답은 본문을 확인하세요.)

1　The _____ fought bravely on the battlefield.　　그 전사들은 전장에서 용감하게 싸웠다.

2　Everyone was happy to see the _____ take his first steps.　모두가 그 아이가 첫 걸음을 내딛는 것을 보고 행복해했다.

3　We _____ the number of participants to twenty.　우리는 참가자 수를 스무 명으로 제한했다.

4　I suffered _____ at the news of Mike's death.　나는 Mike의 사망 소식에 괴로웠다.

5　_____ health is as important as physical health.　정신 건강은 신체 건강만큼 중요하다.

6　Tim loves _____ art and often visits art galleries.　Tim은 현대 미술을 좋아해서 화랑을 자주 방문한다.

7　The rescue _____ arrived at the disaster-stricken area.　구조 원정대가 재난 지역에 도착했다.

8　My uncle _____ $100 for the antique vase.　삼촌은 그 골동품 화병을 100달러에 입찰했다.

9　They used a forklift to move the _____.　그들은 화물 운반대를 옮기기 위해 지게차를 사용했다.

10　Sarah was placed in _____ for breaking the rules.　Sarah는 규칙을 어긴 대가로 구류되었다.

11　The _____ of ghosts is always a topic of debate.　귀신의 존재 여부는 항상 논쟁의 주제다.

12　The protesters were demanding _____ rights and justice.　시위대는 동등한 권리와 공평성을 요구하고 있었다.

13　The lions chased their _____ in the grassland.　사자들은 초원에서 먹잇감을 쫓았다.

14　The office building has a _____ on the second floor.　그 사무실 건물은 2층에 카페테리아가 있다.

15　The government tried to _____ dissenting voices.　정부는 반대 의견을 억압하려고 노력했다.

16　_____ the plastic cover before using the product.　제품을 사용하기 전에 플라스틱 덮개를 뜯어라.

17　Emily presented her ideas in a _____ and coherent manner.　Emily는 자기 생각을 깔끔하고 일관성 있게 제시했다.

18　His dreams _____ as he faced repeated failures.　반복되는 실패를 겪으면서 그의 꿈은 허무하게 사라졌다.

19　The _____ in the water created a peaceful atmosphere.　잔잔한 물결이 평화로운 분위기를 조성했다.

20　Kate _____ with the strings, producing a beautiful melody.　Kate는 아름다운 멜로디를 연주하며 줄을 튕겼다.

21　The puppy's big eyes make it incredibly _____.　강아지의 큰 눈이 그 강아지를 매우 귀엽게 만든다.

22　The _____ was not in favor of the plaintiff.　재판 결과는 원고에게 유리하지 않았다.

23　Don't let your fear _____ your growth.　두려움이 당신의 성장을 방해하지 않게 하라.

24　Mike drove a _____ into the frozen ground.　Mike는 꽁꽁 언 땅에 말뚝을 박았다.

25　The soldiers _____ the entire building.　그 군인들은 건물 전체를 점령했다.

26　Jack felt a _____ of joy to hear that he passed.　Jack은 합격했다는 소식을 듣고 크게 기뻤다.

27　Olivia is a soft _____ at a large tech company.　Olivia는 큰 기술 회사에서 소프트웨어 공학자로 일하고 있다.

28　The police are questioning the _____ to the crime.　경찰은 그 범죄의 목격자를 조사하고 있다.

29　We must respect the _____ of other cultures.　우리는 다른 문화의 전통을 존중해야 한다.

30　The _____ between diet and health is well known.　식습관과 건강의 연관성은 잘 알려져 있다.

Level 100

레벨별 단어 사용 빈도

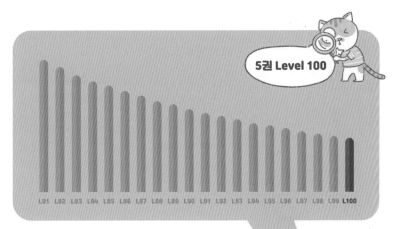

5권 Level 100

L81 L82 L83 L84 L85 L86 L87 L88 L89 L90 L91 L92 L93 L94 L95 L96 L97 L98 L99 L100

LEVEL 1~20   LEVEL 21~40   LEVEL 41~60   LEVEL 61~80   **LEVEL 81~100**

2971

colonel

['kɜ:rnl]

명 대령

colonel을 자세히 보면 column(기둥)과 비슷하지 않나요? 실제로 두 단어의 어원이 같습니다. 원래 의미는 '군대의 행렬'이었습니다. 그러다 시간이 지나면서 군대의 행렬을 지휘하는 사람을 지칭하여 '대령'이라는 계급을 나타내게 되었습니다. colonel은 발음은 프랑스어식이지만 철자는 영어식인 독특한 단어이니 주의하셔야 합니다.

1 My uncle was a colonel in the army.
나의 삼촌은 군대에서 대령이었다.

2 She was promoted to the rank of colonel.
그녀는 대령 계급으로 승진했다.

Plus + promote 동 승진시키다   rank 명 계급

2972

headstone

['hedstəʊn]

명 묘비, 주춧돌

headstone은 head(머리)와 stone(돌)이 결합한 명사입니다. 묘비가 주로 무덤의 '머리', 즉 북쪽에 위치하고 이것이 주로 '돌'로 만들어진다는 사실에 기인해서 생겨난 단어죠. 또한 맥락에 따라 건축물의 일부로서 '주춧돌'이라는 의미를 나타내기도 합니다.

1 Sarah's name is inscribed on the headstone.
Sarah의 이름이 묘비에 새겨져 있다.

2 The headstone of our new garden path will be laid tomorrow.
새로운 정원 길의 주춧돌은 내일 놓일 예정이다.

Plus + inscribe 동 (이름 등을) 새기다, 쓰다

2973

crook

[krʊk]

명 사기꾼, 굽은 것, 굴곡[만곡]
형 속임수의

crook의 기본 의미는 '구부리다'입니다. 여기서 의미가 파생되어 사람이 똑바르지 않은 것을 나타내기 시작하면서 '사기꾼'이라는 의미를 갖게 되었습니다. 물론 지금도 '굽은 것, 굴곡' 등을 의미하지만 워낙 '사기꾼'이라는 뜻으로 많이 쓰이는 단어입니다. 그밖에 형용사로는 '속임수의'라는 뜻을 나타냅니다.

1 The crook was eventually caught and sent to jail.
그 사기꾼은 결국 잡혀 감옥으로 보내졌다.

2 People knew Kyle could be a little crook sometimes.
사람들은 Kyle이 가끔 사기꾼일 수 있다는 사실을 알고 있었다.

Plus + eventually 부 결국   jail 명 감옥

2974

exam

[ɪgˈzæm]

명 시험, 검사[조사]

exam은 examination의 줄임말입니다. 원래 '검토하다'라는 뜻에서 출발했는데, 여기서 맥락에 따라 다양한 의미가 파생되었습니다. 학생이 보는 '시험'을 의미하기도 하고 환자가 의료진을 통해 받는 건강 검진과 같은 '검사'를 뜻하기도 합니다.

1 What I studied was not on the exam.
내가 공부한 것은 시험에 나오지 않았다.

2 The professor said that the exam would cover everything we learned this semester.
교수님은 이번 학기에 우리가 배운 모든 것이 시험에 나올 것이라고 말씀하셨다.

Plus + cover 통 다루다, 포함시키다　　　semester 명 학기

2975

diary

[ˈdaɪəri]

명 일기, 일기장[일지, 메모장]

diary는 '하루, 날, 요일' 등을 의미하는 day와 관련이 깊은 단어로, 실제로 이러한 뜻에서 출발했습니다. 원래 하루 동안 있었던 일들을 적는 책을 diary라고 했습니다. 그밖에 diary는 일반적인 '메모장'을 나타내기도 합니다.

1 Her diary provides a vivid account of life in the 19th century.
그녀의 일기는 19세기의 생활을 생생하게 묘사하고 있다.

2 I found my old diary while I was cleaning the attic.
나는 다락방을 청소하다가 오래된 일기장을 찾았다.

Plus + vivid 형 생생한　　　account 명 (있었던 일에 대한) 설명[이야기]
attic 명 다락방

2976

conclude

[kənˈkluːd]

통 결론[판단]을 내리다,
결말짓다, 종결하다[끝내다],
(조약 등을) 체결하다

conclude의 원래 의미는 '마무리하다'에 가깝습니다. 이후 '결론을 내리다, 판단을 내리다'를 뜻하게 되었습니다. 맥락에 따라 '결말을 짓다, (조약 등을) 체결하다' 등 다양한 의미를 나타내게 되었지요. '마무리하다'라는 기본 의미를 생각해 보면 이러한 의미들이 어떻게 파생되었는지 이해가 됩니다.

1 The judge concluded that Lisa was guilty based on the evidence.
판사는 그 증거를 바탕으로 Lisa에게 유죄를 선고했다.

2 The two countries concluded a new trade agreement.
그 두 나라는 새로운 무역 협정을 체결했다.

Plus + based on ~에 근거하여　　　evidence 명 증거
agreement 명 협정

2977

whisker

[ˈwɪskə(r)]

명 (고양이 등의) 수염, 구레나룻, 간발의 차

whisker는 '(고양이 등의) 수염, 구레나룻'을 뜻하는 명사입니다. 그리고 구레나룻의 특징이 '작고 가는 털'인 점에서 '간발의 차'라는 의미가 하나 더 파생되었습니다. whisker를 활용한 영어 표현으로는 win by a whisker(간발의 차이로 이기다), come within a whisker(거의 ~할 뻔하다) 등이 있습니다.

1 The cat's whiskers twitched as it approached the prey.
그 고양이의 수염은 사냥감에 다가갈수록 씰룩거렸다.

2 The athlete finished the race just a whisker ahead of her competitor.
그 선수는 경쟁자를 간발의 차로 앞서 경주를 마쳤다.

Plus + twitch **동** 씰룩거리다   approach **동** 다가가다
ahead of (시합 등에서) ~보다 앞선   competitor **명** 경쟁자

2978

topple

[ˈtɑːpl]

동 넘어지다[넘어뜨리다], 몰락시키다, 실각시키다, (권력의 자리 따위에서) 끌어내리다

topple은 주로 '넘어지다, 넘어뜨리다'를 뜻하는 동사입니다. 물리적으로 넘어지는 동작을 가리킬 뿐만 아니라 상징적인 의미로도 쓰입니다. 예를 들어 정치적, 사회적 맥락에서 topple은 '몰락시키다', '권력을 끌어내리다'를 의미합니다.

1 The strong wind caused the trees to topple over.
강한 바람으로 인해 나무들이 넘어졌다.

2 The scandal toppled the politician's reputation.
스캔들로 인해 그 정치인의 명성이 무너졌다.

Plus + politician **명** 정치인   reputation **명** 명성, 평판

2979

aristocrat

[əˈrɪstəkræt]

명 귀족(적인 사람), 최고급의 것

aristocrat은 매우 역사가 긴 단어입니다. 고대 그리스에서 *aristos*는 '최고의'를 뜻하는 형용사였습니다. 여기에 *cratos*(권력)가 결합하면서 '최고의 권력을 가진 자'를 뜻하는 단어인 aristocrat이 만들어졌지요. 그때부터 aristocrat은 권력이나 부를 소유한 상류 계급을 지칭하는 용어로 쓰이기 시작했습니다.

1 Joe is an aristocrat who inherited a vast fortune.
Joe는 막대한 재산을 상속받은 귀족이다.

2 At that time, aristocrats could not marry commoners.
그 당시에 귀족은 평민과 결혼할 수 없었다.

Plus + inherit **동** 상속받다   vast **형** (양 등이) 막대한
fortune **명** 재산   commoner **명** (귀족이 아닌) 평민

2980

serum

[ˈsɪrəm]

명 (의학) 혈청, (생리) 장액,
림프액, (우유의) 유장,
에센스

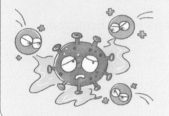

serum은 원래 '건조한 우유'를 뜻하는 단어였습니다. 그러다 의학이 발전하면서 '혈청' 등을 의미하게 되었지요. 이외에도 serum은 생리적으로 생성되는 다양한 체액이나 림프액, 우유의 유장, 화장품에서 사용되는 에센스 등 맥락에 따라 여러 가지 의미로 쓰입니다.

1 The serum contains antibodies that can help fight against infections.

혈청은 감염과 싸우는 것을 도울 수 있는 항체를 포함하고 있다.

2 Lymphatic vessels carry lymph, a clear serum-like fluid.

림프관은 투명한 장액과 비슷한 림프액을 운반한다.

Plus + antibody 명 항체   infection 명 감염
vessel 명 혈관   fluid 명 체액

2981

hitch

[hɪtʃ]

동 (고리, 밧줄 등을)
걸다[감다, 매다],
끌어올리다, 절름거리다,
히치하이크를 하다

명 지장[장애]

hitch는 원래 '끌다, 끌어당기다'라는 뜻에서 출발했습니다. 여기에서 다양한 뜻이 파생되었는데, 대표적으로 '(고리나 밧줄 등을) 걸다, 감다'라는 뜻이 있습니다. 이는 고리나 밧줄을 걸기 위해 바짝 끌어당기는 모습에서 생겨난 의미라고 볼 수 있습니다.

1 Can you help me hitch this trailer to the truck?

이 트레일러를 트럭에 매다는 것을 도와줄 수 있니?

2 Negotiations went off without a hitch as both parties quickly agreed to the terms.

양측이 신속하게 조건에 동의하면서 협상은 차질 없이 진행되었다.

Plus + negotiation 명 협상   go off (일이) 진행되다

2982

grandson

[ˈɡrænsʌn]

명 손자, 외손자

grandson은 grand-와 son(아들)이 결합한 명사입니다. grand가 혈연 관계에서 1세대 후를 나타내는 말이므로 grandson은 자신의 아들보다 1세대 뒤의 아들인 '손자'를 뜻합니다. 이 같은 맥락에서 '손녀'는 granddaughter라고 하며 손자와 손녀를 모두 일컫는 말로는 grandchild가 있습니다.

1 Henry sent the gifts he bought to his grandson.

Henry는 손자에게 자신이 산 선물을 보냈다.

2 Thomas is a proud grandfather, always adoring his grandsons.

Thomas는 자랑스러운 할아버지로, 항상 손자들을 애지중지한다.

Plus + proud 형 자랑스러운   adore 동 아주 좋아하다

2983 react

[ri'ækt]

동 반응하다, 반작용하다, 반대[반발]하다

react는 re-(다시)와 act(행동하다)가 결합한 동사입니다. 직역하면 '다시 행동하다', 즉 어떤 행동에 대해 '다시, 맞서서' 행동하는 것을 의미합니다. 그래서 react의 기본 의미는 '반응하다, 반작용하다'입니다. 그리고 맥락에 따라 '반대하다, 반발하다' 등 조금 더 부정적인 뉘앙스를 나타내기도 합니다.

1 These chemicals react with each other to produce a new compound.
이 화학 물질들은 서로 반응하여 새로운 화합물을 생성한다.

2 Leah reacted angrily to the news of her demotion.
Leah는 좌천 소식에 화를 내며 반발했다.

Plus + chemical 명 화학 물질 형 화학의　　compound 명 화합물
demotion 명 좌천, 강등

2984 ferry

['feri]

명 연락선[나룻배, (카)페리]

동 (강 등을) 연락선[나룻배]으로 건너다, (사람, 보급품 등을) 수송하다

ferry의 원래 의미는 '건너다'였는데, 여기서 오늘날의 다양한 의미들이 파생되었지요. 명사로는 주로 '연락선, 나룻배'를 뜻하고, 동사로는 '(강 등을) 연락선, 나룻배로 건너다'를 의미합니다.

1 They took the ferry to the island and enjoyed the scenic views along the way.
그들은 섬으로 나룻배를 타고 가는 동안 멋진 경치를 즐겼다.

2 They ferry goods to the island.
그들은 섬으로 물품을 운반한다.

Plus + scenic 형 경치가 좋은　　goods 명 물건, 상품

2985 savage

['sævɪdʒ]

형 야만적인, 잔인[포악]한, 가차없는[맹렬한]

명 야만인

savage는 형용사로 '야만적인, 잔인한, 가차없는' 등을 뜻하고, 명사로는 '야만인'을 의미합니다. 원래는 '숲속의'라는 뜻에서 출발했다고 하는데, 옛날에는 숲속에 도적떼가 많이 살았기 때문에 지금의 의미로 발전한 것으로 보입니다.

1 The tribe was well known for being brutal and savage.
그 부족은 잔인하고 야만적인 것으로 잘 알려져 있었다.

2 He faced savage criticism for his handling of the situation.
그는 상황 처리에 대해 가차없는 비판을 받았다.

Plus + tribe 명 부족　　brutal 형 잔혹한, 악랄한
criticism 명 비판, 비난

2986

noble
[ˈnoʊbl]

형 고결한[품위 있는],
귀족의[고귀한],
웅장한[훌륭한, 유명한],
(화학) 불활성의

noble은 주로 '고결한, 품위 있는'을 의미하는 형용사입니다. 일반적으로 품위와 기품이 있는 성격이나 행동을 묘사합니다. 여기서 의미가 확장되어 '웅장한, 훌륭한, 유명한' 등의 뜻이 파생되었습니다. 그 밖에도 화학에서 '불활성의'라는 뜻으로 쓰이기도 합니다.

1 He has a noble heart and always helps those in need.
그는 고귀한 마음씨를 지니고 있으며 항상 어려움에 처한 사람들을 돕는다.

2 The paintings show the noble beauty of nature.
그 그림들은 자연의 고귀한 아름다움을 보여 준다.

Plus + in need 어려움에 처한

2987

device
[dɪˈvaɪs]

명 장치[기구], 방책[계획]

device는 원래 '전체를 이루는 부분'이라는 뜻에서 출발했습니다. 여기에서 '장치, 기구, 방책, 계획' 등 다양한 의미가 파생되었습니다. 생각해 보면 장치나 기구는 어떤 목적을 위해 만들어진 것으로, 보통 하나의 기계를 이루는 부분들이죠. 마찬가지로 방책이나 계획도 어떤 목적을 위한 일의 한 부분입니다.

1 This device measures levels of radiation.
이 장치는 방사능 수치를 측정한다.

2 The company developed an innovative device to improve efficiency.
그 회사는 효율성을 향상시키기 위해 혁신적인 장치를 개발했다.

Plus + measure 동 측정하다　　　　　radiation 명 방사선
innovative 형 혁신적인　　　　efficiency 명 효율성

2988

casket
[ˈkæskɪt]

명 (귀중품을 넣는) 작은 상자,
(고급스러운) 관

casket의 기본 의미는 '단단한 것으로 둘러싸인 것'입니다. 그래서 맥락에 따라 '(귀중품을 넣는) 작은 상자'나 '관'을 의미합니다. 참고로 '관'을 뜻하는 단어로 coffin도 있지만 casket은 교회나 의식 등의 행사에서 사용되는 고급스럽게 장식된 관을 가리킵니다.

1 Wendy kept her grandmother's necklace in a small casket.
Wendy는 할머니의 목걸이를 작은 상자에 보관했다.

2 The casket containing the relics of the saint has been paraded through the streets.
성자의 유품이 담긴 관이 거리를 지나며 사람들에게 보여졌다.

Plus + relic 명 유품　　　　　parade 동 (공개하여) 보여 주다

2989

gratitude

[ˈɡrætɪtjuːd]

명 감사[고마움]

gratitude는 '감사, 고마움' 등을 뜻하는 명사입니다. 보통 gra-로 시작하는 단어들은 '감사하는 마음'과 관련이 있는 경우가 많은데, 대부분 '감사'를 뜻하는 *gratitudo*에서 유래했기 때문입니다. 대표적으로 graceful(감사한) 등이 있습니다.

1 We would like to express our sincere gratitude for your help.
우리는 당신의 도움에 대해 진심 어린 감사의 표현을 전하고 싶습니다.

2 They showed their gratitude by sending a letter.
그들은 편지를 보내서 감사한 마음을 표했다.

Plus + express 동 표현하다　　　　　sincere 형 진심 어린

2990

crown

[kraʊn]

명 왕관, (왕관이 상징하는) 왕위, 꼭대기[정상부]

동 ~에게 왕관을 씌우다

crown은 명사로 '왕관'을 뜻합니다. 왕관은 왕의 권위와 특권을 나타내기 위해 사용하는 표식이었죠. 그래서 crown은 '왕위'를 의미하기도 하며, 그밖에 여러 의미가 파생되어 오늘날에는 '꼭대기, 정상부'를 뜻하기도 합니다. 동사로는 '~에게 왕관을 씌우다'를 의미합니다.

1 The king wore a magnificent crown on his head.
왕은 머리에 화려한 왕관을 쓰고 있었다.

2 The king is going to crown his son as the next ruler.
그 왕은 아들에게 차기 통치자로서 왕관을 씌울 것이다.

Plus + magnificent 형 화려한　　　　　ruler 명 통치자

2991

combat

[ˈkɑːmbæt]

명 전투, 싸움

동 싸우다, 투쟁하다

combat은 명사로는 '전투, 싸움'을 뜻하고, 동사로는 '싸우다, 투쟁하다'를 의미합니다. 주로 강한 대립 상황에서의 전투적 활동을 나타냅니다. 군사, 스포츠, 법률, 경찰 등 맥락에 따라 다양한 의미를 나타낼 수 있습니다.

1 The soldiers were engaged in a fierce combat.
군인들은 치열한 전투를 벌이고 있었다.

2 The government is currently taking steps to combat climate change.
정부는 현재 기후 변화와 싸우기 위한 조치를 취하고 있다.

Plus + be engaged in ~에 종사하고 있다　　　　fierce 형 치열한
currently 부 현재, 지금　　　　take a step 조치를 취하다

2992

radiator

[ˈreɪdɪeɪtə(r)]

명 방열기[냉각기],
복사체[발광체], 안테나,
라디에이터

radiator는 '방열기, 냉각기' 등을 뜻합니다. 원래 '내보내다'라는 뜻을 함축하는데, 방열기나 냉각기가 주로 열을 밖으로 내보내는 역할을 한다는 점에서 기본 의미가 이어진 것으로 보입니다. 이외에도 광선이나 열을 방출하는 물질이나 장치, 즉 '복사체, 발광체' 등을 의미하기도 합니다.

1 The sun is the most powerful radiator of heat and light in our solar system.
   태양은 우리 태양계에서 가장 강력한 열과 빛의 방출체이다.

2 Each room in our guesthouse has a radiator.
   게스트하우스의 각 방에는 라디에이터가 설치되어 있다.

Plus + solar system 태양계

2993

medieval

[ˌmediˈiːvl]

형 중세의

medieval에는 mid-(중간)가 포함되어 있습니다. 실제로 각각 '중간'과 '시기'를 뜻하는 라틴어가 결합하여 만들어진 단어입니다. 참고로 역사적으로 medieval 이 의미하는 '중세'는 로마 제국이 붕괴한 5세기경부터 15세기까지의 기간을 나타냅니다.

1 The medieval period in Europe was marked by feudalism.
   유럽의 중세 시대는 봉건주의로 특징 지어졌다.

2 The medieval castle stood proudly on the hilltop.
   중세의 성이 언덕 정상에 웅장하게 서 있었다.

Plus + period 명 (역사적으로 구분된) 시대   mark 동 특징 짓다
feudalism 명 봉건 제도   proudly 부 위풍당당하게

2994

outline

[ˈaʊtlaɪn]

동 윤곽을 그리다, 개요를 말하다
명 개요, 윤곽

outline은 out(밖)과 line(선)이 결합한 단어로 주로 글이나 그림의 주요 부분이나 외형을 나타내는 선을 의미합니다. 그래서 동사로는 '윤곽을 그리다, 개요를 말하다'를 뜻하고, 명사로는 '개요, 윤곽'을 의미합니다.

1 Lucas outlined his presentation before starting to prepare the slides.
   Lucas는 슬라이드 준비를 시작하기 전에 발표의 윤곽을 잡았다.

2 The professor provided an outline of the course syllabus.
   교수님께서는 강의 계획서의 개요를 주셨다.

Plus + syllabus 명 (강의 등의) 요강, 개요

2995

parcel

[ˈpɑːrsl]

명 소포, 꾸러미,
(토지 등의) 한 구획, 한 무리

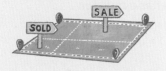

parcel은 주로 '소포, 꾸러미'를 의미합니다. 편지나 물건을 묶어 포장한 작은 덩어리를 나타냅니다. 그리고 이런 물건들의 특성에 비유하여 '(토지 등의) 한 구획'이나 '한 무리'라는 뜻이 파생되었습니다.

1 Gary received a parcel from his friend containing a birthday gift.

Gary는 친구에게 생일 선물이 담긴 소포를 받았다.

2 The land has been divided into small parcels for sale.

그 땅은 판매를 위해 작은 구획으로 분할되었다.

Plus + contain 동 ~이 들어 있다　　　　divide into ~으로 나누다

2996

smear

[smɪr]

동 (부드러운 물질 등을) 바르다,
문질러 지우다,
(기름 등으로) 더럽히다,
완패시키다

smear의 기본 의미는 '(부드러운 물질 등을) 바르다'입니다. 특히 손이나 도구를 사용하여 부드러운 물질을 표면에 바르거나 덧칠하는 행위를 가리킵니다. 그리고 이러한 의미에서 '문질러 지우다', '(기름 등으로) 더럽히다' 등의 의미가 모두 파생되었습니다.

1 Billy smeared sunscreen on his face before going out.

Billy는 외출하기 전에 얼굴에 자외선 차단제를 발랐다.

2 Daniel accidentally smeared paint on the kitchen wall.

Daniel은 실수로 부엌 벽에 페인트를 칠했다.

Plus + sunscreen 형 자외선 차단제　　　　accidentally 부 실수로

2997

conclusion

[kənˈkluːʒn]

명 결론, 결말[종결], 체결

conclusion은 동사 conclude(마무리 짓다)의 명사형입니다. 마무리 짓는 대상이 무엇인지에 따라 의미가 달라집니다. 맥락에 따라 '결론, 결말, 종결, 체결' 등 다양한 의미를 나타낼 수 있습니다. 이들은 모두 '마지막'이라는 특징이 있지요.

1 Readers who read the conclusion of the novel were astonished.

그 소설의 결말을 읽은 독자들은 경악을 금치 못했다.

2 The negotiation finally led to a successful conclusion.

그 협상은 마침내 성공적인 체결로 이어졌다.

Plus + astonished 형 깜짝[크게] 놀란　　　　negotiation 명 협상

2998

sermon

[ˈsɜːrmən]

명 설교[설법, 훈화]

sermon은 '말, 이야기' 등을 의미하는 단어에서 유래했습니다. 오늘날은 특히 종교적인 맥락에서 목사나 성직자가 교리를 설명하거나 도덕적 가르침을 주기 위해서 강론하는 행위를 의미합니다. 맥락에 따라 '설교, 설법, 훈화' 등으로 표현될 수 있지요.

1 The pastor delivered a powerful sermon on tolerance.
그 목사는 관용에 관한 강력한 설교를 전했다.

2 John studied different sermon techniques to improve his preaching.
John은 설교를 더 잘하기 위해 다양한 설교 기술을 공부했다.

Plus + pastor 명 목사　　　　　　　tolerance 명 관용
preaching 명 설교

2999

assembly

[əˈsembli]

명 의회, 입법부, 집회[회합], (부품의) 조립

assembly는 '모으다'를 뜻하는 동사 assemble에서 나온 명사입니다. 모으는 대상이나 모이는 주체가 무엇인지에 따라 의미가 달라질 수 있어요. 맥락에 따라 '의회, 입법부, 집회, 회합, (부품의) 조립' 등으로 표현되곤 합니다.

1 The members of the assembly debated the legislation.
의회 구성원들은 법률 제정에 관해 논의했다.

2 The assembly of the office furniture took several hours to complete.
그 사무용 가구의 조립을 끝내는 데는 몇 시간이 걸렸다.

Plus + debate 동 논의하다　　　　　legislation 명 법률 제정

3000

pirate

[ˈpaɪrət]

명 해적, 저작권 침해자

동 약탈하다, ~의 저작권을 침해하다

pirate는 명사로는 '해적'을 의미하고, 동사로는 '약탈하다'를 뜻합니다. 이후 '저작권 침해자', '~의 저작권을 침해하다' 등을 의미하게 되었습니다. 이는 불법으로 타인의 저작물을 복제하거나 판매하는 것이 결국 그 사람의 재산을 약탈하는 것과 같다고 생각하여 파생된 의미라 추정됩니다.

1 The pirates raided the merchant ship and stole the valuable cargo.
해적들은 상선을 습격하여 귀중한 화물을 훔쳤다.

2 Jin was a pirate who reproduced famous paintings.
Jin은 유명한 그림을 복제하는 저작권 침해자였다.

Plus + raid 동 습격하다　　　　　　merchant 형 상선의, 해운의
cargo 명 (선박 등의) 화물　　　reproduce 동 복제[복사]하다

우리말에 맞게 빈칸에 알맞은 단어를 쓰세요.

(정답은 본문을 확인하세요.)

1 My uncle was a _____ in the army.
나의 삼촌은 군대에서 대령이었다.

2 Sarah's name is inscribed on the _____.
Sarah의 이름이 묘비에 새겨져 있다.

3 The _____ was eventually caught and sent to jail.
그 사기꾼은 결국 잡혀 감옥으로 보내졌다.

4 What I studied was not on the _____.
내가 공부한 것은 시험에 나오지 않았다.

5 I found my old _____ while I was cleaning the attic.
나는 다락방을 청소하다가 오래된 일기장을 찾았다.

6 The two countries _____ a new trade agreement.
그 두 나라는 새로운 무역 협정을 체결했다.

7 The cat's _____ twitched as it approached the prey.
그 고양이의 수염은 사냥감에 다가갈수록 씰룩거렸다.

8 The scandal _____ the politician's reputation.
스캔들로 인해 그 정치인의 명성이 무너졌다.

9 At that time, _____ could not marry commoners.
그 당시에 귀족은 평민과 결혼할 수 없었다.

10 Lymphatic vessels carry lymph, a clear _____-like fluid.
림프관은 투명한 장액과 비슷한 림프액을 운반한다.

11 Can you help me _____ this trailer to the truck?
이 트레일러를 트럭에 매다는 것을 도와줄 수 있니?

12 Henry sent the gifts he bought to his _____.
Henry는 손자에게 자신이 산 선물을 보냈다.

13 Leah _____ angrily to the news of her demotion.
Leah는 좌천 소식에 화를 내며 반발했다.

14 They _____ goods to the island.
그들은 섬으로 물품을 운반한다.

15 The tribe was well known for being brutal and _____.
그 부족은 잔인하고 야만적인 것으로 잘 알려져 있었다.

16 The paintings show the _____ beauty of nature.
그 그림들은 자연의 고귀한 아름다움을 보여준다.

17 This _____ measures the level of radiation.
이 장치는 방사능 수치를 측정한다.

18 Wendy kept her grandmother's necklace in a small _____.
Wendy는 할머니의 목걸이를 작은 상자에 보관했다.

19 They showed their _____ by sending a letter.
그들은 편지를 보내서 감사한 마음을 표했다.

20 The king wore a magnificent _____ on his head.
왕은 머리에 화려한 왕관을 쓰고 있었다.

21 The soldiers were engaged in a fierce _____.
군인들은 치열한 전투를 벌이고 있었다.

22 Each room in our guesthouse has a _____.
게스트하우스의 각 방에는 라디에이터가 설치되어 있다.

23 The _____ castle stood proudly on the hilltop.
중세의 성이 언덕 정상에 웅장하게 서 있었다.

24 The professor provided an _____ of the course syllabus.
교수님께서는 강의 계획서의 개요를 주셨다.

25 The land has been divided into small _____ for sale.
그 땅은 판매를 위해 작은 구획으로 분할되었다.

26 Daniel accidentally _____ paint on the kitchen wall.
Daniel은 실수로 부엌 벽에 페인트를 칠했다.

27 The negotiation finally led to a successful _____.
그 협상은 마침내 성공적인 체결로 이어졌다.

28 The pastor delivered a powerful _____ on tolerance.
그 목사는 관용에 관한 강력한 설교를 전했다.

29 The members of the _____ debated the legislation.
의회 구성원들은 법률 제정에 관해 논의했다.

30 Jin was a _____ who reproduced famous paintings.
Jin은 유명한 그림을 복제하는 저작권 침해자였다.

Index

영어독립
VOCA 3000 ⑤